Oslo
NORWEGEN
Grimstad
Skagen
Göte
Frederikshavn
Aalborg
DÄNEMARK
Aarhus
Koper
Bramming
Middelfart
Ribe
Odense
Tønder
Helgoland
Hamburg
Bremen
SCHOTTLAND
Inverness
Fort William
Aberdeen
Edinburgh
Glasgow
NORD-IRLAND
Belfast
Cairnryan
IRLAND
Dublin
Holyhead
Llandudno Junction
Bangor
ENGLAND
Wicklow
Snowdonia
Liverpool
Chester
Enniscorthy
Wexford
Rosslare
Shrewsbury
Wolverhampton
Birmingham
WALES
Cambridge
Cardiff
Oxford
London
Exeter
Plymouth
Penzance
Totnes
Portsmouth
Ashford
Folkestone
Calais
NIEDERLANDE
Amsterdam
Haarlem
Amersfoort
Leiden
Den Haag
Rotterdam
Utrecht
Arnheim
Osnabrück
Deventer
Hannover
Wolfsburg
Goslar
Münster
Antwerpen
Duisburg
Dortmund
Göttingen
Düsseldorf
Kassel
Nordhausen
Brüssel
Köln
Lille
Bonn
BELGIEN
Liège
Aachen
Fulda
Koblenz
Frankfurt am Main
Bingen
Mainz
Darmstadt
LUXEMBURG
Trier
Mannheim
Heidelberg
Reims
Luxemburg
Paris
Épernay
Metz
Baden-Baden
Stuttgart
Brest
Rennes
Straßburg
Bühl
Quimper
Triberg
Vannes
Angers
Orléans
Tours
Blois
Nantes
Amboise
Mulhouse
Belfort
Basel
Zürich
Vaduz
Besançon
Luzern
Chur
Bern
SCHWEIZ
Poitiers
FRANKREICH
Lausanne
Grindelwald
St. Moritz
Kleine Scheidegg
Genf
Limoges
Tirano
Intragna
Domodossola
Re
Locarno
Solignac
Lyon
Uzerche
Chambery
Mailand
Brive-la-Gaillarde
Turin
ITALIEN
Bordeaux
Valence
Cahors
Genua
Portofino
Montauban
La Spezia
Nîmes
Avignon
Levanto
Toulouse
Montpellier
Aix-en-Provence
Monaco
Ventimiglia
Porto Venere
Pisa
Béziers
Nizza
Narbonne
Marseille
Fréjus
Cannes
Foix
Perpignan
Calvi
Bastia
Ax-les-Thermes
Latour de Carol
Cerbère
Ponte Leccia
Ribes de Freser
Figueres
Ripoll
Girona
Ajaccio
KORSIKA
Sitges
Barcelona
Tarragona
Ferrol
Santiago de Compostela
Oviedo
Santander
Monforte de Lemos
Torrelavega
Hendaye
Biarritz
Ponferrada
Bilbao
San Sebastián
Vigo
León
Ourense
Burgos
Palencia
Porto
Peso da Régua
Valladolid
Tua
Pocinho
Zaragoza
PORTUGAL
Salamanca
Segovia
Coimbra
Madrid
Entroncamento
Abrantes
Cuenca
Peñíscola/Benicarló
Almourol
Cáceres
Toledo
Benicàssim
issabon
Mérida
Badajoz
Valencia
Le Prigionette
SARDINIEN
Castiadas
SPANIEN
Córdoba
Sevilla
Jerez de la Frontera
Bobadilla
Antequera
Ronda
Cádiz
Málaga
Gaucín
Algeciras
MAROKKO

Tallinn
ESTLAND
RUSSLAND
Moskau
Stockholm
SCHWEDEN
Nyköping
LITAUEN
Riga
org
Varberg
Smolensk
LETTLAND
nagen
Lund
Malmö
Vilnius
Minsk
RUSSLAND
BELARUS
Białowieża
POLEN
Warschau
Brest
Berlin
Magdeburg
Kiew
nigerode
Lublin
UKRAINE
Halle
Leipzig
Görlitz
Dresden
furt
Kraków
(Krakau)
Rzeszów
TSCHLAND
Prag
Zakopane
TSCHECHIEN
Nürnberg
SLOWAKEI
MOLDAU
Chişinău
Linz
Wien
Bratislava
München
Salzburg
Budapest
Prien am
Chiemsee
ÖSTERREICH
UNGARN
RUMÄNIEN
Villach
Bleder See
Bohinjsee
Nova Gorica
Ljubljana
SLOWENIEN
Zagreb
KROATIEN
SERBIEN
Bukarest
Venedig
Rijeka
Belgrad
Cres
Rab-Stadt
BOSNIEN &
HERZEGOWINA
Bologna
BULGARIEN
Sarajevo
San
Marino
Florenz
Split
Bol
Hvar
MONTENEGRO
Pristina
Sofia
Korčula-
Stadt
Dubrovnik
KOSOVO
Istanbul
Podgorica
Skopje
TÜRKEI
NORDMAZEDONIEN
Ankara
Rom
Tirana
ALBANIEN
Neapel
Sorrento
Salerno
Amalfi-
küste
Meteora
GRIECHENLAND
Athen
Villa San
Giovanni
Palermo
SIZILIEN
Catania
Siracusa

INHALT

WILLKOMMEN AN BORD

Es gibt keine bessere Möglichkeit, in einer Stadt anzukommen, als mit dem Zug.

Flugreisende müssen erst Gepäckbänder, Passkontrollen, Shuttlebusse und ein Labyrinth von Duty-free-Shops hinter sich bringen. Autoreisende erleben von einer Stadt als Erstes ihre Vororte, Gewerbegebiete und nervige Verkehrsstaus. Wenn sie am Ziel anlangen, sind sie erschöpft und orientierungslos. Wer aber mit dem Zug kommt, landet meist wie von Zauberhand geleitet direkt im Stadtzentrum, gleitet durch die Stadtrandgebiete bis zum Hauptbahnhof im pulsierenden Herzen der City. Die großen Bahnhofsarchitekten wussten das. Sie bauten Bahnhöfe, die nicht wie Verkehrseinrichtungen wirken, sondern wie urbane Tempel mit Statuenschmuck und kathedralenähnlichen Gewölben. Diese Bahnhöfe beeindrucken bis heute als prächtige Portale,

Das umwerfende Innere des Bahnhofs São Bento in Porto ist mit portugiesischen Azulejo-*Fliesen ausgekleidet*

hinter deren Ausgängen Geschichte und Kultur, Parks und Paläste, Ess- und Trinkvergnügen locken. Es gibt kaum eine größere Freude, als morgens aus dem Schlafwagen zu steigen, um staunend durch Straßen, Parks und über Plätze zu streifen.

In Europa entstanden im frühen 19. Jh. die ersten Eisenbahnstrecken der Welt. Überall begegnen den heutigen Zugreisenden Erinnerungen an das Goldene Zeitalter der Eisenbahnreisen: historische Bahnhöfe, meisterhafte Viadukte, dunkle Tunnel aus alter Zeit. Seit fast zwei Jahrhunderten fasziniert die Eisenbahn die kreativen Geister des Kontinents: Turner, Manet und Monet verewigten die dampfspeienden Lokomotiven mit ihren Pinselstrichen, literarische Größen wie Agatha Christie und Émile Zola ließen sich von Glamour und Geheimnis des Eisenbahnwesens inspirieren. Es war das schrille Pfeifen der Dampflok, das Europa in die Moderne katapultierte.

Die Eisenbahnen Europas sind das Erbe dieser goldenen Vergangenheit – und erschaffen zugleich die Zukunft. Jahr für Jahr wächst das Netz der Hochgeschwindigkeitsstrecken in Europa. Fernreisen mit der Eisenbahn sind keine Domäne gestriger Nostalgiker, sondern eine immer praktischere und attraktivere Konkurrenz zum Fliegen. Die schnellsten Züge des Kontinents sind immerhin mit der halben Reisegeschwindigkeit eines Passagierjets unterwegs. Und im Gegensatz zu diesem fahren die futuristischen Sprinter geschmeidig bis in die Stadtzentren und halten in denselben alten Bahnhöfen, in denen staunende Wartende einst Dampfloks wie Traumbilder aus den Dunstschwaden auftauchen sahen.

Um den Preis von nur ein paar Fahrtstunden mehr verspricht das Reisen per Hochgeschwindigkeitszug so viel mehr als ein Kurz-

Was heißt hier „Hochgeschwindigkeit"?

Wie schnell muss ein Zug sein, um als Hochgeschwindigkeitszug zu gelten? Kommt drauf an, wen man fragt. Die EU definiert einen Hochgeschwindigkeitszug als einen Zug, der auf dafür ausgebauten Strecken über 200 km/h und auf speziell gebauten Schnellfahrstrecken über 250 km/h erreicht. Anderen reicht die Definition als Zug, der „schneller ist als traditionelle Verbindungen". Technisch gesehen hängt Hochgeschwindigkeit von einer Kombination der richtigen Voraussetzungen ab – speziell gebaute Züge auf speziellen Strecken. Wenn der ICE mal nicht so fix ist, kann es also daran liegen, dass er auf einer Bummelstrecke unterwegs ist.

Abkürzungen über Abkürzungen

Wer mit Hochgeschwindigkeitszügen durch Europa reist, kann angesichts der vielfältigen Abkürzungen etwas in Verwirrung geraten. Aber letztlich bedeuten sie mehr oder weniger dasselbe. In Großbritannien stehen HS1 und das geplante HS2-System für High Speed 1 und 2. Das französische TGV bedeutet Train à Grande Vitesse (Hochgeschwindigkeitszug). In Spanien verkehrt AVE – Alta Velocidad Española (spanische Hochgeschwindigkeit). In Italien begegnet man dem ETR – Elettro Treno Rapido (elektrischer Schnellzug). Nur in Deutschland steht die Abkürzung ICE etwas überraschend für das englische „InterCity Express".

streckenflug bieten kann. Drei-Gänge-Menüs genießen, während Gebirgsketten, Weinberge und Sandstrände vor dem Fenster vorbeigleiten. Sich die Beine bei einem Bummel an die Bar vertreten. Oder – und das ist das Beste – erleben, wie sich die eigenen Reisewege kurz mit denen anderer kreuzen, von Berufspendlern bis zu Familien auf der Heimreise, bevor sie wieder auseinanderstreben. Und dann ist da natürlich noch die überlegene Umwelt- und CO_2-Bilanz der Zugreise.

Dieses Buch will die Hochgeschwindigkeitsachsen kreuz und quer durch Europa vorstellen und aufzeigen, wie sie am besten für Reisen von einem Topziel zum nächsten genutzt werden können. Aber es skizziert auch Möglichkeiten, von diesen Hauptstrecken auf langsamere Nebengleise durch die schönsten Landschaften des Kontinents abzuschweifen.

Auf diesen Nebenstrecken ist oft der Weg das Ziel. Wer könnte widerstehen, aus einem pfeilschnellen französischen TGV in die kleinen roten Bummelzüge umzusteigen, die sich zwischen den Gipfeln und Gletschern der Schweizer Alpen hindurchschlängeln, oder von den deutschen ICE-Strecken in die Harzer Schmalspurbahnen, deren Dampfloks über ein Gleisnetz aus einer anderen Zeit schnaufen? Bummelzüge rattern durch befestigte Marktflecken und idyllische Landschaften, die nicht durch Hochgeschwindigkeitsstrecken verschandelt werden sollen. Draußen ziehen stille Landbahnhöfe vorbei, die in keinem Reiseführer oder -blog auftauchen.

Selbst wer nicht aussteigt, lernt einiges über ein Land von seinen Zügen. Italienische Schnellzüge sehen wie Ferraris aus. In französischen TGVs werden Spitzenweine kredenzt, in schottischen Schlafwagen edler Whisky. Russische Züge legen sagenhafte Entfernungen zurück. Die Schweizer Züge pflegen die legendäre Pünktlichkeit der Schweizer Uhrwerke. Die Züge sind, jeder auf seine Weise, Sinnbilder ihrer Herkunftsländer.

Sie sind aber auch Teil des komplex verschachtelten Eisenbahnwesens des Kontinents. Viele Gleiskorridore sind älter als die Länder, durch die sie führen; sie gehen auf eine Zeit der Herzöge, Zylinder und Gepäckträger zurück. Eisenbahngleise sind die Nähte, die diese geballte Ansammlung ungleicher Nationen und Völker seit fast 200 Jahren zusammenhalten. Viele Strecken blieben durch alle Feindseligkeiten hindurch bestehen. Sie durchziehen den Kontinent so selbstverständlich wie die Seitenarme eines Flusses, die Wurzeln eines Baums oder die Arterien und Venen, in denen das Blut durch den Körper zirkuliert.

Es gibt nichts Besseres, als mit dem Zug anzukommen. Und es gibt auch keine bessere Abreisemöglichkeit als von der Bahnhofshalle, wo unzählige Passagiere ihre Reise begonnen haben. Wo sich die Abfahrtstafel wie ein Gedicht liest – Firenze Santa Maria Novella, Sevilla Santa Justa, Paris Gare du Montparnasse –, dessen Verse und Reime sich mit jedem Ticken der Bahnhofsuhr verändern.

Der 2009 erbaute Bahnhof Liège-Guillemin im belgischen Lüttich macht jede Ankunft oder Abreise zu einem Erlebnis

DIE EISENBAHN IN EUROPA: GESTERN, HEUTE & MORGEN

Die Anfänge

Hölzerne Schienensysteme und Pferdebahnen gab es schon seit Jahrhunderten. Doch die Eisenbahn, wie wir sie kennen, entstand im 19. Jh. in Großbritannien. 1825 beförderte die Stockton and Darlington Railway erstmals Passagiere per Dampflok. Noch bedeutsamer war die Liverpool and Manchester Railway, die 1830 in Betrieb ging. Diese erste Intercity-Strecke mit festem Fahrplan verband die beiden Metropolen in nur zwei Stunden Fahrtzeit. Nach katastrophalem Start (am Eröffnungstag wurde der Parlamentsabgeordnete für Liverpool von der Rocket-Lokomotive überfahren) wurde sie rasch zu einem Riesenerfolg.

Die Eisenbahn-Begeisterung sprang bald auf den Kontinent über. Britische Ingenieure steuerten ihr Fachwissen bei. Anders als das chaotische Netz konkurrierender Verbindungen in Großbritannien entwarf Vorreiter Belgien ein durchgeplantes Netz für das ganze Land. Deutschland war Mitte des 19. Jh. noch eine Ansammlung kleinerer und größerer Staaten – das sprießende Eisenbahnnetz soll die Entstehung einer Nationalidentität befördert und zur Einigung des Landes im Jahr 1871 beigetragen haben. Frankreich sprang etwas später auf den Zug auf, hatte aber schon zu Beginn des 20. Jh. ein größeres Eisenbahnnetz als Großbritannien. Am gigantischsten war die Entwicklung in Russland. Die erste Eisenbahn verband die Zarenpaläste rund um St. Petersburg. Doch nach und nach erleichterten Fernzugstrecken die vorher teils monatelangen oder bei winterlichen Schneeverhältnissen gar nicht möglichen Reisen.

1883 startete der erste Luxuszug, der legendäre Orient-Express, zur Jungfernfahrt von der Pariser Gare de l'Est nach Istanbul (damals Konstantinopel) an den Ufern des Bosporus. Heute nutzt die Belmond-Gruppe den Namen für ein nostalgisches Remake, doch das Original war seinerzeit eine Revolution – es machte Transkontinentalreisen, jahrhundertelang eine zeitraubende Strapaze, plötzlich elegant, exklusiv und attraktiv.

Kriege und Wiederaufbau

Die Eisenbahn war ein wichtiger Faktor in den Kriegen, die Europa im 20. Jh. erschütterten: Tyrannen und Könige reisten in Salonwagen, Frontlinien wurden durch hastig angelegte Gleisstrecken versorgt. Das düsterste Kapitel waren die Loks, die Viehwagen voller Menschen zu den Gaskammern karrten.

Der Venice Simplon-Orient-Express ist eine nostalgische Neuauflage des legendären Klassikers

XPRESS EUROPEENS
A
CARROZZA-LETTI
Nº 3482
R3 UCC
28.02.17
R2
GVG
VC
Ess:

Nach den Zerstörungen des Zweiten Weltkriegs begannen die europäischen Länder mit neuen Hochgeschwindigkeitssystemen zu experimentieren. Doch es war Japan, das 1964 mit dem Shinkansen die erste Hochgeschwindigkeitsstrecke in Betrieb nahm. Erst 1977 zog Italien mit der ersten europäischen Hochgeschwindigkeitslinie nach, der Ferrovia Direttissima zwischen Florenz und Rom, auf der Pendolino-Züge mit Neigetechnik verkehrten. 1981 raste der französische Train à Grande Vitesse (TGV) mit 270 km/h von Paris nach Lyon und avancierte zum Superstar der europäischen Highspeed-Liga. Seitdem hat Frankreich sein Netz immer weiter ausgebaut. Es hält den Weltrekord für den schnellsten Zug auf Rädern: 2007 erreichte ein Testzug 574,8 km/h (das normale Betriebstempo ist 320 km/h). Deutschland nahm sein Hochgeschwindigkeitsnetz in den späten 1980er-Jahren in Betrieb, Spanien seine AVE-Verbindung Madrid–Sevilla 1992. Heute hat Spanien nach China das zweitlängste Hochgeschwindigkeitsnetz der Welt.

Diese Projekte wurden weitgehend auf nationaler Ebene entwickelt – bis zur Eröffnung des Eurotunnels unter dem Ärmelkanal 1994. Er band Großbritannien an das kontinentale Netz an: Eurostar-Züge pendelten von London nach Paris, Brüssel und später bis nach Amsterdam. Auf die Schaffung des Schengen-Raums mit offenen Grenzen 1995 folgte eine Richtlinie des Europarats, die auf ein europaweites Netz grenzüberquerender Hochgeschwindigkeitszüge abzielte. Doch obwohl die Schnellstrecken im Inland florieren, hakt es beim grenzüberschreitenden Verkehr. Einem jüngeren Bericht zufolge blieb fast die Hälfte der grenzüberschreitenden Gleisverbindungen Europas ungenutzt – und auch aktuell gibt es tagsüber keine Direktzüge von Berlin nach Paris, von Paris nach Madrid oder selbst von Madrid nach Lissabon. In den letzten Jahrzehnten versetzte der Billigflieger-Boom vielen internationalen Zugverbindungen den Todesstoß.

Eine schnellere, grünere Zukunft

2017 wurde in Schweden das Wort *flygskam* geprägt – zu Deutsch „Flugscham".

Flüge sollen weltweit für 2 % der Kohlendioxidemissionen verantwortlich sein und sind deutlich umweltschädlicher als entsprechende Zugverbindungen. Eine genaue Vergleichsrechnung ist schwierig – es hängt von der Entfernung ab und davon, welche Art von Flugzeug oder Zug man nutzt. Jedenfalls schätzt Eurostar, dass eine Zugreise London–Paris im Vergleich zum Flug den persönlichen CO_2-Fußabdruck um bis zu 90 % reduziert. Mit dem wachsenden Bewusstsein für den CO_2-Fußabdruck kam in Schweden noch ein neuer Begriff auf: *tågskryt* (Zugstolz), da immer mehr Passagiere in den sozialen Medien mit ihrem umweltbewussteren Reisestil prahlen.

Flygskam löste europaweite Diskussionen aus und hatte messbare Wirkung: 2019 sank die Zahl der Inlandsflüge in Schweden, wäh-

Die Schweden haben ein Wort für das neue Lebensgefühl auf der Schiene: tågskryt *(Zugstolz)*

rend die der Zugpassagiere stark anstieg. Das Muster war auch in Deutschland zu beobachten. Man prognostizierte, dass das Bemühen der Reisenden aus wohlhabenden Ländern, ihre Klimabilanz zu verbessern, die Wachstumsraten im Luftverkehr halbieren könnte. Die Covid-19-Pandemie brachte nicht nur den weltweiten Reiseverkehr zum Erliegen, sondern gab Reisenden und Regierungen auch Gelegenheit, ihre Prioritäten zu überdenken. Frankreich plant, Kurzstreckenflüge zu verbieten, wenn auf der Strecke Zugverbindungen verfügbar sind; Deutschland erwägt Ähnliches. Neben den Hochgeschwindigkeitszügen sind auch Schlafwagenzüge wieder im Kommen, die vor einem Jahrzehnt vor dem Aus standen. Das Netz der österreichischen Nightjet-Züge wird ausgeweitet; private Anbieter wie die französische Firma Midnight Trains wollen das Übernachtungserlebnis für klimabewusste Reisende revolutionieren.

Vor allem ein Name weckt Hoffnungen auf ein zweites Goldenes Zeitalter der Eisenbahnreisen: Der Trans-Europ-Express (TEE) war eine Gattung mondäner Erste-Klasse-Züge, die in den 1950er-Jahren kreuz und quer durch Europa fuhren, von der Straße von Messina im Süden bis zum Öresund im Norden, von den Wiener Boulevards im Osten bis zu den grünen Ufern des Baskenlands im Westen. Die schnittig-eleganten Züge waren rot lackiert und hatten teils Panoramafenster. Die Namen der Zuglinien – Rembrandt, Rheingold, Parsifal – verwiesen auf Giganten

Oben: Abfahrt aus Galway an Irlands Westküste. Gegenüber: Mit Thalys-Schnee-Zügen geht's in die Französischen Alpen

der europäischen Kultur. 1977 verewigte Kraftwerk den TEE durch das Album *Trans Europa Express*. Die Electronica-Band ließ sich vom Rattern vorbeifahrender Züge zu hypnotischen Rhythmen inspirieren. Das Ergebnis wurde als musikalisches Meisterwerk gefeiert. Zugleich erhob die Band die Züge zur Metapher für eine kühne neue europäische Identität, zur Überwindung der Grenzen zwischen Ländern, die noch wenige Jahrzehnte zuvor miteinander im Krieg gelegen hatten.

Tatsächlich erlebte der Trans-Europ-Express in den 1980er- und 1990er-Jahren seinen Niedergang. Doch 2020 nutzte Deutschland seine EU-Präsidentschaft, um Pläne zur Wiederbelebung dieses legendären Liniennetzes für ein neues Jahrhundert vorzustellen – als wichtigen Schritt auf dem Weg zur Klimaneutralität.

Was aus demTrans-Europ-Express 2.0 wird, bleibt abzuwarten. Angedacht sind neue Direktverbindungen Amsterdam–Rom und Berlin–Barcelona. So oder so müssen sich der TEE und die übrige europäische Eisenbahnbranche schwer ins Zeug legen, um den Luftverkehr in puncto Erschwinglichkeit und Bequemlichkeit zu übertrumpfen.

Derweil bleiben Transkontinentalreisen mit der Eisenbahn die umweltfreundlichere und befriedigendere Art des Reisens: Statt aus einem klimazerstörenden Jet auf die ferne Welt hinabzustarren, erlebt man ihre Landschaften aus nächster Nähe, verzehrt seine Mahlzeit mit Tischgenossen und ohne Plastikbesteck und lässt sich dann vom gleichmäßigen Rhythmus der Zugräder in den Schlaf schaukeln, um von Alpengipfeln oder Mittelmeerstränden zu träumen.

INTERNATIONALER ZUGVERKEHR

Internationale Fernzüge sind ein spannender Teil des europäischen Reiseverkehrs. Es gibt viele Möglichkeiten, die zahlreichen Ländergrenzen des Kontinents auf der Schiene zu queren, von Schlafwagenzügen, die tagelang unterwegs sind, über schnittige Expresszüge bis zu regionalen Raritäten. Diese Verbindungen bilden das Grundgerüst aller Zugreisen quer durch Europa.

Wichtige internationale Verbindungen

Mehrere Bahnunternehmen betreiben internationale Verbindungen in verschiedenen europäischen Regionen, meist mit Anschluss an andere wichtige internationale und inländische Linien. Im Allgemeinen besteht hier Reservierungspflicht. Die Züge werden durch Urlaubs- und Geschäftsreisende fleißig genutzt, sodass sie zu Hauptverkehrs- und Urlaubszeiten gut ausgelastet sind.

THALYS

Der Thalys ist ein Expressangebot von SNCF und SNCB (den französischen und belgischen Staatsbahnen). Er verbindet Paris, Brüssel, Amsterdam, Köln, Dortmund und weitere Bahnhöfe dazwischen. Da er nur in Großstädten hält, ist ein hohes Reisetempo garantiert. Zudem bietet er praktischen (wenn auch eng kalkulierten) Anschluss an die Eurostar-Züge und ist daher bei Geschäftsreisenden und Touristen sehr beliebt. Zwischen Paris und Brüssel bietet Thalys auch eine Low-Cost-Alternative unter dem Markennamen IZY. Im Sommer verkehrt der Thalys bis nach Avignon und Marseille. Der Thalys-Schnee-Zug steuert Wintersportziele in den Französischen Alpen an, u. a. Chambéry und Bourg-Saint-Maurice.

Klassen & Reservierung

Die Thalys-Züge haben drei Wagenklassen: Standard, Comfort, Premium. Alle bieten kostenloses WLAN. In der Premium-Klasse sind im Ticketpreis kleine Mahlzeiten enthalten, die am Sitzplatz serviert werden. Alle Klassen sind reservierungspflichtig.

Gut zu wissen

In Deutschland und den Niederlanden gibt es beim Einstieg in den Thalys keine besonderen Sicherheitskontrollen. Bei der Reise über Paris und Lille muss aber Zeit für die Durchleuchtung des Gepäcks eingeplant werden. Auch in Brüssel sind Kontrollen möglich.

Buchung & Informationen

Die Buchungswebsite ist thalys.com. Thalys-Züge können aber auch über Partner wie SNCF, Eurostar, Rail Europe und Trainline gebucht werden.

Von oben: Gare du Nord in Paris.;in Eurostar- und Thalys-Zügen gibt es kostenloses WLAN

EUROSTAR

Der Eurostar verbindet den Londoner Bahnhof St Pancras International mit Lille, Brüssel, Paris und Amsterdam. Die blau-gelben Züge fahren zwischen London und dem Eurotunnel auf der HS1-Hochgeschwindigkeitsstrecke. Auf dem Kontinent nutzen sie (wie der Thalys) die Schnellstrecke LGV Nord zwischen Paris, Calais, Lille und Brüssel. Ein winterlicher Skizug fährt auf der Trasse des Thalys-Schnee-Zugs in die Alpen. In vergangenen Jahren gab es auch Sommerangebote mit Direktverbindung zu südfranzösischen Zielen wie Lyon, Avignon und Marseille.

Klassen & Reservierung

Der Eurostar bietet die Sitzklassen Standard, Standard Premier und Business Premier. Die Buchung ist ab 180 Tagen vor Reisedatum möglich – früher als die potenziellen Anschlussverbindungen. Wer von Paris oder Brüssel weiterfahren will, sollte ggf. abwarten, bis auch die Anschlusszüge buchbar sind.

Gut zu wissen

Eurostar empfiehlt, 45–60 Min. vor der Abfahrt einzuchecken. Fahrkartenkontrolle, Gepäckdurchleuchtung und Passkontrolle für das Vereinigte Königreich und Frankreich werden vor der Abfahrt erledigt.

Buchung & Informationen

Auf eurostar.com findet man das Buchungsportal, Reiseinfos und günstige Ticket-plus-Hotel-Angebote.

NIGHTJET

Unter diesem Markennamen fahren die Nachtreisezüge der ÖBB (Österreichischen Bundesbahnen), die das größte Schlafwagenangebot in Europa bereithalten. Von Wien und Salzburg verkehren sie nach Belgien, Deutschland, Italien, in die Schweiz und die Niederlande. Partnerunternehmen aus Nachbarländern betreiben zusätzlich Nachtreisezüge nach Kroatien, Ungarn, in die Slowakei, die Tschechische Republik und die Ukraine. Auf diesen nicht von Nightjet selbst betriebenen Strecken ist mit anderen, meist älteren Schlafwagen zu rechnen.

Klassen & Reservierung

Bei Nightjet gibt es drei Klassen: den Sitz im Abteil, die Liege im 4er- oder 6er-Liegeabteil und Standard- oder Deluxe-Schlafabteile für eine, zwei oder drei Personen. Deluxe-Abteile sind mit eigener Dusche und Toilette ausgestattet. Einzelreisende teilen ihr Abteil mit anderen Reisenden desselben Geschlechts, sofern sie nicht ausdrücklich ein Einzelabteil buchen. Reservierung ist ratsam bzw. in Deutschland und Italien sogar obligatorisch.

Gut zu wissen

Bei Reiseplänen mit Nachtreisezügen sollte man reichlich Umsteigezeit einplanen – 90 Min. sind ein guter Puffer. Nightjet-Fahrkarten gehen 180 Tage vor dem Reisedatum in den Verkauf.

Buchung & Informationen
Nightjet.com bietet die Möglichkeit, über die ÖBB auch Kombireisen mit Nightjet und Tagreisezügen zu weiteren Zielen zu buchen, und informiert über das Serviceangebot im Zug.

IC/EC
Viele grenzüberquerende Verbindungen in Europa werden als IC (InterCity) oder EC (EuroCity) bezeichnet, z. B. die Verbindungen Berlin–Warschau und Zürich–Bologna. Dies sind komfortable und häufig verkehrende Verbindungen, wenn auch langsamer als die ausgewiesenen Hochgeschwindigkeitszüge. Vor deren Einführung waren diese Expresslinien aber die schnellsten verfügbaren Züge.

Klassen & Reservierung
Die IC/EC-Züge bieten generell zwei Wagenklassen (1. und 2. Klasse). Reservierungen sind für längere Strecken sinnvoll und in manchen Ländern, wie Italien, vorgeschrieben.

Gut zu wissen
Wer eine Zugreise aus der guten alten Zeit der europäischen Eisenbahn nacherleben möchte, findet in vielen InterCity-Zügen immer noch klassische 6er-Abteile, die mit Schiebetüren vom Gang abgetrennt sind.

Gegenüber: idyllische Aussicht von der Bahnlinie Jesenice–Nova Gorica in Slowenien. Oben: Der Schweizer Bernina Express fährt durch die Alpen bis ins italienische Tirano

Buchung & Informationen

Die erste Anlaufstelle sind inländische Websites im Ausgangsland der Reise. InterCity-Züge sind aber oft auch über internationale Ticket-Websites buchbar.

REGIONALZÜGE

Regional- oder Nahverkehrszüge fahren selten über Landesgrenzen, aber oft bis direkt an die Grenze. So verkehren die Züge zwischen Jesenice und Nova Gorica durch eine malerische slowenische Landschaft bis an die italienische Grenze, und Zuglinien aus Frankreich und Spanien enden in Latour-de-Carol an der Landesgrenze. Zu den Bezeichnungen der Regionalzüge in den einzelnen Ländern siehe Abschnitt „Nationale Verbindungen“.

Klassen & Reservierung

Viele Züge bieten eine erste Klasse (durch eine 1 am Wagen oder Sitzbereich gekennzeichnet) und eine Standardklasse (2), manche aber auch nur die Standardklasse. Mit wenigen Ausnahmen ist für Regionalzüge keine Reservierung nötig und möglich.

Gut zu wissen

In vielen Ländern muss man das Ticket für den Regionalzug vor Besteigen des Zugs an einem Entwerter auf dem Bahnsteig stempeln.

Buchung & Informationen

Auch bei Regionalzügen sind inländische Websites die beste Anlaufstelle für Tickets und Fahrplaninfos; normalerweise kann man die Tickets aber auch am Bahnhof erwerben.

Weitere internationale Verbindungen

Einige inländische Unternehmen, die im Abschnitt „Nationale Verbindungen“ vorgestellt werden, bieten auch internationale Verbindungen an. Hier nur eine kurze Übersicht.

RAILJET

Als Hochgeschwindigkeits-Premiumangebot der ÖBB und der Tschechischen Eisenbahnen verbinden Railjet-Züge Österreich und die

Tschechische Republik mit anderen europäischen Ländern. Angesteuert werden u. a. Prag, München, Budapest und Wien.

ICE

Die Hochgeschwindigkeitszüge der Deutschen Bahn verkehren bis nach Dänemark, Frankreich, Belgien, in die Niederlande, die Schweiz sowie nach Österreich und Italien.

TGV

TGV-Züge und Züge von Partnerunternehmen wie TGV Lyria (Verbindungen zu Schweizer Zielen), die in Frankreich starten oder enden, verbinden die französischen Großstädte mit den Nachbarländern.

RZD

Die internationalen Expresszüge der Russischen Eisenbahnen verbinden seit vielen Jahren Ziele in Ost- und Zentraleuropa, manche Züge fahren sogar bis Paris und Nizza. Bei Drucklegung war allerdings unklar, welche Strecken bedient werden. Über den aktuellen Stand kann man sich unter www.rzd.ru oder der Buchungsagentur Real Russia (realrussia.co.uk) informieren.

Ticketkauf für internationale Reisen

Für die meisten internationalen Hochgeschwindigkeitszüge gibt es diverse Preisstufen zu unterschiedlichen Bedingungen. Die billigsten Tickets bieten am wenigsten Flexibilität und sind als Erste ausverkauft.

Seiten wie Rail Europe (raileurope.com) und Trainline (trainline.com) bieten Fahrpläne und Buchungsoptionen für viele Reisen. Wer Englisch kann, sollte auch die Reisetipps von Seat61 (Seat61.com) für die Route checken.

Die Buchungsmaschinen auf den Seiten nationaler Eisenbahnunternehmen wie sncf.com oder trenitalia.com haben meist auch englisch- oder sogar deutschsprachige Versionen. Die Tickets kann man selbst ausdrucken, am Bahnhof aus dem Automaten ziehen oder sich immer öfter auch aufs Handy schicken lassen.

Im Schengen-Raum quert der Zugverkehr die Grenzen meist reibungslos, aber die Dokumente sollten griffbereit bleiben

Tickets gibt es ab 90–120 Tage vor dem Reisedatum zu kaufen, für den Eurostar ab 180 Tagen. Frühbucher genießen die günstigsten Preise und die größte Auswahl. Man kann das Ticket auch am Reisetag noch kaufen, aber in internationalen Zügen sind dann manchmal schon alle Sitze reserviert. Außerdem sind die Tickets für Kurzentschlossene am teuersten.

Dokumente

Vor allem für Auslandsreisende war der Ausbau des europäischen Hochgeschwindigkeitsnetzes, das die Reisezeiten in alle Winkel des Kontinents schrumpfen ließ, ein Segen. Viele Landesgrenzen sind heute kaum noch wahrnehmbar und ohne großes Trara zu überqueren, sei es mit einem tagsüber verkehrenden Zug oder auch im Schlafwagenzug. Innerhalb des Schengen-Raums gibt es im Allgemeinen keine Pass- oder Zollkontrollen mehr. Wo noch Grenzkontrollen existieren, werden sie in der Regel vor Einstieg in den Zug erledigt.

Doch auch innerhalb des Schengen-Raums sollte man den Reisepass oder Personalausweis griffbereit haben: Bahnpässe oder Tickets müssen oft zusammen mit einem Identitätsnachweis vorgezeigt werden, und bei manchen Zügen gibt es vor dem Einstieg eine Ausweiskontrolle (z. B. bei Eurostar-Zügen ab London, Brüssel, Amsterdam und Paris).

Der Schengen-Raum

Dass man heute ohne Hindernisse und Unterbrechungen kreuz und quer durch Europa reisen kann, hat mit Schengen zu tun, einem kleinen Winzerdorf in Luxemburg. Hier unterzeichneten europäische Staatschefs 1985 ein Abkommen, das zur Abschaffung der meisten innereuropäischen Grenzkontrollen und zur Einführung einer gemeinsamen Visumspolitik der Unterzeichnerstaaten führte. Es gilt heute für den größten Teil der EU und weitere Länder wie die Schweiz, Norwegen und Mitgliedsstaaten des Europäischen Wirtschaftsraums. Das Vereinigte Königreich, Irland, Bulgarien, Rumänien und Kroatien gehören derzeit nicht zum Schengen-Raum.

Die innerhalb der Zone abgeschafften Grenzkontrollen können bei Bedarf wieder eingeführt werden, wie es während der Covid-19-Pandemie der Fall war. Normalerweise sind die Grenzen im Schengen-Raum nur noch durch ein Schild am Straßenrand gekennzeichnet. Zugreisende merken oft gar nicht, dass sie eine Grenze überquert haben, bis sie einen Bahnhof mit einem anderssprachigen Namen erreichen.

Ein französischer TGV-Hochgeschwindigkeitszug auf dem Anthéor-Viadukt bei St-Raphaël, Côte d'Azur

NATIONALE VERBINDUNGEN

Bahnreisende, die eine Tour quer durch Europa planen, möchten wahrscheinlich wissen, in was für Zügen sie reisen werden.

Leider gibt es keine europaweite Klassifizierung der Züge, wenn auch viele Überschneidungen. Die Angebote tragen nationale Markennamen und sind unterschiedlich strukturiert: Italien z. B. hat mehrere Klassen von Hochgeschwindigkeitszügen; in Spanien fahren die Expresszüge je nach Region unter unterschiedlichen Namen. Generell gilt: Je schneller der Zug, desto besser der Service an Bord. Brandneue Hochgeschwindigkeitszüge bieten WLAN, Steckdosen und warme Speisen.

Ländliche Bummelzüge versprechen weniger Annehmlichkeiten. Hier ein Überblick über die wichtigsten Zugtypen in den Ländern Westeuropas, die sich der Hochgeschwindigkeit verschrieben haben.

Deutschland

Deutschland betreibt das umfangreichste Eisenbahnnetz in Europa. Anders als das französische TGV-Netz mit Paris im Zentrum hat das deutsche Hochgeschwindigkeitsnetz jedoch mehrere größere Verkehrsknotenpunkte, u. a. Berlin, Frankfurt und Hannover.

ICE (InterCity Express) heißen die Hochgeschwindigkeitszüge der Deutschen Bahn, die als Alternative zu Kurzstreckenfliegern vermarktet werden. Sie fahren teils bis nach Frankreich, Dänemark, Österreich, Belgien, in die Schweiz und die Niederlande. Am schnellsten ist der ICE Sprinter mit weniger Zwischenstopps. Die schnittigen Züge gehören zu den nutzerfreundlichsten in Europa.

IC (InterCity) heißen die etwas langsameren Verwandten des ICEs. Zur Familie gehören außerdem EuroCity-Züge (eine europaweite Zugklasse), die über die Grenzen hinaus in Länder ohne Hochgeschwindigkeitsanschluss fahren, darunter nach Luxemburg, Polen und in die Tschechische Republik.

Regionalzüge variieren von Bundesland zu Bundesland; nicht alle werden von der Deutschen Bahn betrieben. REs sind Regional-Expresszüge, während RBs, die Regionalbahnen, fast überall halten.

Klassen & Reservierung

ICEs, ICs und Regionalzüge haben eine erste und eine Standardklasse. Eine Reservierung ist selbst beim ICE nicht zwingend.

Gut zu wissen

In manchen ICEs gibt es spezielle Fahrradabteile mit Sitzplatz in unmittelbarer Nähe zum eigenen Fahrrad.

Buchung & Informationen

Die Deutsche Bahn ist *die* Adresse für Zugfahrpläne in Deutschland und darüber hinaus (bahn.de).

Frankreich

Das Land ist eine besonders wichtige Drehscheibe, weil alle Zugverbindungen des Kontinents zur Iberischen Halbinsel und zu den Britischen Inseln über Frankreich laufen. Zudem besitzt es eines der besten Hochgeschwindigkeitsnetze der Welt.

TGV heißen die berühmten Hochgeschwindigkeitszüge der staatlichen Eisenbahngesellschaft SNCF. Von Paris strahlen Linien ins Inland und in fast alle Nachbarländer aus: Belgien, Italien, Spanien, Deutschland und Schweiz. Es gibt verschiedene TGV-Modelle: Die Arbeitspferde der Flotte sind Duplex-Züge mit Doppelstockwagen; Ouigo-Züge sind die neuere, günstigere Version nach dem Vorbild der Billigflieger.

Intercités sind die französischen Expresszüge. Sie befahren das „klassische" Netz (keine Hochgeschwindigkeitsstrecken) und zwar hauptsächlich von Paris aus. Es gibt aber auch praktische Querverbindungen wie Nantes–Lyon oder Bordeaux–Marseille.

TER heißt „transport express régional" – diese von den Regionalverwaltungen betriebenen Züge können nützlich sein, wenn man abseits der Hauptstrecken unterwegs ist. Einige Touristenzüge wie Le Petit Train Jaune (der Kleine Gelbe Zug) laufen ebenfalls unter der Bezeichnung TER.

Intercités de Nuit sind Nachtzüge. Nach starker Ausdünnung sind nur wenige Linien von Paris zum Mittelmeer, zu den Pyrenäen, den Alpen und nach Nizza übrig geblieben.

Klassen & Reservierung

TGVs, Intercités und TER-Züge haben eine erste und eine Standardklasse. Für TGVs und manche Intercités gilt Reservierungspflicht.

Gut zu wissen

Beim TGV Duplex (dem inzwischen häufigsten TGV-Typ) am besten Sitze im oberen Bereich buchen, da sie bessere Ausblicke bieten.

Buchung & Informationen

Über die Website der staatlichen Eisenbahnen SNCF (sncf.com).

Oben: Sogar bis Palermo auf Sizilien fahren Frecce-Züge.
Gegenüber: Regionalbahn bei Schwäbisch Hall, Deutschland

Italien

Italiens Hochgeschwindigkeitsnetz ist einfach strukturiert – mit einer Hauptstrecke in Nord-Süd-Richtung von Turin bis Salerno (gleich hinter Neapel) und einer zweiten in Ost-West-Richtung von Turin nach Venedig (teils noch im Bau). Viel komplizierter ist dagegen die Benennung der Zugverbindungen.

Frecciarossa (Roter Pfeil) heißen die 300 km/h schnellen Hochgeschwindigkeitszüge der staatlichen Trenitalia. Man sagt, sie sähen aus wie Ferraris auf Schienen.

Italo ist die private Konkurrenz vom Unternehmen NTV – Italien ließ als erstes euro-

päisches Land private Wettbewerber auf seinem Hochgeschwindigkeitsnetz zu. Die Züge befahren mehr oder weniger dieselben Strecken im gleichen Tempo (aber seltener).

Frecciargento (Silberpfeil) fahren eine Klasse unter den Frecciarossa teils auf den gleichen Strecken, sind aber mit bis zu 250 km/h auch keine Bummelzüge.

Frecciabianca (Weißer Pfeil) sind noch eine Klasse darunter. Sie sind mit 200 km/h an der Ostküste des Stiefels und südlich von Neapel bis zur Straße von Messina unterwegs.

InterCity-Züge sind langsamer als die Frecce- (Plural von Freccia) und Italo-Züge und verkehren auf einigen Touristenstrecken Italiens, u.a. an der ligurischen Küste Richtung französische Grenze und Cinque Terre.

Regionali sind Regionalverbindungen, meist mit älteren Zügen, die max. 100 km/h fahren.

Schlafwagenzüge bieten Nachtzugverbindungen von Norditalien und Rom zu südlichen Zielen einschließlich Sizilien. Nightjet-Züge der ÖBB fahren von den Großstädten über die Alpen nach München und Wien.

Klassen & Reservierung

Der Frecciarossa hat vier Reiseklassen: Standard, Premium, Business und Executive. Italo hat ein ähnliches Modell. Alle anderen Frecce- und Regionalzüge bieten erste Klasse und Standardklasse. Außer den Regionali sind alle Züge reservierungspflichtig.

Gut zu wissen

Die Executive-Klasse ist so luxuriös, wie europäische Hochgeschwindigkeitszüge nur sein können: Auf die Italo- und Frecce-Lounges der Bahnhöfe achten. An Bord gibt es für eine Handvoll Ledersessel Steward-Service wie im Flugzeug.

Buchung & Informationen

Trenitalia (trenitalia.com) und Italo (italotreno.it) sind die Websites für Eisenbahnreisen mit italienischen Zügen.

Niederlande und Belgien

Anders als Deutschland, Spanien, Italien und Frankreich haben die Niederlande und Belgien kein eigenes Hochgeschwindigkeitsnetz. Sie werden aber von einer Reihe internationaler Hochgeschwindigkeitszüge angefahren.

Thalys ist der Hauptbetreiber von Hochgeschwindigkeitszügen in den Niederlanden. Das Gemeinschaftsunternehmen der französischen und belgischen Staatsbahnen setzt französische TGV-Züge ein und nutzt Brüssel als zentralen Verkehrsknotenpunkt. Von hier gibt es Verbindungen nach Amsterdam, Paris und zu deutschen Städten wie Köln und Dortmund. Reservierungen sind zwingend nötig.

InterCity-Züge verkehren zwischen den größeren Städten Belgiens und der Niederlande.

Sprinter heißen in den Niederlanden Nahverkehrszüge mit vielen Zwischenhalten; Local (L) ist die belgische Entsprechung.

Schlafwagenzüge Die Nightjet-Züge der Österreichischen Bundesbahnen fahren von Brüssel und Amsterdam nach Wien.

Klassen & Reservierung

Der Thalys bietet drei Klassen: Standard, Comfort und Premium. Alle anderen belgischen und niederländischen Züge haben eine erste und eine Standardklasse. In den meisten Fällen braucht man keine Reservierung.

Gut zu wissen

Das ultimative Slow-Travel-Erlebnis verspricht die Kusttram (Küsten-Tram), die an der ganzen belgischen Küste entlangfährt.

Von links: Windmühle Bonne Chieremolen in Brügge; das Monument für Alfons XII. im Retiro-Park, Madrid

Buchung & Informationen
Die belgische SNCB (belgiantrain.be) und die niederländische Staatsbahn NS (ns.nl) haben beide brauchbare Websites.

Schweiz

Die Schweiz wird von TGV-Lyria- und ICE-Zügen angefahren und hat selbst kein nennenswertes Hochgeschwindigkeitsnetz. Für Bahnfans ist das aber zweitrangig. Denn die Schweizer Eisenbahnstrecken sind technische Meisterwerke von Weltklasse – einige stehen sogar auf der Unesco-Welterbeliste. Sie werden gern als Brücke zwischen Nordeuropa und dem Mittelmeerraum genutzt. SBB CFF FFS lautet die ellenlange Abkürzung für die Schweizerischen Bundesbahnen (in den drei Hauptsprachen des Landes). Das größte private Eisenbahnunternehmen ist die Rhätische Eisenbahn im Osten.

InterCity-Züge sind die schnellsten Züge in der Schweiz. Es gibt sie in vielen Varianten: Der ICN (InterCity-Neigezug) verbindet die Hauptknoten Zürich und Genf und wird in der Spitze 200 km/h schnell. Seine Vettern, die EuroCity Giruno und Astoro, fahren südwärts nach Italien.

InterRegional (oder InterRegio) verbinden verschiedene ländliche Regionen.

Regio sind Nahverkehrszüge mit vielen Zwischenhalten.

Bernina Express Der auf Touristen ausgerichtete Zug der Rhätischen Eisenbahn ist unter Eisenbahnfans eine Legende. Er fährt durch spektakuläre Schweizer Alpenlandschaft bis ins italienische Tirano.

Glacier Express Noch ein Touristenzug, der ein Stück weit dieselbe Strecke fährt wie der Bernina Express und dann westwärts nach Zermatt abbiegt. Hinweis: Trotz „Express" im Namen sind weder der Glacier noch der Bernina Express Schnellzüge.

Schlafwagenzüge Kroatische und ungarische Schlafwagenzüge fahren von Zürich nach Zagreb bzw. Budapest. Nightjet-Züge der ÖBB verkehren nach Deutschland und in die Niederlande.

Klassen & Reservierung
Schweizer Züge haben eine erste und eine Standardklasse – beide können teuer sein. Reservierungen sind bei inländischen Verbindungen nicht erforderlich.

Gut zu wissen
Beim Fahrkartenkauf und beim Ausstieg am Bahnhof ist zu beachten, dass Schweizer Städte bis zu drei verschiedene Namen in den wichtigsten Amtssprachen des Landes haben, z. B. Genève (französisch), Genf (deutsch) und Ginevra (italienisch).

Blick vom Greenwich Park auf die historische und moderne Skyline von London

Buchung & Informationen
Die Website der Schweizerischen Bundesbahnen (sbb.ch) funktioniert tadellos.

Spanien

Spanien ist ideal für Reisen per Hochgeschwindigkeitszug: ein großes Land mit relativ wenigen, weit auseinanderliegenden Ballungsgebieten. Madrid ist der zentrale Knoten für Fahrten nach Andalusien, Valencia und Katalonien, wo Barcelona zugleich Hauptanschlusspunkt nach Frankreich ist. Im Norden des Landes ist das Netz noch im Bau, wächst aber kontinuierlich.

AVE heißen die Topzüge der staatlichen Eisenbahngesellschaft Renfe und sind mit bis zu 310 km/h unterwegs. Die preisgünstigere Version der AVE-Züge heißt Avlo.

Alvia-Züge sind bis zu 250 km/h schnelle Hybridzüge für Hochgeschwindigkeits- und konventionelle Strecken, u. a. quer durch Nordspanien, von Barcelona nach Galicien.

Euromed-Züge ähneln den Alvia-Zügen und fahren mit bis zu 200 km/h entlang der Mittelmeerküste von Barcelona nach Alicante.

InterCity-Züge sind etwas langsamer, legen aber weite Strecken von Madrid bis an die spanische Südküste zurück.

Regional-Züge sind praktisch, um das spanische Hinterland zu erkunden. Außerdem gibt es ein weit gespanntes Schmalspurnetz (FEVE) entlang der Nordküste.

Trenhotel betreibt Schlafwagenzüge in Spanien – leider waren zur Zeit der Recherche alle Verbindungen ausgesetzt.

Klassen & Reservierung
Spanische Züge haben wie üblich eine erste und eine Standardklasse. Außer für Regionalzüge gilt überall Reservierungspflicht.

Gut zu wissen
AVE ist auch das spanische Wort für „Vogel“, und die beliebten Züge der AVE-

Baureihe 102 tragen den Spitznamen *pato* (Ente), weil die Front der Triebzüge an einen Entenschnabel erinnert.

Buchung & Informationen

Renfe (renfe.com) ist die staatliche Eisenbahngesellschaft (Achtung: Ihre Website schwächelt oft). Euskotren (euskotren.eus) betreibt die Schmalspurbahnen im Baskenland, FGC die Züge in Katalonien (fgc.ca).

Vereinigtes Königreich

Das Geburtsland der Eisenbahn liegt in puncto Hochgeschwindigkeitsnetz weit zurück. Das soll sich in den kommenden Jahren durch den Bau der HS2-Strecke (High Speed 2) von London nach Birmingham ändern. Das derzeitige Eisenbahnnetz kann für Reisende sehr verwirrend sein – aufgrund der Privatisierungen gibt es keine übergreifenden Markennamen für Zuggattungen. Es kommt immer darauf an, welches Unternehmen die jeweilige Verbindung betreibt. Hier einige der wichtigsten Anbieter.

Southeastern Javelin betreibt die einzige britische Hochgeschwindigkeitsverbindung. Auf der HS1-Strecke fahren Züge mit bis zu 225 km/h von London St Pancras bis nach Ashford im Südosten. Wer vom Kontinent kommt, befährt praktisch dieselbe Strecke mit dem Eurostar.

LNER betreibt die oft malerische East-Coast-Strecke von London über York und Newcastle bis Edinburgh.

Avanti West Coast fährt auf der West-Coast-Strecke von London nach Glasgow sowie Liverpool und Manchester.

GWR unterhält Fern- und langsamere Regionalzüge auf der Great-Western-Strecke von London zu Zielen im Westen, wie Oxford, Bristol, Südwales und Cornwall.

Schlafwagenzüge Von London verkehren u. a. der sehr empfehlenswerte Caledonian Sleeper nordwärts nach Edinburgh, Glasgow und in die schottischen Highlands und der Night Riviera nach Cornwall.

Klassen & Reservierung

Die britischen Züge haben generell eine erste und eine Standardklasse. Reservierungen sind nicht zwingend, aber für beliebte Strecken wie denen nach Schottland sinnvoll.

Gut zu wissen

Noch keine richtigen Hochgeschwindigkeitszüge, aber immerhin schicke neue Expressangebote sind z. B. die LNER- und GWR-Hitachi-Züge.

Buchung & Informationen

National Rail Enquiries (nationalrail.co.uk) ist die übergreifende Website der vielen britischen Eisenbahnunternehmen.

TICKETKAUF

Los geht's

Schon die Planung einer Zugreise quer durch Europa kann ein Abenteuer sein. Während man bei Flugreisen nur eine Gesellschaft für den Transport von einem Ort zum anderen bezahlt, hat man bei europaweiten Zugreisen mit verschiedenen nationalen Eisenbahnnetzen und oft mehreren Unternehmen pro Netz zu tun. Es gibt kein Patentrezept, um das jeweils beste Ticket zu ergattern – das ist auch eine Frage persönlicher Vorlieben. Doch hier ein paar Hinweise, um aufs richtige Gleis zu gelangen.

Ticket am Bahnhof oder im Voraus kaufen

Vor dem Online-Ticketkauf ist zu bedenken, dass Tickets für Regionalzüge und sogar manche Expresszüge nicht zwingend vorab gekauft werden müssen – man kann sie einfach am Reisetag am Bahnhof erwerben, ohne dass es teurer wäre. Manchmal, z. B. am Ende einer Fernreise oder wenn man keinen Anschlusszug kriegen muss, kann es sinnvoller sein, solche Tickets vor Ort zu kaufen, um sich eine gewisse Flexibilität zu erhalten.

Wer diese Last-Minute-Strategie bei Hochgeschwindigkeitsverbindungen wie AVE, ICE und TGV verfolgt, kann aber kräftig draufzahlen. Wie beim Fliegen ist es oft von Vorteil, schnelle Fernzüge möglichst früh zu buchen. Es gibt die verschiedensten Preismodelle, aber generell können Tickets für einen bestimmten Zug, die mit reichlich Vorlauf vor dem Reisetag gebucht werden, viel günstiger sein als Tickets ohne Zugbindung, die man wenige Stunden vor Reiseantritt kauft. Erstere sind eine gute Wahl, wenn man Geld sparen will und die Reiseplanung in Stein gemeißelt ist, Letztere erlauben mehr Spontaneität.

Achtung: In verschiedenen Ländern gelten unterschiedliche Regeln – auch für Schnellzüge. Die reservierungspflichtigen TGV-Züge können komplett ausgebucht sein, wogegen man für die deutschen ICEs (ohne Reservierungspflicht) normalerweise auch direkt vor der Abreise noch ein Ticket kaufen und sich irgendwie in den Zug quetschen kann.

Ticketanbieter

Erste Anlaufstelle für Reisen innerhalb eines Landes dürften die jeweiligen Staatsbahnen sein: Einige davon haben bessere Websites als andere; manchmal empfiehlt es sich, über einen Drittanbieter zu buchen, dessen Website leichter zu bedienen ist. Bei internationalen Reisen lohnt es, die Ticketangebote bei Unternehmen im Start- und Zielland zu checken, z. B. SNCF und Deutsche Bahn bei Reisen zwischen Deutschland und Frankreich. Preisvergleiche sind immer sinnvoll.

Die meisten Reisenden buchen ihre Tickets vorab, aber manchmal ist es sinnvoller, das Ticket erst am Reisetag zu kaufen

Es gibt benutzungsfreundliche Drittanbieter-Websites wie thetrainline.com und raileurope.com, die einen ausgezeichneten Überblick über Zugverbindungen in Europa bieten. Sie sind nützliche Planungshilfen und bieten Tickets zum Ausdrucken oder als Digitalversion, die oft praktischer sind als der Ticketkauf am Bahnhof. Sie decken aber nicht den ganzen Kontinent ab; viele osteuropäische Länder fehlen, aber auch Portugal und Schweden. Und beide Websites schlagen Buchungsgebühren auf die Fahrpreise auf, die bei der Kostenplanung zu berücksichtigen sind.

Fernreisen und Anschlusszüge

Wer eine Fernreise quer durch Europa plant, wird feststellen, dass die landeseigenen Bahnunternehmen (und selbst Drittanbieter-Websites) oft überfordert sind, wenn Grenzen überquert und viele Anschlussverbindungen gebucht werden sollen. Daher ist es hilfreich, lange Reisen in

Etappen zu gliedern – wie wir es in diesem Buch getan haben – und diese nötigenfalls bei verschiedenen Anbietern zu buchen. So ist die Reiseplanung u. U. auch besser finanzierbar, als wenn man alles in einem Paket bucht.

Bei längeren Reisen spielt auch der Zeitpunkt der Ticketbuchung eine Rolle: Manche Anbieter bringen ihre Tickets bis zu 60 Tage vor dem Reisedatum in den Verkauf, andere sogar bis zu 180 Tage im Voraus. Wer alles zur gleichen Zeit bucht, kann sich vorher vergewissern, dass alle gewünschten Verbindungen verfügbar (und bezahlbar) sind.

Übernachtungen sind ein wichtiges Element bei längeren Zugreisen. Sie bieten die Chance, sich zwischendurch auszuruhen und Sehenswürdigkeiten zu bestaunen, bilden aber vor allem einen Zeitpuffer, falls der Zug verspätet ankommt. Auch tagsüber ist ausreichende Umsteigezeit wichtig: In Städten wie Paris, wo die Bahnhöfe weit auseinanderliegen, sollten Durchreisende ruhig ein, zwei Stunden Zeitpuffer einplanen. Wenn der Zug dann doch pünktlich ist, bleibt eben etwas mehr Zeit zum Sightseeing.

Wie viel Zeitpuffer man braucht, hängt auch von der Art der Anschlussverbindung ab. Bei Regionalzügen kann man oft einen beliebigen Zug nehmen; da macht eine Verspätung nicht viel aus. Den reservierten Platz im TGV von Paris nach Bordeaux oder im Schlafwagenabteil im Nightjet zu verpassen, kann dagegen teuer werden – und die übrige Reiseplanung aus dem Gleis werfen.

Bahnpässe

Die europäischen Bahnpässe sind weltbekannt. Am berühmtesten sind Interrail (für Reisende mit Wohnsitz in Europa) und Eurail (für Besucher aus anderen Weltgegenden). Beide erlauben für einen Pauschalpreis in einem bestimmten Zeitraum (von vier Tagen bis zu drei Monaten) unbegrenzte Zugreisen in 33 europäischen Ländern. Zur Zeit der Recherche kostete ein Ein-Monats-Interrailpass für Reisende unter 28 Jahren 503 €, für Ältere 670 €. Für Hochgeschwindigkeitszüge und Schlafwagenplätze wird oft ein Zuschlag fällig.

Ob sich ein Bahnpass lohnt, hängt davon ab, wo man hinwill und mit welchen Zügen – osteuropäische Regionalzüge sind oft ohnehin sehr preisgünstig. Einen Vorteil haben die Pässe auf jeden Fall: Sie geben einem die Flexibilität, kurzentschlossen in den gewünschten Zug zu steigen, ohne den teuren Tagestarif zu zahlen. Man muss nur darauf achten, sie richtig auszunutzen.

Urlaub mit der Eisenbahn

Verschiedene Unternehmen bieten Bahnurlaubern die Möglichkeit, Zugfahrten, Hotels und Ausflüge als Gesamtpaket zu buchen. Das ist vielleicht teurer, als alles selbst zu organisieren, aber auch stressfreier. Railbookers (railbookers.co.uk) und ÖBB (oebb.at) sind empfehlenswert. Die Deutsche Bahn (bahn.de) bietet bislang nur Städtetrips.

NACHTZÜGE

Ein Schlafwagenplatz ist ideal, um weite Strecken per Zug zurückzulegen, die Kosten einer Übernachtung einzusparen und sich ein einzigartiges Ankunftserlebnis am Ziel zu bescheren. Vom rhythmischen Rattern der Zugräder in den Schlaf geschaukelt zu werden und bei Sonnenaufgang in einer ganz anderen Landschaft aufzuwachen, ist eine überwältigende Erfahrung. Und dann, ehe man sich versieht, wird man mitten im Zentrum einer Stadt abgeladen, die gerade erst erwacht, sodass man sich gemächlich mit ihr bekannt machen kann: Frühmorgens auf der Suche nach einer belebenden Tasse Kaffee durch stille Straßen streifen, sich orientieren, tief durchatmen und die Ruhe genießen, bevor die Entdeckertour richtig losgeht.

Allgemeines

Wer nicht gerade wie ein Murmeltier schläft, wird den Kaffee vielleicht noch nötiger haben als sonst. Europäische Nachtreisezüge sind sehr komfortabel, vor allem, wenn man im Liege- oder Schlafwagen mit einem Bett unterwegs ist, aber die Züge

Abfahrt aus Den Haag, Niederlande, bei Sonnenuntergang

Auf dem Weg zum Bahnsteig im Bahnhof Córdoba, Spanien

fahren an und bremsen, manchmal auch abrupt, Schaffner rufen, es wird gehupt, Koffer werden gerollt und gehievt, Menschen steigen ein und aus, und u. U. muss man an Grenzübergängen mitten in der Nacht den Ausweis vorzeigen. Das heißt, man wird hier und da aus dem Schlummer geweckt und das vielleicht öfter und länger, als einem lieb ist.

Wer bei der Reiseplanung Schlafwagenfahrten einbaut, sollte einige Dinge bedenken. Der möglicherweise gestörte Schlaf ist, wie schon erwähnt, eines davon. Vielleicht sollte man sich daher am ersten Tag nach der Ankunft nicht zu viel vornehmen. Außerdem muss man einkalkulieren, dass Nachtreisezüge oft Verspätungen einfahren, und großzügige Zeitpuffer für etwaige Anschlussverbindungen einplanen, sofern man nicht sowieso ein, zwei Tage am Ziel der Schlafwagenfahrt zubringen will. Nicht zu viele Nachtzüge nacheinander nehmen – selbst wer diese Art des Reisens toll findet, profitiert davon, zwischendurch mal in einem Bett zu schlafen, das sich nicht bewegt.

Richtig buchen

Schlafwagenreisen sind sehr beliebt, und es gibt jede Menge Infos im Internet, die Unerfahrenen bei der Buchung helfen. Wichtig zu wissen: Wer kein ganzes Abteil bucht, teilt das Schlafabteil ggf. mit Fremden, da die Betten einzeln verkauft werden.

Die Angebote in Nachtzügen reichen von Sitzen ohne verstellbare Lehne über schlichte Liegen (in Gemeinschaftsabteilen) bis zu Luxus-Schlafwagenabteilen, die mehr Platz, ein gemachtes Bett, oft ein Waschbecken und teils sogar Toilette und Dusche bieten. Reisende schlafen meist in Einzelbetten, aber die modernste Version des britischen Caledonian Sleeper hat auch einige Abteile mit Doppelbett, Toilette und Dusche. Die aktuellen Angebote auf der gewünschten Strecke checken, denn die Dinge ändern sich laufend.

Wer mit Nachtzügen fahren will, muss immer reservieren. Meistens kann man das online oder persönlich am Bahnhof machen. Die Zahl der Betten ist begrenzt. Wer ein ganzes Schlafabteil reservieren will, sollte so früh wie möglich buchen.

Die Website des jeweiligen Anbieters gibt normalerweise den besten Überblick über die verschiedenen Angebote und Verfügbarkeiten – außerdem kann man sich informieren lassen, wenn es Sonderangebote gibt.

Richtig reisen

SITZWAGEN

Ein Platz im Sitzwagen ist die billigste und, wenig überraschend, unbequemste Option. Die Rücklehne lässt sich vielleicht etwas – manchmal sogar ganz – zurückklappen, aber man teilt sich das Abteil mit anderen. Da das Licht meist nicht gedämpft wird, sind Schlafmasken nützlich. Ohrstöpsel können lebensrettend sein, wenn man in einem Abteil mit redseligen Nachteulen landet.

LIEGEWAGEN

Die nächstbessere Kategorie ist der Liegewagen. Seine Abteile bieten Schlafplätze für vier bis sechs Personen auf Liegen, die auf drei Ebenen übereinander angeordnet sind. Nicht benötigte Liegen können oft platzsparend weggeklappt werden. Bettzeug (inkl. Decke) wird gestellt, aber die Passagiere machen die Betten selbst. Toiletten und Waschbecken sind meist außerhalb des Abteils am Ende des Wagens untergebracht und stehen allen Passagieren des Wagens zur Verfügung.

Tipps für Nachtzugreisen

Packen

Selbst in modernen Zügen ist der Platz im Abteil knapp. Beim Packen für den Schlafwagen darauf achten, dass alles Benötigte leicht zugänglich ist.

Im Mehrbettabteil

Wer ein Einzelbett bucht, teilt das Abteil meist mit Mitreisenden desselben Geschlechts. Die Empfehlungen für Trans-Personen bei Schlafwagenreisen variieren von Land zu Land und sind am besten vor der Buchung zu recherchieren.

Essen

Manche Züge (wie der Caledonian Sleeper, viele norwegische Schlafwagenzüge sowie die Züge in Osteuropa) haben Bordrestaurants, viele (wie die Nightjet-Züge und die französischen Intercités de Nuit) aber auch nicht. Bei Letzteren gibt es manchmal einen Bistrowagen oder die Möglichkeit, Snacks beim Zugpersonal zu kaufen, aber sicherheitshalber sollte man Proviant und Getränke mitbringen.

Nächtliche Grenzquerungen

Innerhalb des Schengen-Raums wird man nicht geweckt, um seinen Pass vorzuzeigen. Außerhalb dieser Zone sollte man darauf vorbereitet sein, ihn auf Aufforderung bei Grenzkontrollen vorzulegen – zu jeder Uhrzeit. Manchmal muss man das Zugticket über Nacht beim Zugpersonal abgeben und bekommt es morgens zurück.

Kultige Schlafwagenzüge

London–Schottland
Der jüngst modernisierte Caledonian Sleeper befördert Reisende in rund 8 Std. von London ins südliche Schottland (mit dem Lowlander) oder nördliche Schottland (mit dem Highlander).

Paris–Wien
Den Spuren des legendären Orientexpresses folgt diese Strecke von Paris südostwärts durch Deutschland und Österreich via Straßburg, München und Salzburg.

Mailand–Sizilien
Die Reise verläuft in Nord-Süd-Richtung durch ganz Italien und dann mitsamt dem Zug auf die Fähre über die Straße von Messina nach Sizilien.

Zürich–Hamburg
Das ganze Nightjet-Netz ist toll, und diese Strecke bietet zusätzlich die Chance, in einem Doppeldecker-Schlafwagen zu nächtigen.

Stockholm–Narvik
Wer dem Lockruf der Arktis folgt, reist auf dieser 20-stündigen Schlafwagenfahrt mit tadellos grünem Gewissen durch Schweden, das Geburtsland der *flygskam* (Flugscham).

Budapest–Split
Nur im Sommer kann man im Schlaf vom Budapester Keleti-Bahnhof zur kroatischen Küste fahren, um schon zu Mittag in der Adria zu planschen.

SCHLAFWAGEN

Die Wagen haben Schlafabteile für bis zu vier Personen mit Einzel-, Doppel- oder Etagenbetten und eigenem Waschbecken. Oft werden Handtücher, Seife und Wasserflaschen zur Verfügung gestellt. Die Betten macht in der Regel das Zugpersonal. Frühstück gibt es normalerweise gegen Zuschlag als „Zimmerservice". Meist teilen sich die Passagiere eines Wagens die Gemeinschaftstoiletten, in manchen Zügen kann man aber auch ein Abteil mit eigenem WC buchen (z. B. die Luxusabteile des Nightjet und des Caledonian Sleeper).

Gut zu wissen

Nach jahrzehntelangem Niedergang erlebt der Nachtzug in Europa ein Comeback. Es lohnt sich, aktuelle Infos zu neuen Strecken und Anbietern einzuholen. Manche Nachtzüge (z. B. Budapest–Split) verkehren nur im Sommer. Wer in der Hauptsaison reist, hat also bessere Aussichten, Schlafwagenetappen einplanen zu können.

Buchung & Informationen

Die Website Seat61.com ist eine Fundgrube voller Infos über Nachtzüge. Auch night-trains.com bietet viele Links. Große Buchungsplattformen wie Trainline, Railbookers und die für Eurail und Interrail haben allesamt eigene Seiten mit Erläuterungen zu Nachtzügen.

GEPÄCK

Ein großer Vorteil von Zug- gegenüber Flugreisen: Das Packen wird einfacher, weil strenge Gewichtsbeschränkungen ebenso wegfallen wie die Vorschriften über Flüssigkeitsmengen im Handgepäck. Das heißt aber nicht, dass alles erlaubt ist. Jedes Unternehmen hat auf seiner Website Hinweise zu Zahl und Größe der erlaubten Gepäckstücke und dazu, was nicht zulässig ist. Dazu gehören in der Regel feuergefährliche Gegenstände (entzündbare Flüssigkeiten, Feueranzünder) ebenso wie solche, die Menschen verletzen können (Messer, Schusswaffen, giftige Substanzen) und alles, was im begrenzten öffentlichen Raum Probleme verursachen könnte (wie übermäßige Mengen Alkohol).

Über solche Regeln sollte man sich vorab informieren. In der Realität sind Gepäckkontrollen selten, mit Ausnahme bestimmter Zugverbindungen, bei denen das Gepäck zwingend durchleuchtet wird (Eurostar; Thalys-Züge in der Pariser Gare du Nord; AVE-Züge in Spanien).

Gepäckmenge

In der Regel dürfen Passagiere zwei Gepäckstücke bis zu 85 cm Länge und ein kleineres Handgepäckstück mitnehmen – Kinderwagen werden dabei nicht eingerechnet. Manche Unternehmen erlauben drei Gepäckstücke (z. B. SNCF); einige preiswerte Anbieter wie

Mit dem Rollkoffer klappt das Umsteigen ohne Stress

Ouigo begrenzen das Gepäck hingegen auf ein großes Gepäckstück und eine kleine Tasche (ähnlich wie Billigflieger, die für jedes zusätzliche Gepäckstück einen Zuschlag nehmen).

Reisen mit Gepäck

Anders als auf Flughäfen sind Gepäckwagen auf Bahnhöfen nicht immer zu finden. Reisende müssen ihr Gepäck selbst befördern und in den Zug heben können. Das Bahnhofspersonal ist bei Bedarf behilflich – vor allem,

Wie viel Gepäck ist erlaubt?

Das kommt darauf an, mit welchem Unternehmen man reist. Wer Verbindungen unterschiedlicher Betreiber nutzt, muss sich beim Packen an die Vorgaben des Betreibers mit den strengsten Gepäckregeln halten. Die Beispiele unten geben einen ersten Überblick. Je leichter das Gepäck, desto weniger Sorgen muss man sich um etwaige Beschränkungen machen und desto weniger Schlepperei tut man sich selbst an.

Deutsche Bahn Ein großes Gepäckstück und ein Handgepäck.

Eurostar Zwei große Gepäckstücke bis 85 cm Länge und ein Handgepäck (drei große Gepäckstücke in der Klasse Business Premier).

Norwegische Staatsbahn Drei Gepäckstücke mit insgesamt bis zu 30 kg Gewicht.

Renfe (Spanien) Drei Gepäckstücke von je bis 85 x 55 x 35 cm Größe und 25 kg Gewicht.

TGV (Frankreich) Keine Beschränkung, was Gewicht oder Zahl der Gepäckstücke angeht.

Trenitalia Zwei große Gepäckstücke und ein Handgepäck.

wenn man diesen Bedarf vorab angemeldet hat. Das Ganze kann aber etwas Zeit in Anspruch nehmen. Deshalb sollten Reisende, die beim Hantieren mit ihrem Gepäck Hilfe benötigen, für Anschlüsse reichlich Umsteigezeit einplanen.

Die meisten Fernzüge in Europa haben jeweils am Wagenende einen Gepäckabstellbereich. Handgepäck kann man über oder unter dem Sitz verstauen. In Regional- und Nahverkehrszügen muss man u. U. alles Gepäck bei sich behalten. Wer in einer Gruppe oder mit Kindern reist und viel Gepäck dabeihat, sollte die Gepäckstücke bei jedem Ein- und Aussteigen abzählen, damit nichts zurückbleibt.

In einer Welt, in der man aufgefordert ist, sein Gepäck ständig im Auge zu behalten, kann es Unbehagen bereiten, es am Wagenende, weit weg vom eigenen Sitz, zu verstauen. Diebstähle aus diesen Gepäckregalen sind aber selten. Natürlich sollte man alle Wertgegenstände sowie Ausweise und Tickets am Körper tragen. Dasselbe gilt, wenn man das Gepäck in einer Gepäckaufbewahrung am Bahnhof lässt. Alle Gepäckstücke sollten mit Namen und Kontaktdaten etikettiert sein für den Fall, dass sie abhanden kommen.

Auf großen Reisen mit viel Gepäck kann es sinnvoll sein, einen Gepäckservice zu nutzen, wie ihn z. B. die Deutsche Bahn, Eurostar und die ÖBB anbieten. Sie befördern das Gepäck direkt zum Reiseziel. Das kostet zusätzlich, erspart aber den Stress, unterwegs mit schweren Koffern zu hantieren.

Auf Bahnhöfen sollte man sein Gepäck stets im Blick haben

SICHERHEIT

Züge gehören zu den sichersten Verkehrsmitteln in Europa; Unfälle sind die Ausnahme. Zur persönlichen Sicherheit sind dieselben Regeln zu beachten wie auch sonst im öffentlichen Raum. Wertsachen (Tickets, Ausweise, Geld und Handy) sollte man stets bei sich tragen, auch wenn man unterwegs eine Toilette aufsucht. Diebstähle in Zügen sind eher selten, aber Langfinger nutzen am ehesten Gelegenheiten, wenn der Zug im Bahnhof steht, Wertsachen ungesichert oder die Reisenden abgelenkt sind. Besonders in vollen Zügen und wenn einem etwas Ungewöhnliches auffällt, sollte man wachsam bleiben. Große Gepäckstücke in den Abstellbereichen am Wagenende zu verstauen, ist normalerweise kein Problem. Zusätzlich kann man den Koffer mit einem Schloss verschließen oder – sofern erlaubt – am Gepäckregal festschließen. Dann muss man aber Zeit einplanen, um das Schloss vor dem Aussteigen zu öffnen, und sicherstellen, dass andere Passagiere nicht behindert werden.

In Bahnhöfen herrscht oft viel Betrieb. Die großen Menschenmengen machen sie zu einem beliebten Tummelplatz für Taschendiebe. Deshalb das Gepäck nie unbeaufsichtigt lassen, Wertsachen sicher verstauen und immer die Augen offenhalten. Es ist verlockend, sich die Wartezeit mit dem Handy zu vertreiben, aber immer auf der Hut bleiben vor Dieben, die es einem aus der Hand reißen könnten, und das komplette Gepäck jederzeit im Blick behalten.

Im Gegensatz zum hektischen Treiben tagsüber sind viele Bahnhöfe spätabends leer und geradezu gespenstisch ruhig. Wer nachts auf einen Anschlusszug wartet, sollte das in einem hell erleuchteten Bereich tun, am besten in der Nähe geöffneter Läden oder Cafés.

Wenn man sich um die Sicherheit im Schlafwagen sorgt, kann man das Abteil von innen verschließen. Normalerweise sind in jedem Wagen Zugbegleiter, die bei Sicherheitsproblemen sofort helfen können. Das Abteil mit Fremden zu teilen, kann ungewohnt sein, aber man sollte bedenken, dass die anderen in derselben Situation und in aller Regel harmlos sind – da ist das Risiko weit größer, dass jemand übermäßig gesprächig ist oder die ganze Nacht lautstark schnarcht.

Zugreisen mit Kindern sind eine kurzweilige, familienfreundliche Alternative zum Fliegen oder Autofahren

MIT KINDERN REISEN

Mitreisende Kinder mögen die Romantik einer langen Zugreise mindern, aber sie kann trotzdem zum unvergesslichen Gemeinschaftsabenteuer für die ganze Familie werden. Es wird weniger Zeit geben, besinnlich aus dem Fenster zu schauen und ein Glas Wein zum Buch zu schlürfen, aber Zugreisen sind für Familien viel kurzweiliger als ein Flug oder eine Autofahrt. Alle können sich frei bewegen, vorm Fenster gibt es genug zu sehen, und bei Langeweile oder Hungerattacken schaffen das Bordbistro oder der Snackwagen Abhilfe. Eine Sitzplatzreservierung mit Tisch erlaubt Spiele oder andere Aktivitäten, man wird nicht so leicht reisekrank, und Zwischenstopps oder Umstiege versprechen Abwechslung und Nervenkitzel.

Familienreisen per Zug klappen am besten mit etwas Vorbereitung. Bei der Routenplanung sollte man überlegen, wie lange die Familie es in einem Zug aushält (3 Std. sind ein guter Richtwert für kleinere Kinder), und Zwischenhalte oder Umstiege einkalkulieren. Eine Gruppe mit Kindern und viel Gepäck (vielleicht auch Kinderwagen) braucht für alles länger, weshalb man die Umsteigezeiten nicht zu knapp planen darf. Auch über die Verhältnisse vor Ort sollte man sich gut informieren. Paris mit einem Baby und allem Zubehör zu durchqueren, ist kein Klacks (unser Tipp: ein Taxi!). Zugtickets vorab zu buchen ist meist billiger und stellt sicher, dass alle zusammen sitzen (eine kostenpflichtige Platzreservierung kann sinnvoll sein, selbst wenn die Kinder umsonst reisen). Vorab checken, wann die örtliche Rushhour ist, welche Strecken besonders voll sind und ob Großveranstaltungen an einem Zielort anstehen – um so zu buchen, dass man sie vermeidet.

Dann sollte man sich über Familienangebote informieren. Manche Züge haben besondere Wagen für Familien, Wickeltische und Abstellplätze für Buggys. Der heilige Gral für Zugreisen mit Familie sind die IC-Züge in Finnland und die InterCity-Doppeldeckerzüge in der Schweiz. Sie haben Familienwagen mit richtigen Spielbereichen, die in Finnland Kinderbücher und Spielzeugeisenbahnen und in der Schweiz ein Dschungelthema bieten.

Spiel und Spaß müssen sein. Selbst die Bahnfans unter den Kleinkindern langweilen sich irgendwann. Es braucht ein Arsenal an Aktivitäten, sie zu beschäftigen: Unbedingt genug Spiele, Bücher und Malsachen mitnehmen. Die meisten modernen Intercitys haben Steckdosen, um Tablets aufzuladen und den Kindern etwas Bildschirmzeit zu gönnen. Das WLAN in Zügen ist unzuverlässig und manchmal teuer. Filme, Serien und Offline-Games also besser schon daheim runterladen.

Schlafwagenreisen steigern den Spaßfaktor. Einfach ein eigenes Abteil für die ganze Familie buchen. Bei mehr als vier Personen kann es allerdings teurer werden, da viele Schlafabteile nur Betten für vier haben. Je nach gebuchter Kategorie wird man vom Zugpersonal zum Abteil begleitet, bekommt morgens das Frühstück gebracht und kann sich ins gemachte Bett legen – wie in einem rollenden Hotel.

Letztlich muss man auf Unerwartetes vorbereitet sein. Züge bleiben liegen, Anschlüsse werden verpasst, Bordbistros fehlen oder sind geschlossen, die Klimaanlage versagt. Also immer Snacks und Wasser, Klamotten zum Wechseln, Medikamente und Wischtücher für die Kleinen mitnehmen und einen Plan für den Fall entwickeln, dass nicht alle zusammensitzen können. Auch sollte man die Kids auf betriebsame Bahnhöfe vorbereiten und besprechen, was zu tun ist, wenn jemand verloren geht. Helle, bunte Kleidung und die elterliche Telefonnummer in der Jackentasche des Kindes sind ein guter Anfang.

Gut zu wissen

Bei Bahnpässen wie Eurail und Interrail sind Kinder ohne Aufschlag inbegriffen. Viele länderspezifische Rabattkarten sehen vor, dass Kinder gratis mit dem Ticket der Eltern mitfahren.

Informationen

Die Websites der Eisenbahnunternehmen haben normalerweise Infoseiten zum Reisen mit Kindern in ihren Zügen.

Oben und gegenüber: Gute Planung ist stets hilfreich

BARRIEREFREI REISEN

Moderne Züge und Bahnhöfe sind zwar zunehmend besser auf Reisende mit Mobilitäts-, Seh- oder Hörbehinderungen oder kognitiven Einschränkungen eingestellt, aber in der Realität sind Zugreisen für Menschen mit Behinderungen immer noch häufig mit Schwierigkeiten verbunden.

Viele betroffene Reisende berichten aber auch über die positiven Seiten von Bahnreisen. Dazu gehört, dass man direkt im Zentrum des Zielorts ankommt, an Bord des Zuges eine gewisse Bewegungsfreiheit genießt und, im Gegensatz zu Flugreisen, den Rollstuhl oder andere Hilfsmittel bei sich behalten kann.

Die meisten Bahnunternehmen bieten Reisenden mit Behinderung Unterstützung für Reisen in ihren Zügen an. Wenn man frühzeitig vor der geplanten Reise anruft, helfen sie dabei, gut zugängliche Sitze zu buchen, und organisieren Zugpersonal, das beim Ein- und Aussteigen hilft.

Am besten bei der Reiseplanung die Informationen auf den Websites der einzelnen Bahnunternehmen nutzen und reichlich Zeit zum Umsteigen einplanen. Hier die Nummern einiger Hotlines speziell für Reisende mit Behinderung:

Deutsche Bahn +49 (0) 30 6521 2888
Eurostar (UK) +44 (0) 3432 186 186
ÖBB (Österreich) +43 (0) 517175
Renfe (Spanien) +34 912 140 505
SNCF (Frankreich) +33 (0) 890 640 650
Trenitalia (Italien) +39 199 30 30 60

Gut zu wissen

Für Reisende mit Rollstuhl: End- oder Kopfbahnhöfe haben normalerweise einen Querbahnsteig. Über ihn kommt man beim Umsteigen stufenfrei von einem Bahnsteig zum anderen.

Informationen

Die Webadresse europa.eu/youreurope/citizens/travel/transport-disability informiert über die Rechte von Reisenden mit Behinderung in Europa.

MIT HAUSTIEREN REISEN

Außer im Eurostar (wo nur Assistenzhunde erlaubt sind) kann man mit der richtigen Vorausplanung in den meisten europäischen Zügen sein Haustier mitnehmen. Jedes Bahnunternehmen hat auf seiner Website Infos zum Reisen mit Tieren. Die Regeln variieren und sollten für jede Reiseetappe genau studiert werden.

Im Allgemeinen müssen Kleintiere in einem geschlossenen Korb oder einer Box untergebracht werden, die man als Handgepäck verstauen kann. Größere Hunde müssen an einer kurzen Leine geführt und manchmal auch mit Maulkorb ausgestattet werden. Teils gelten für große Hunde besondere Regeln: Sie dürfen z. B. in den ICS-Neigezügen in Slowenien und den Regionali-Zügen in Italien zu den Hauptverkehrszeiten nicht mitfahren.

Außer bei Assistenzhunden ist für das Tier oft ein Fahrpreis zu entrichten. Manche Unternehmen begrenzen die Zahl der Tiere, die eine Person mit sich führen darf. Reisende müssen die ganze Fahrt über bei ihrem Tier bleiben und es unter Kontrolle halten, damit sich niemand belästigt fühlt.

Haustiere sollen nicht mit ins Bordbistro, sind aber in den meisten Schlafwagen willkommen, wenn man ein eigenes Abteil bucht.

Wer sein Haustier in einem Behältnis mitnimmt, muss dafür sorgen, dass dieses ausreichend belüftet ist und eine geeignete Umgebung für das Tier bietet. Am besten fängt man mit kurzen Reisen an, um das Tier an Zugreisen zu gewöhnen.

Gut zu wissen

Für Auslandsreisen mit Haustier braucht dieses einen EU-Heimtierausweis oder ein tierärztliches EU-Gesundheitszeugnis (je nachdem, ob man seinen Wohnsitz in oder außerhalb der EU hat). Außerdem muss es gechippt und gegen Tollwut geimpft sein. Die Transportbox sollte mit Kontaktdaten und Zielort etikettiert sein – für den Fall, dass man von seinem Tier getrennt wird.

Informationen

Die Website europa.eu/youreurope/citizens/travel/carry/animal-plant informiert über die Einreisebestimmungen der einzelnen Länder für Haustiere.

ESSEN

Eine Mahlzeit mit Aussicht ist kaum zu toppen, und eine Bahnreise durch Europa bietet reichlich Gelegenheit, dieses Erlebnis zu genießen. An den meisten Bahnhöfen gibt es Zutaten fürs Bordpicknick, und viele Züge halten weitere Speisemöglichkeiten bereit.

Das Angebot

AM BAHNHOF

Große Bahnhöfe bieten die übliche Auswahl von bekannten Fastfood-Marken über Sandwiches und Gebäck bis zum wachsenden Angebot an gesünderer Kost. Die meisten Läden und Theken bleiben lange geöffnet. In vielen Bahnhöfen gibt es auch Bars. Bei Bahnhöfen in Großstadtzentren warten ohnehin alle erdenklichen gastronomischen Angebote nur wenige Schritte bzw. eine kurze Taxi- oder U-Bahnfahrt entfernt.

IM ZUG

Züge ab der InterCity-Kategorie aufwärts bieten diverse Verpflegungsmöglichkeiten: Snackwagen, Bordbistros und Mahlzeiten, die am Sitzplatz oder im Speisewagen serviert werden. Außerdem kann man sich natürlich eigenes Essen mitbringen.

Die Verpflegungsangebote sind nicht immer durchgehend verfügbar. Teils werden die Einrichtungen einige Zeit vor Ankunft am Zielort geschlossen – auf die Ankündigungen im Zug achten oder bei den Zugbegleitern nachfragen. Normalerweise gibt es auch vegetarische Angebote. Immer mehr Bordverpflegungsdienste, insbesondere in der nördlichen Hälfte Europas, bieten zudem vegane, glutenfreie und andere spezielle Diätkost an.

Snackwagen

Oft geht jemand mit einem Snackwagen durch den Zug und verkauft warme und kalte Getränke – auch Bier und Wein – sowie Sandwiches und Süßigkeiten. Diese können meist mit Bargeld oder Karte bezahlt werden.

Bordbistros

In vielen Zügen wurden die Speisewagen mit Bedienung durch schlichtere Bordbistros ersetzt, die Getränke und ein begrenztes Angebot an kalten und warmen Speisen verkaufen. Oft dient das Bistro zugleich als Bar und kann vor allem abends ziemlich gut besucht sein.

Speisewagen und Service am Sitzplatz

Speisewagen mit Bedienung sind seltener geworden, aber in deutschen Zügen und Fernzügen in Skandinavien, Mittel- und Osteuropa noch verbreitet. Wo vorhanden, sind Speisewagen oder Bordrestaurants einen Besuch wert, denn sie versprechen Abwechslung, herzhafte Mahlzeiten und faszinierende Einblicke in die Essgewohnheiten der durchreisten Länder. Besonders österreichische, polnische und tschechische Züge sind für leckere regionale Speisen bekannt. Manchmal wird auch ein polnischer oder tschechischer Speisewagen an einen internationalen InterCity-Zug angehängt. Tischreservierungen sind in der Regel nicht möglich. In Schweizer Zügen können Passagiere aber einen Mittagstisch mit toller Aussicht reservieren. Zu den herausragenden Reiseerlebnissen gehört der Salonwagen der Caledonian-Sleeper-Züge zwischen London und Schottland, in dem schottische Gerichte und Getränke, u.a. diverse Whiskysorten, serviert werden.

In der Premiumklasse ist Essen ein wichtiger Teil des Service. Eurostar serviert in der Business Premier eine Mahlzeit am Platz, in der Standard Premier eine kleinere Version. Auch in der ersten Klasse mancher ICEs kann man Mahlzeiten an den Platz bestellen. Italienische Züge bieten in den höheren Klassen ein Begrüßungsgetränk mit Snack; bei schwedischen Hochgeschwindigkeitszügen ist das Frühstück inklusive. Bei bestimmten Zügen von London, Plymouth und Swansea können Erste-Klasse-Fahrgäste vorab den Pullman-Speiseservice der Great Western Railway buchen. Andere Passagiere können beim Einstieg verfügbare Plätze reservieren.

Selbstverpflegung

In Bahnhöfen und ihrer Umgebung wimmelt es meist von Läden und Imbisslokalen zur Versorgung der Durchreisenden. Hier kann man Wasser, Snacks oder ganze Mahlzeiten kaufen, um sie später im Zug zu verzehren.

Fünf Hauptnahrungsmittel in europäischen Zügen

Starker Kaffee Der Espresso in europäischen Fernreisezügen ist zwar nicht unbedingt gourmetverdächtig, garantiert aber bei der Abfahrt aus Frankfurt um 6 Uhr früh einen kurzen, kräftigen Koffeinschub.

Kaisersemmel In mitteleuropäischen Zügen der Standard zum Frühstück oder als Zwischenmahlzeit – wahlweise mit Butter und Marmelade, Käse oder Aufschnitt.

Eingeschweißte Croissants Das langlebige Gebäck hält zwar dem Vergleich mit dem Original aus der Patisserie nicht stand, kann aber die Rettung sein, wenn kleine Mitreisende am Essen rummäkeln.

Bier Ob Bitburger vom Fass in Zügen der Deutschen Bahn oder eine regionale Bierspezialität in den Schweizer Zügen, irgendeine Art Bier findet sich immer an Bord.

Kartoffelchips Minipackungen der allgegenwärtigen Knabberei stehen unweigerlich neben Erdnüssen und Schokoriegeln hinter der Theke im Bordbistro aufgereiht.

ANSCHLÜSSE

Suchen nach dem Anschlusszug …

Bei Zugreisen durch Europa geht es nicht immer per Direktzug vom Abreisebahnhof ans gewünschte Ziel. Meist muss man irgendwo umsteigen, also einen Anschlusszug erwischen. Wichtige Drehscheiben für Hochgeschwindigkeits- und Intercity-Verbindungen sind nicht nur große Hauptstädte wie Paris, London oder Wien, sondern auch Verkehrsknotenpunkte wie Frankfurt, Zürich und Mailand und andere zentrale, aber nicht ganz so bekannte Bahnhöfe auf dem ganzen Kontinent. Weil sich die Hauptstrecken vielerorts kreuzen, bieten z. B. auch Antwerpen, Dortmund, Verona und Basel zahlreiche Umsteigemöglichkeiten.

Praktische Tipps

Das Umsteigen als solches ist normalerweise nicht kompliziert, vor allem bei Hochgeschwindigkeitszügen. In diesen werden die Anschlusszüge mit dem jeweiligen Gleis oft auf Bildschirmen angezeigt oder durchgesagt, bevor der Zug in den Bahnhof einfährt – wer mit Familie oder einer Gruppe reist, muss gut darauf achten, um alle reibungslos aus dem einen in den anderen Zug zu bekommen.

Mit viel Glück fährt der Anschlusszug vom Nachbargleis, nur wenige Schritte vom Ausstieg aus dem vorigen Zug. In größeren Bahnhöfen gibt es aber oft Dutzende von Gleisen, an denen verschiedenste Zugtypen von und zu nahen und fernen Orten halten. Ein Schlafwagenzug, der in München endet, hält z. B. meist einige Fußminuten entfernt von den Gleisen, an denen die ICEs abfahren.

Dann gibt es noch Städte mit mehreren Bahnhöfen, in denen der Anschlusszug u. U. von einem weit entfernten Bahnhof abfährt. Das ist vor allem in Großstädten wie London oder Paris der Fall, aber auch bei speziellen Bahnhöfen für Hochgeschwindigkeitslinien wie Nîmes Pont-du-Gard oder Lille-Europe muss man aufpassen. Das Ticket sorgfältig überprüfen, ggf. reichlich Umsteigezeit einkalkulieren und die Route vorausplanen, um den Anschlusszug zu erreichen: Das kann ein kurzer Fußweg, eine Fahrt mit einem Nahverkehrszug oder eine Taxifahrt sein.

ANSCHLUSS VERPASST?

Ein verpasster Anschluss ist selten eine große Katastrophe. Railteam (railteam.eu), eine Allianz mehrerer europäischer Bahnunternehmen, bietet den HOTNAT-Dienst (Hop On The Next Available Train) an, mit dem man den nächsten verfügbaren Zug nehmen kann, und es gibt noch weitere Vereinbarungen zwischen nationalen Bahnunternehmen, die Reisenden erlauben, auf einen späteren Anschlusszug auszuweichen. Mit HOTNAT-Berechtigung kann man, abhängig von der Zugkapazität, bei Verspätung oder Ausfall des vorherigen Hochgeschwindigkeitszugs die nächste verfügbare Anschlussverbindung nehmen. Dies erleichtert die Weiterfahrt bei grenzüberschreitenden Reisen. Auch bei Anschlüssen desselben Betreibers – wenn man z. B. in Lyon von einem TGV in einen anderen umsteigt – kann man ggf. den nächsten verfügbaren Zug nehmen. Nach Möglichkeit sollten dazu die Zugbegleiter des verspäteten Zugs die Verspätung auf dem Ticket mit Stempel bestätigen.

Wer zu spät ankommt, um den Anschlusszug zu erreichen, sollte auf Antrag auch eine Übernachtung vom Bahnunternehmen erstattet bekommen. Dazu vor der Hotelbuchung beim Reisezentrum des Bahnhofs oder, wenn dieses geschlossen ist, beim Bahnsteigpersonal nachfragen.

Es ist in diesen Fällen egal, ob man ein Ticket mit Zugbindung hat, solange der Anschluss unverschuldet verpasst wird. Man sollte alle Tickets mitsamt Vermerken aufbewahren, um ggf. nach der Reise eine Entschädigung zu beantragen.

Flexible Tickets ohne Zugbindung sind meist teurer, können bei knapp kalkulierten Anschlussverbindungen aber einigen Stress aus der Situation nehmen.

Wenn man den Anschluss aus Gründen verpasst, die nicht vom Bahnunternehmen zu verantworten sind – etwa, weil man mit einem verspäteten Flug angekommen ist oder das Gleis nicht finden konnte –, muss man in der Regel ein neues Ticket kaufen. Die Trainline-Website hält dazu unter faq.trainline.eu hilfreiche Hinweise bereit.

Zwischenstopps

Eine Zugreise mit Umstieg, z. B. eine Reise von Paris nach Rom, eröffnet Möglichkeiten für Zwischenstopps. Es gibt keine Direktverbindung, aber die italienische Hauptstadt ist über Mailand zu erreichen. Reisende können die Strecke in weniger als zwölf Stunden schaffen – oder einen Zwischenstopp mit Übernachtung einlegen, etwa in Genf oder Florenz. Wer eine längere Reiseunterbrechung plant, muss allerdings meist zwei separate Tickets kaufen, es sei denn, man reist mit einem Bahnpass. Bei Reisen durch oder in Deutschland kann man den Zwischenaufenthalt allerdings bei der Onlinebuchung gleich mit angeben.

Zwischenstopps ohne Übernachtung gehen natürlich auch. Auf vielen wichtigen Strecken verkehren täglich mehrere Züge. Eine mehrstündige Pause zum Mittagessen, für einen Stadtbummel oder einen Museumsbesuch ist angesichts der vielen zentral gelegenen Bahnhöfe leicht machbar. Wer sein Gepäck nicht mitschleppen will, kann es solange in einem Bahnhofsschließfach verwahren.

WICHTIGE DREHKREUZE

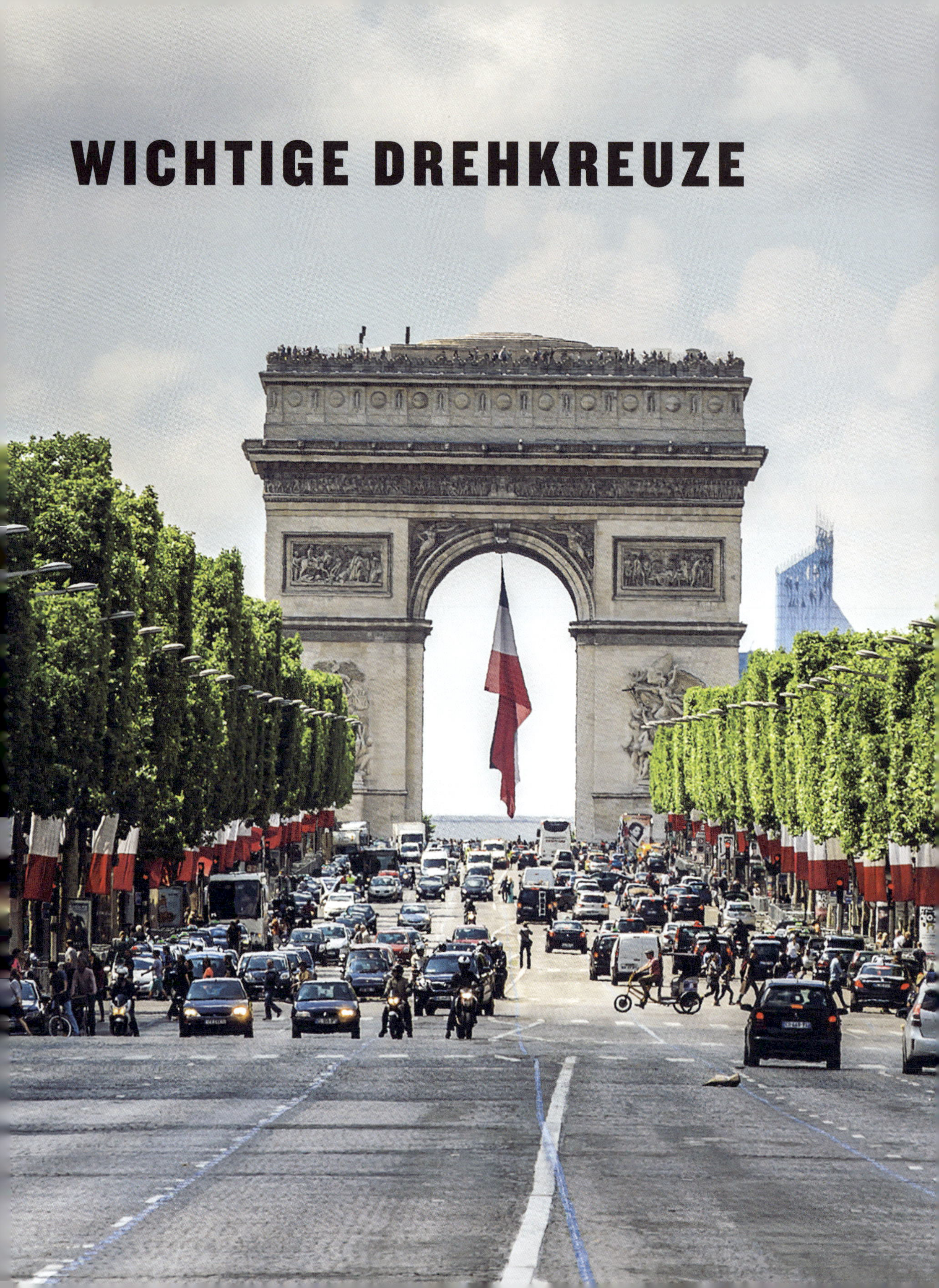

Paris

Willkommen im Herzen der französischen Nation und ihres Verkehrsnetzes. Paris ist die ideale Bahnhofsstadt: Alle Wege führen hier durch, und die meisten Reisenden freuen sich darüber.

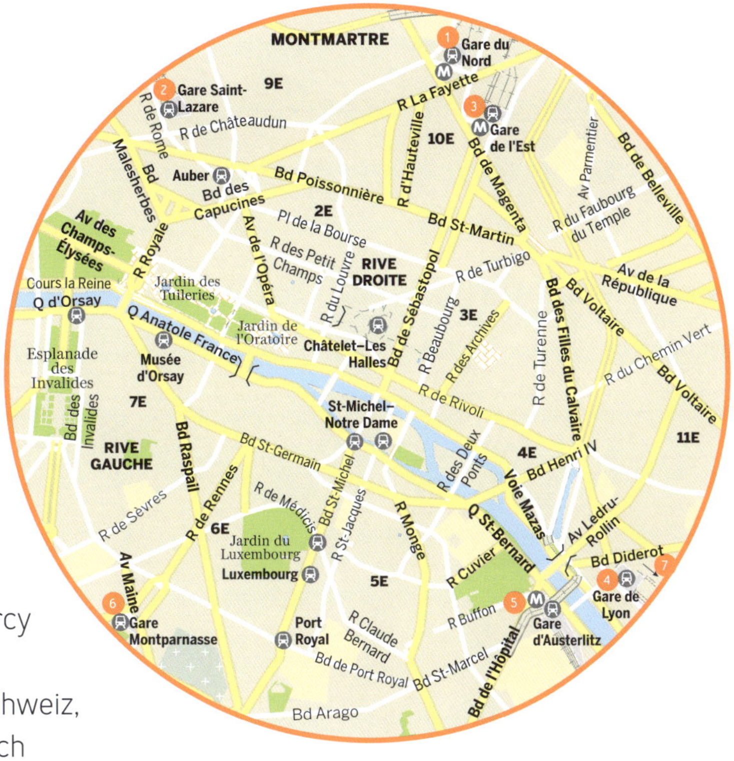

1 Gare du Nord
2 Gare Saint-Lazare
3 Gare de l'Est
4 Gare de Lyon
5 Gare d'Austerlitz
6 Gare Montparnasse
7 Gare Bercy

Praktische Infos

Paris hat sieben große Bahnhöfe: Gare d'Austerlitz für Züge nach Zentralfrankreich und in die Pyrenäen, Bercy für Südostfrankreich, Gare de l'Est für Ostfrankreich, Deutschland und die Schweiz, Gare de Lyon für TGVs in die Alpen, nach Südfrankreich und Spanien, Montparnasse für West- und Südwestfrankreich, Gare du Nord für Nordfrankreich, Thalys-Züge nach Belgien, Deutschland, in die Niederlande und Eurostar-Züge nach England, Gare Saint-Lazare für die Normandie.

Orientierung

Metro- oder RER-Züge sind die schnellste Verbindung zwischen zwei Bahnhöfen; Taxis können für Gruppen billiger sein. Paris ist so kompakt, dass mit ein paar Stunden Umsteigezeit einiges an Sightseeing möglich ist.

Zwischenstopp

Für die meisten Paris-Besucher gehören ein Bummel an der Seine, ein Besuch im Louvre und ein Blick auf die Skyline vom Dach des Centre Pompidou zum Pflichtprogramm.

Champs-Élysées und Arc de Triomphe in Paris

Bahnhofsgeschichten

In den 1870er- und 1880er-Jahren malten die Impressionisten die Umgebung der Gare Saint-Lazare. Édouard Manets *Die Eisenbahn* (1873) zeigt ein junges Mädchen, das die Dampfwolke eines durchfahrenden Zugs bestaunt. *La Gare Saint-Lazare* (1877) von Claude Monet gehört zu einer Serie von Bildern, die er *en plein air* am Bahnhof malte. Es hängt heute passenderweise im Musée d'Orsay, einem ehemaligen Bahnhofsgebäude.

Mailand

Mailand ist Italiens Finanzzentrum – mit unverkennbar italienischem Lebensrhythmus und Stil bei nordeuropäisch beeinflusster Architektur und Mentalität: ein passender Mix für einen so wichtigen Knotenpunkt internationaler und inländischer Verkehrsverbindungen.

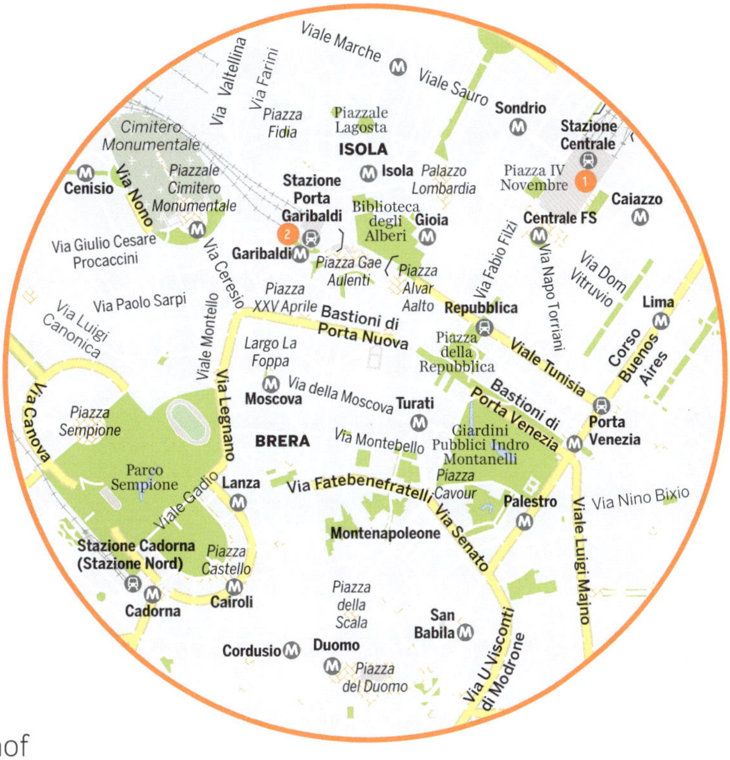

1 Centrale

2 Porta Garibaldi

Praktische Infos

Milano Centrale ist einer der größten Bahnhöfe Europas. An 24 Bahnsteigen halten Züge zu Dutzenden von Zielen. Porta Garibaldi ist ein wichtiger Bahnhof für Pendlerzüge, Nightjet-Züge, TGVs nach Frankreich und einige Frecciarossa-Züge.

Orientierung

Von einem Bahnhof zum anderen sind es 25 Min. zu Fuß oder 12 Min. mit der U-Bahn. Das dicht getaktete U-Bahn-Netz ist auch am praktischsten, um den Bezirk mit den Topattraktionen für Touristen zu erreichen.

Zwischenstopp

Der unglaubliche, prachtvolle Mailänder Dom gehört zu den großen Kirchenbauten Europas. Ein Besuch der Dachterrassen, um den Statuenschmuck aus der Nähe zu bewundern, ist ein Muss. Weitere Topziele sind da Vincis *Abendmahl*, das majestätische Castello Sforzesco und die Einkaufspassage Galleria Vittorio Emanuele II mit ihrem grandiosen Glasdach. Das alles ist an einem (langen) Tag zu schaffen.

Stilvoll Shoppen in der Galleria Vittorio Emanuele II, Mailand

Bahnhofsgeschichten

Der Bahnhof Milano Centrale hat einen Königlichen Pavillon, der als Wartebereich für König Vittorio Emanuele III. geschaffen wurde. Eine Treppe aus Marmor und Onyx schmückt den klassizistischen Raum, dessen Türen direkt auf den Bahnsteig gingen. Heute wird er für private Veranstaltungen genutzt und ist für die Öffentlichkeit nicht zugänglich.

London

Die größte Stadt Westeuropas lockt Gäste mit zwei Jahrtausenden Geschichte, ihrer innovativen Kulturszene und einer Gastronomie, die ihre weltumspannende Vielfalt widerspiegelt. Wenn die pulsierende Energie der City und des West End zu viel wird, versprechen Londons schöne Grünanlagen Erholung.

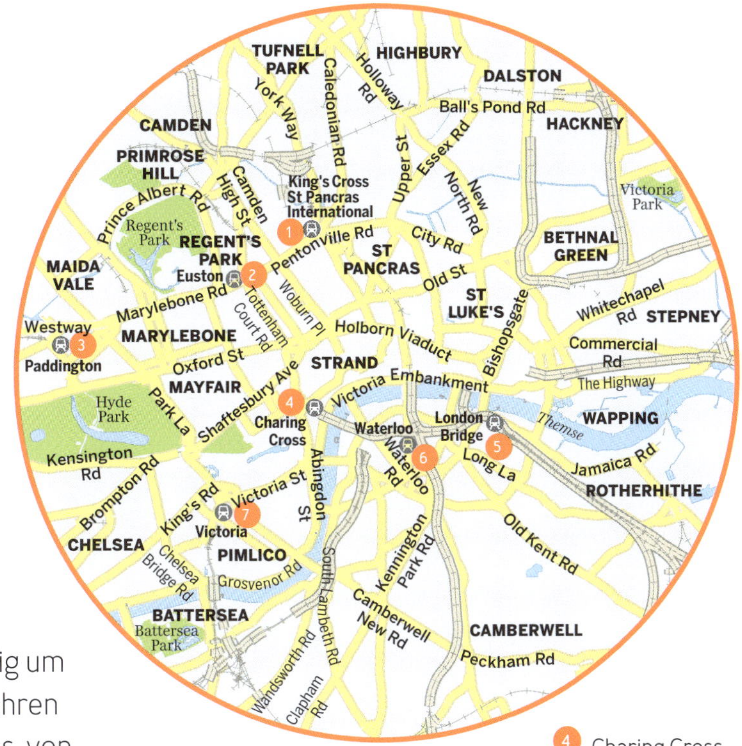

1 King's Cross/St Pancras International
2 Euston
3 Paddington
4 Charing Cross
5 London Bridge
6 Waterloo
7 Victoria

Praktische Infos

Die großen Bahnhöfe liegen ringförmig um das Stadtzentrum. Von Paddington fahren Züge nach Westengland und Südwales, von Euston nach Nordwestengland, Nordwales und Schottland. St Pancras International ist der Eurostar-Bahnhof für Frankreich, Belgien und die Niederlande sowie Mittelengland. King's Cross bedient Nordengland und Schottland; Victoria, Charing Cross, London Bridge und Waterloo bedienen Südengland.

Orientierung

Die U-Bahn (Underground) ist das schnellste Verkehrsmittel vor Ort, aber London ist auch sehr fußgängerfreundlich. Taxis (Black Cabs) stehen für Lang- und Kurzstrecken bereit.

Zwischenstopp

Tate Modern und British Museum sind die Topziele für Kulturfans mit wenig Zeit. Königliche Historie bieten der Buckingham Palace (nur im Sommer geöffnet) und der Tower of London, die mittelalterliche Stadtfestung. Abends meidet man am besten die Touristenviertel und stürzt sich stattdessen in die bunte Lokalszene von Shoreditch oder Brixton.

Bahnhofsgeschichten

Die Gleise der Blackfriars Station überspannen die Themse und eröffnen ein grandioses Stadtpanorama: Im Westen der Themsebogen mit London Eye und Westminster, im Osten St Paul's Cathedral, der Wolkenkratzer The Shard und die Tower Bridge.

Schiene ist nicht alles: im Bus über die Londoner Tower Bridge

Frankfurt

Frankfurt am Main ist ein zentraler europäischer Verkehrsknotenpunkt und zugleich das Finanzzentrum Deutschlands, Standort der Deutschen Börse und der Europäischen Zentralbank. Aber die Stadt hat außer Business noch mehr zu bieten. Ihre Altstadt ist ein netter Ort fürs Sightseeing, und das rege Nachtleben in Alt-Sachsenhausen lädt nach langer Reise zu einem erholsamen Abend.

1 Frankfurt Hauptbahnhof

Praktische Infos

Der riesige Hauptbahnhof ist einer der wichtigsten Bahnhöfe Europas und für Fernreisende die einzige Anlaufstelle in Frankfurt. Von hier fahren Züge in alle Richtungen, quer durch Deutschland und in die Schweiz, nach Österreich, Ungarn, Italien, Frankreich, in die Niederlande und nach Belgien.

Orientierung

Das Stadtzentrum und der Main liegen gleich beim Hauptbahnhof. Wer in die Altstadt will, nimmt einen nach Osten fahrenden Zug der S-Bahn Rhein-Main. Die Linien S8 und S9 verkehren zum Frankfurter Flughafen.

Zwischenstopp

In der Altstadt warten der Kaiserdom und der Römerberg mit dem hübschen Rathaus und einer Reihe rekonstruierter Fachwerkhäuser. Eine modernere Attraktion ist die Schirn Kunsthalle mit spektakulären Ausstellungen. Danach schmeckt ein Glas traditioneller Apfelwein, hier *Ebbelwoi* genannt.

Die Skyline der Finanzmetropole Frankfurt

Bahnhofsgeschichten

Beim Betreten oder Verlassen des Bahnhofs durch den Haupteingang lohnt ein Blick nach oben auf die imposante Uhr und die Atlas-Skulptur. Der Titan, der hier auf seinen Schultern die Erdkugel trägt, wird unterstützt von zwei Figuren, die Dampf und Elektrizität symbolisieren.

Wien

Wien bewahrt die Pracht seiner kaiserlichen Vergangenheit und das musikalische Vermächtnis weltberühmter Komponisten, gepaart mit einer Prise Multikultiflair, dynamischem Design und Begeisterung für Freiluftveranstaltungen.

Praktische Infos

Der Hauptbahnhof südlich der Inneren Stadt (historisches Zentrum) ist die Hauptdrehscheibe von Wien. Hier halten Railjet-, Nightjet- und ICE-Züge. Vom Westbahnhof verkehren Züge eines Privatunternehmens nach Salzburg.

Orientierung

Die prächtigen Boulevards von Wien sind toll fürs Sightseeing, aber die Distanzen sind nicht zu unterschätzen. Straßen- und U-Bahnen bilden das Rückgrat des Nahverkehrs. Vom Hauptbahnhof ins Stadtzentrum sind es 4 km mit der U-Bahn – oder zu Fuß.

Zwischenstopp

Das Kulturareal MuseumsQuartier, die Hofburg und der Stephansdom sind die Hauptattraktionen im Zentrum. Als weiteres Highlight lockt ein Tagesausflug zum Schloss Schönbrunn – zur Erkundung des riesigen Parks ist bequemes Schuhwerk ratsam.

Schloss Schönbrunn ist eine Topattraktion der Stadt Wien

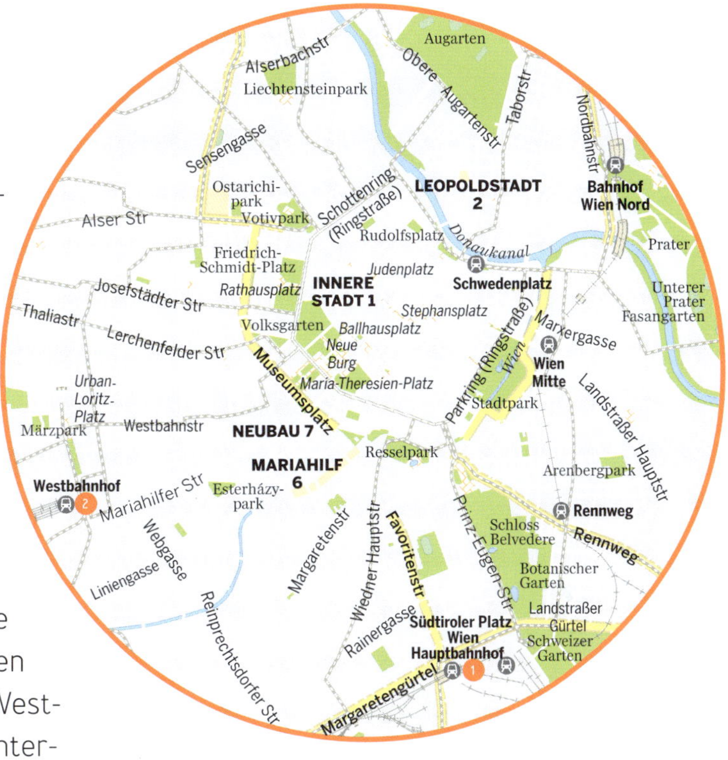

1 Wien Hauptbahnhof

2 Westbahnhof

Bahnhofsgeschichten

Das erste schienengebundene Nahverkehrsmittel von Wien war die Stadtbahn. Die damalige Dampfeisenbahn verkehrte auf den Strecken, die heute die U-Bahnlinien U4 und U6 bedienen. Die Stadtbahn war eine Vorreiterin der Jugendstilarchitektur und bewahrt einige faszinierende Bauwerke des berühmten österreichischen Künstlers Otto Wagner, darunter die Pavillons am Karlsplatz. Sein kuppelgekrönter Hofpavillon Hietzing war als Kaiser Franz Josephs Privateingang zur Stadtbahn in direkter Nähe zum Schloss Schönbrunn gedacht.

Zürich

Die hipste Stadt der Schweiz verkörpert das urbane Europa von seiner besten Seite. Ihre schöne Altstadt kontrastiert mit den umgenutzten Industriearealen in Zürich-West. Auch das unschlagbare Schweizer Outdoor-Feeling kommt nicht zu kurz, wenn sich im Sommer die Stadtbevölkerung am Zürichsee und den Badeplätzen der Limmat tummelt.

1 Zürcher Hauptbahnhof

Praktische Infos

Der Hauptbahnhof ist der größte der Schweiz und liegt auf Rang fünf der verkehrsreichsten Bahnhöfe Europas. Von hier fahren Züge bis nach Hamburg im Norden und Zagreb im Süden sowie nach Österreich, Frankreich, Italien, Ungarn und in die Slowakei. InterCity- und InterRegio-Züge verkehren in dichtem Takt zu Zielen in der ganzen Schweiz.

Orientierung

Zürich ist kompakt, und der Bahnhof liegt am Rand der verkehrsberuhigten Altstadt, deren Gassen und historische Kirchen sich am besten zu Fuß entdecken lassen.

Zwischenstopp

Nach einem Bummel durch die Altstadt kann man mit einem Limmatboot eine Rundfahrt unter den Flussbrücken hindurch unternehmen oder mit einem Kursschiff auf den See hinausfahren, um den Panoramablick auf die schneegekrönten Alpen zu genießen.

Das Fraumünster und St. Peter am Ufer des Zürichsees

Bahnhofsgeschichten

Unter dem imposanten Sandsteinbau des Zürcher Hauptbahnhofs liegen die Bahnsteige der S10. Sie ist keine gewöhnliche S-Bahnlinie, denn nach der Fahrt durch die Vorortlandschaft fährt sie bis fast auf den 870 m hohen Gipfel des Uetlibergs hinauf. Der Hausberg der Stadt wartet mit einem Aussichtsturm und Wanderwegen auf den Gipfel auf. Der Ausblick von hier oben ist umwerfend.

SCHOTTLAND
Edinburgh
NORD-
IRLAND
Belfast
IRLAND
Dublin
ENGLAND
WALES
Cardiff
London
Aalborg
DÄNEMARK
Kopenhagen
Helgoland
Amsterdam
NIEDERLANDE
Brüssel
BELGIEN
LUXEMBURG
Luxemburg
Paris
Hannover
Wolfsburg
Berlin
DEUTSCHLAND
Göttingen
Halle
Kassel
Weimar
Erfurt
Frankfurt
am Main
Fulda
Hanau
Pra
TSCHECH
Straßburg
Baden-Baden
Bühl
Belfort
Basel
Zürich
Besançon
FRANKREICH
Interlaken
Luzern
Vaduz
ÖSTERR
Bern
Stans
Thun
Alpnach
SCHWEIZ
Lausanne
Grindelwald
Lauterbrunnen
Kleine
Scheidegg
Ljublj
Genf
SLOWE
Lyon
ITALIEN
Nîmes
Avignon
Montpellier
Aix-en-
Provence
Monaco
San
Marino
Béziers
Narbonne
Marseille
Villefranche-
de-Conflent
Perpignan
PORTUGAL
SPANIEN
Andorra La Vella
Vernet-les-Bains
Latour-de-Carol
Figueres
Zaragoza
Girona
Sitges
Barcelona
Rom
Madrid
Tarragona
Morella
Cuenca
Sant Mateu
Peñíscola
Benicarló
Toledo
Le Prigionette
Benicàssim
Valencia
Castiadas
Córdoba
Sevilla
Jerez de la
Frontera
Bobadilla
Antequera
Ronda
Cádiz
Gaucín
Málaga
Algeciras
MAROKKO

NORDOST/ SÜDWEST

BERLIN–FRANKFURT–MARSEILLE–BARCELONA–MADRID–MÁLAGA

Diese Hauptachse führt vom Brandenburger Tor durch einige außergewöhnliche Landschaften bis zur Straße von Gibraltar. Ein Netz von Hochgeschwindigkeitszügen erlaubt in Deutschland, Frankreich und Spanien ein zügiges Vorwärtskommen. Alternativ bieten sich ein Schlenker in die Schweiz mit ihren gemächlicheren Bergbahnen an, ein Abstecher ins Grenzland der Pyrenäen oder eine Bummelfahrt durch Andalusien.

ÜBERBLICK

Unterwegs auf dieser Diagonalen von Nordost- nach Südwesteuropa zeigt sich, wie mühelos man heutzutage mit Hochgeschwindigkeitszügen an weit entfernte Orte gelangt, etwa wenn man vormittags in Berlin startet und abends rechtzeitig zur späten Bouillabaisse in Marseille eintrifft oder wenn man auf der Fahrt von Málaga nach Madrid und weiter nach Frankreich eine kurze Siesta einlegen kann. Für Nordeuropäer, die sich nach den Buchten der Côte d'Azur oder den sonnigen Stränden der Costa del Sol sehnen, sind die deutschen ICEs, die französischen TGVs und die spanischen AVEs ungemein nützlich. Man kann aber auch von Frankfurt einen Abstecher in die Schweizer Alpen unternehmen. Oder von Barcelona stilvoll mit Schmalspurbahnen nordostwärts über die hohen Pässe der Pyrenäen fahren.

Wenn man in den Süden unterwegs ist, beginnt die Reise am Berliner Hauptbahnhof. Vom östlichen Rand des deutschen Hochgeschwindigkeitsschienennetzes rasen die Züge zum prächtigen Frankfurter Hauptbahnhof. Man sollte meinen, dass die französischen Züge von hier aus Paris ansteuern, aber das ist nicht immer der Fall: Ein TGV verbindet das europäische Finanzzentrum Frankfurt mit der großartigen Hafenstadt Marseille, mit Halt in der Feinschmeckermetropole Lyon und im päpstlichen Avignon.

Die Hochgeschwindigkeitsstrecke zwischen Marseille und Barcelona ist der Hit: Sie bietet sowohl Küstenansichten als auch historische Städte auf der Fahrt durch die Provence und über die Pyrenäen nach Katalonien. Das spanische Schnellzugnetz sorgt wahrscheinlich früher oder später dafür, dass man am Madrider Fernbahnhof

Stattliche Türme überragen den Marktplatz in der Altstadt von Halle an der Saale

Atocha landet. Südlich von Madrid schlägt sich der AVE durch das trockene Herz des Landes, bis die Olivenhaine Andalusiens auftauchen. Hinter der Moschee-Kathedrale von Córdoba gabelt sich die Linie: Nach Sevilla und zum Atlantik bei Cádiz geht es nach Südwesten ab, nach Málaga und ans Mittelmeer nach Südosten.

ETAPPE 1: Berlin–Frankfurt a. M.

AUF DIREKTEM WEG VIA ERFURT

Direkte ICE-Verbindungen von Berlin nach Frankfurt brauchen ungefähr 3 ¾ Std. Es gibt verschiedene Strecken. Diese südliche Strecke via Erfurt ist etwas schneller als die nördliche über Kassel. Vom Berliner Hauptbahnhof fahren die Züge durch Wälder und Ackerland über die Elbe nach Halle (1 ¼ Std.), wo am Marktplatz in der Altstadt gleich fünf Türme aufragen. Nur 30 Min. später erreicht man Erfurt, eine Universitätsstadt, die im Zweiten Weltkrieg der Zerstörung entging. Zu den Highlights zählen hier die mit mittelalterlichen Fachwerkhäusern bebaute Krämerbrücke, die sich über den rauschenden Fluss Gera spannt, und eine der eindrucksvollsten mittelalterlichen Synagogen Europas. Von Erfurt verkehren Züge in 2 Std. nach Frankfurt am Main.

Berlin › 1 ¼ Std. - Halle › ½ Std. - Erfurt › 2 Std. - Frankfurt

ETAPPEN

BERLIN	Direkt via Erfurt 3 ¾ Std. Direkt via Kassel 4 ¼ Std.	**FRANKFURT**
FRANKFURT	Direkt 7 ½ Std. Umweg über die Schweizer Alpen 12 ¼ Std.	**MARSEILLE**
MARSEILLE	Direkt 4 ½ Std. Umweg mit Le Petit Train Jaune 10 Std.	**BARCELONA**
BARCELONA	Direkt 2 ½ Std. Umweg über Küste & Valencia 6 ½ Std.	**MADRID**
MADRID	Direkt 2 ½ Std. Umweg über Sevilla, Jerez & Cádiz 9 Std.	**MÁLAGA**

WEIMAR

Weimar ist zwar eine Kleinstadt, aber kulturell gesehen ein echtes Schwergewicht und ein ausgezeichneter Ort, um einen Einblick in das deutsche Nationalbewusstsein zu gewinnen. Im 18. Jh. war Weimar das Epizentrum der deutschen Aufklärung. Denkmäler erinnern an das Wirken der Dichterheiligen Goethe und Schiller in dieser Stadt. Später entwickelte sich Weimar dank Liszt, der sich hier als Dirigent niederließ, zu einem Zentrum der Musik, und nach dem Ersten Weltkrieg wurde hier die erste demokratische Verfassung Deutschlands geschrieben, mit der die Weimarer Republik geschaffen wurde.

Heute laden Parks und Plätze zum Bummeln ein. Ein Neuzugang unter der feinen Auswahl an Museen ist das Bauhaus-Museum, das sich dieser in Weimar gegründeten modernen Designschule widmet.

› HINKOMMEN: Eine Stippvisite in Weimar lässt sich auf dem Weg von Berlin nach Frankfurt leicht einbauen: Von Erfurt verkehren Züge ohne Zwischenhalt in 15 Min. in die Nachbarstadt.

Oben: das Weimarer Bauhaus-Museum. Rechts: historische Häuser am Marktplatz

Von Berlin nach Málaga – erleben Nachtzüge ein Comeback?

Für Nachtzüge ging es in den letzten Jahrzehnten ziemlich auf und ab. Mit dem Aufkommen der Billigflüge wurden viele Strecken eingestellt. Aber inzwischen gibt es neue Pläne, die es erleichtern würden, friedlich schlummernd von Berlin bis nach Málaga zu gelangen. Derzeit muss man noch einen Umweg über Paris machen – am Tag verkehren Hochgeschwindigkeitszüge über Frankfurt oder Köln und Belgien, aber die Österreichischen Bundesbahnen ÖBB planen, 2023 mit ihrem Nightjet eigene Nachtzüge zwischen Berlin und Paris einzusetzen.

Nach einem Tag in Paris hat man verschiedene Optionen, z. B. mit dem Intercité de Nuit bis Latour-de-Carol in den Pyrenäen zu fahren und dann mit einem Pendlerzug weiter nach Barcelona oder mit dem Nachtzug bis Perpignan und von dort per Schnellzug in die katalanische Hauptstadt. In Zukunft soll es auch möglich sein, von Berlin via Zürich nach Barcelona zu gelangen: Aktuell verkehrt bereits ein Nightjet zwischen Berlin und Zürich, der 2024 um die Strecke Zürich–Barcelona ergänzt werden soll.

Jenseits der Grenze in Spanien beschränken sich die Nachtzüge überwiegend auf den Norden, aber zwischen Barcelona und Málaga sind ja flotte Schnellzüge unterwegs.

Von oben im Uhrzeigersinn: Paulustor in Fulda; Bergpark Wilhelmshöhe bei Kassel; Altstadt von Göttingen

AUF DIREKTEM WEG ÜBER KASSEL

Auf der Strecke via Kassel ist der erste Halt Wolfsburg (1 Std. ab Berlin Hauptbahnhof), eine Industriestadt, in der der Volkswagen-Konzern seinen Hauptsitz hat. Auf dem weiteren Weg durch Niedersachsen erreicht der Zug nach 1¼ Std. Göttingen, eine hübsche Universitätsstadt, in der sowohl Bismarck als auch die Gebrüder Grimm studierten.

Ebenfalls Universitätsstadt ist Kassel, 30 Min. von Göttingen entfernt und nicht nur größer, sondern auch moderner. Kassels städtische Ausdehnung wird im Westen von den Wäldern und Gärten des Bergparks Wilhelmshöhe aufgehalten, den Wasserspiele und das Herkules-Denkmal auf einem Hügel schmücken. Eine Herkulesaufgabe ist es aber glücklicherweise nicht, diese grüne Oase zu erreichen: Die Züge auf der Strecke Berlin–Frankfurt halten am Bahnhof Kassel-Wilhelmshöhe, der an einer Allee liegt, die geradewegs zum Park führt.

Die letzte größere Stadt vor Frankfurt ist Fulda (½ Std. ab Kassel), eine angenehm ruhige Stadt mit einigen Schätzen sakraler Architektur. In Hanau (Geburtsort der Gebrüder Grimm) überquert die Bahn den Main – und dann ein zweites Mal auf dem letzten Stück zum Frankfurter Hauptbahnhof (1 Std. ab Fulda).

Berlin › 1 Std. - Wolfsburg › 1¼ Std. - Göttingen › ½ Std. - Kassel › ½ Std. - Fulda › 1 Std. - Frankfurt

FRANKFURT

Der Frankfurter Hauptbahnhof ist der wichtigste Bahnhof in Deutschland: Ausgangspunkt von Zügen nach Belgien, Luxemburg, Frankreich, in die Schweiz, die Niederlande und nach Italien.

Unter den Bahnhöfen der Welt ist er ein echter Riese. Die Neorenaissance-Fassade wird von neoklassizistischen Flügeln flankiert. Dahinter fahren Züge in alle Ecken Europas ab. Viele internationale Verbindungen machen hier früher oder später halt. Im Gegensatz dazu ist die Stadt selbst weniger gefragt. Frankfurt ist das Finanzzentrum Deutschlands, gleich beim Bahnhof ballen sich die Wolkenkratzer. Nur wenige Bahnreisende, die hier umsteigen, lockt es, den Bahnhof zu verlassen. Dabei hat die Stadt durchaus schöne Ecken. Ein viertelstündiger Spaziergang bringt einen zum Römerberg, dem Rathausplatz, der nach dem Zweiten Weltkrieg wieder aufgebaut wurde und auf dem ein schöner Weihnachtsmarkt stattfindet. Straßen führen von hier zum Kaiserdom aus rotem Sandstein, dessen

Von oben im Uhrzeigersinn: Weihnachtsmarkt am Römerberg; Hauptbahnhof von außen und innen; am Mainufer

Turm mit den Wolkenkratzern im Westen wetteifert. Am Südufer des Mains, dem sogenannten Museumsufer, stehen einige erstklassige Museen, darunter das Städel mit seiner herausragenden Kunstsammlung.

Übernachten Ein Wort macht jedem Angst, der in Frankfurt eine Unterkunft sucht: „Messe", denn dann können sich die Übernachtungspreise verdreifachen. Günstiger wird's an Wochenenden. Teure Hotelketten breiten sich um den Hauptbahnhof aus, preiswertere Angebote finden sich südlich des Mains in Sachsenhausen.

Umsteigen Es ist unwahrscheinlich, dass man irgendeinen anderen Frankfurter Bahnhof braucht, auch wenn ein paar Züge von und nach Berlin zusätzlich am vergleichsweise kleinen Bahnhof Frankfurt-Süd jenseits des Mains halten – praktisch, wenn man im Süden der Stadt absteigt.

Stärkung Im und um den Hauptbahnhof gibt es viele Cafés und Restaurants. Alternativ sind es zu Fuß 15 Min. zur Hauptwache in der Altstadt mit jeder Menge Restaurants. Mit der U-Bahn ist es nicht weit nach Alt-Sachsenhausen, wo einige der stimmungsvollsten Kneipen von Frankfurt den berühmten lokalen Apfelwein ausschenken, oder zur Kleinmarkthalle, einem der besten Lebensmittelmärkte der Region.

Sicherheit Frankfurt ist sehr sicher, nur um den Hauptbahnhof herum sollte man etwas Vorsicht walten lassen.

ETAPPE 2: Frankfurt–Marseille

AUF DIREKTEM WEG

Von den Wolkenkratzern Frankfurts ist es ein weiter Weg zum mediterranen Marseille, aber dank einer direkten TGV-Verbindung, die nur 7 ½ Std. braucht, gelangt man mühelos ans Ziel. Der Hochgeschwindigkeitszug fährt am Schwarzwald entlang, über den Rhein nach Straßburg und weiter in den tiefen Süden Frankreichs. Die Route ist praktisch für Süddeutsche, die es an die französische Mittelmeerküste zieht – und für französische Geschäftsleute, die zu Meetings nach Frankfurt düsen.

Von Frankfurt sind es nur 30 Min. bis Baden-Baden, dem schicken Kurort am Rand des Schwarzwalds. Weitere 1 ½ Std. sollte man für die Fahrt nach Straßburg einplanen (es gibt auch direkte TGVs von der/zur Pariser Gare de l'Est), einem weiteren großartigen Knotenpunkt in Westeuropa und durch seine EU-Einrichtungen kosmopolitisch geprägt. Der Zug fährt weiter zu weniger bekannten Orten: Belfort (1 ¼ Std. ab Straßburg) und Besançon (½ Std. ab Belfort), zwei Städten auf waldigen Hügeln nahe der Schweizer Grenze. Erstere hat eine schöne Altstadt und dazu einen riesigen Löwen, den der Schöpfer der Freiheitsstatue aus dem Sandstein gehauen hat. Besançon, dessen Stadtkern sich an eine Schleife des Flusses Doubs schmiegt, ist ebenso schön. Beide Städte haben TGV-Bahnhöfe, die etwas außerhalb liegen und direkte Verbindungen zur Pariser Gare de Lyon unterhalten.

Wer dagegen am Bahnhof Lyon-Perrache (2 ¼ Std. ab Besançon) ankommt, ist gleich mittendrin im Geschehen. Seine eiserne Dachkonstruktion ragt im Zentrum der drittgrößten Stadt Frankreichs am Zusammenfluss von Saône und Rhône auf. Südlich von Lyon folgt die Bahnlinie dem Verlauf der Rhône – wer Richtung Süden fährt, sollte rechts sitzen, um ab und zu schöne Aussichten auf den Fluss zu haben. Nach 1 Std. ist Avignon erreicht, ein „Promi" unter den historischen Städten Frankreichs. Das Stadtbild dominiert das stattliche Palais des Papes – der größte gotische Palast der Welt. Hier residierten einst die Päpste, die im 14. Jh. Rom den Rücken gekehrt hatten. In Avignon gabelt sich die Hochgeschwindigkeitsstrecke von Paris in einen südwestlichen Arm Richtung Barcelona und einen südöstlichen nach Marseille: Wer es also eilig hat, kann hier umsteigen und Marseille, 30 Min. von Avignon entfernt, auslassen.

Frankfurt > ½ Std. - Baden Baden > 1 ½ Std. - Straßburg > 1 ¼ Std. - Belfort > ½ Std. - Besançon > 2 ¼ Std. - Lyon > 1 Std. - Avignon > ½ Std. - Marseille

UMWEG ÜBER DIE SCHWEIZER ALPEN

Auf jeder Zugfahrt zwischen Deutschland und Spanien überquert man unweigerlich die Pyrenäen. Es besteht aber auch die Möglichkeit, auf dem Umweg über die Schweiz deren ebenso hoch aufragende Vettern, die Alpen, zu überwinden. Dabei macht man Bekanntschaft mit den hochmodernen Zügen der SBB (Schweizerischen Bundesbahnen) auf einer spektakulären Bergstrecke nach Interlaken und hinunter in die Hauptstadt Bern, bevor man hinter dem Genfersee wieder auf die französische TGV-Linie stößt.

Direktzüge verkehren zwischen Frankfurt und Basel (2 ¾ Std.) am Dreiländereck Frankreich-Deutschland-Schweiz. Die Stadt ist für ihre hochgelobten Kunstmuseen und Galerien bekannt – das Kunstmuseum Basel gleich nördlich des Bahnhofs birgt zahllose alte Meister.

Links: Pont St-Bénézet und das Paiais des Papes in Avignon. Unten: Place des Terreaux in Lyon

Zahnrad-, Luftseil- und Standseilbahnen um den Vierwaldstättersee

Wer glaubt, die Schweizer Bahn würde vor den schwindelerregenden Höhen der Alpen einknicken, irrt. In Luzern nehmen Bergbahnen vom Tal aus waghalsige Steigungen in Angriff. Am einfachsten ist es, auf den Pilatus (2128 m) zu gelangen, und zwar mit der steilsten Zahnradbahn der Welt, die in Alpnachstad, 9 km außerhalb der Stadt, abfährt. In der Nachbarschaft bringt die Stanserhornbahn, eine nostalgische Standseilbahn von 1893, zusammen mit einer modernen Luftseilbahn Besucher auf das 1898 m hohe Stanserhorn, wo man nach Murmeltieren Ausschau halten kann. Und am Nordufer des Vierwaldstättersees macht ein Netz von Bergbahnen die Rigi zugänglich, die Ausblicke bis zur Jungfrau-Gruppe gewährt – mit der Zahnradbahn ab Vitznau genießt man auch Aussichten über den blauen Vierwaldstättersee.

› **HINKOMMEN:** Ein Zug fährt von Luzern nach Alpnachstad (½ Std.) und Stans, wo man in die Stanserhornbahn (½ Std.) umsteigt. Nach Vitznau verkehrt kein Zug – dafür geht's mit einer Fähre vom Anleger vor dem Luzerner Bahnhof über den See (1 Std.) und weiter mit der Bahn auf die Rigi.

Nach angenehmen 1¼ Std. Fahrt durch den Nordwesten der Schweiz ist Luzern erreicht, die vermutlich schönstgelegene Stadt der Schweiz. Sie erstreckt sich am Vierwaldstättersee, um den herum sich bewaldete Hänge zu schneebestäubten Gipfeln erheben. Die Stadt selbst ist ebenso grandios. Den Gang über die herrlich wackelige Kapellbrücke aus dem 14. Jh., eine gedeckte Holzbrücke gleich beim Bahnhof, sollte man nicht versäumen.

Trotz starker Konkurrenz ist die Fahrt von Luzern nach Interlaken eine der atemberaubendsten der Alpen. Schnellzüge brauchen 2 Std., um an Wiesen, Wasserfällen und Seen vorbeizurauschen und sich über den Brünig-Pass in die Schweizer Hauptstadt des Abenteuersports hinaufzuwinden. Paragliding, Canyoning Wildwasserrafting sind Gründe, nach Interlaken zu kommen. Zudem ist es ein Tor für Wanderungen im Schatten des Eigers.

Luzern am Vierwaldstättersee in der Zentralschweiz, überragt vom schneebedeckten Pilatus

DIE JUNGFRAUBAHN

Die Seilbahnfahrten am Vierwaldstättersee sind nichts im Vergleich zu der vom Eis eingeschlossenen überwältigenden Jungfraubahn. Diese Zahnradbahn ist im wahrsten Sinne des Wortes ein Höhepunkt europäischer Bergbahnen: Sie klettert hinauf zum höchsten Bahnhof des Kontinents in 3454 m Höhe, wo man auf den Aletschgletscher blickt. Auch die Fahrt selbst ist spektakulär: In der Tunnelstation Eismeer kann man kurz aussteigen und durch Panoramafenster die Aussicht auf die faszinierende Bergwelt genießen. Viele Reisende fahren vom Bahnhof Interlaken-Ost zwar direkt weiter zur Kleinen Scheidegg, wo die Jungfraubahn zum Gipfel abfährt, doch spricht eine ganze Menge dafür, auch unterwegs haltzumachen. Besonders die Kleine Scheidegg umgibt ein Netz von Wanderpfaden – mehr dazu auf der offiziellen Website der Jungfrau-Region (jungfrau.ch).

› **HINKOMMEN:** Die Kleine Scheidegg ist ca. 2 ½ Std. vom Bahnhof Interlaken-Ost entfernt – es gibt zwei Strecken, eine via Grindelwald und eine via Lauterbrunnen und Wengen. Alle diese Orte sind sehenswert, aber man kann die Fahrt auch als Tagesausflug von Interlaken unternehmen.

Die Jungfraubahn verlässt den Bahnhof Kleine Scheidegg im Schatten des Eigers

*Links: Kunstmuseum Basel, die führende öffentliche Kunstsammlung der Schweiz.
Unten: Wakeboarding auf dem Genfersee*

Nach einer schönen Fahrt (½ Std.) am Ufer des Thunersees entlang erreicht man das mittelalterliche Thun, das ruhiger und pittoresker als Interlaken ist. Der Bahnhof liegt gegenüber einer Flussinsel und einer Märchenburg. Wer 30 Min. länger im Zug sitzen bleibt, erreicht Bern, das eher an eine Provinzstadt als an die Hauptstadt der Schweiz erinnert. Sandsteinhäuser,

Laubengänge und kleine Brunnen schmücken die Altstadt, die von einer Schlaufe der Aare umschlossen wird. Im Hochsommer baden die Einheimischen im Fluss. Die Stadt war einst die Heimat eines der größten Denker der Menschheit: Albert Einstein. Man kann die Wohnung besichtigen, in der er wohnte, und die Zytglogge sehen, einen Uhrturm, dessen Mechanismus Einstein angeblich zu seiner Relativitätstheorie inspirierte.

Westlich von Bern liegen die größten Seen der Schweiz verstreut, der größte darunter der Genfersee. Am Südufer zeigt sich irgendwo zwischen den Weinbergen zum ersten Mal Frankreich – bei klarem Wetter ist vielleicht sogar der schneeweiße Mont Blanc zu sehen. Von Bern sind es 1 ¼ Std. nach Lausanne. Die Stadt ist ein Sprungbrett für Kajakfahrten, Segeltörns und Windsurfen auf dem Genfersee. Oder man bleibt einfach im Zug sitzen und lässt das Nordufer vorbeiziehen, bis 30 Min. hinter Lausanne der Genfer Bahnhof Cornavin erreicht ist. Genf ist zwar nicht die Hauptstadt der Schweiz, aber in gewisser Weise eine Hauptstadt für die ganze Welt, seit Büros der UNO und der Weltbank die eleganten Boulevards säumen. Von hier sind es nur 2 Std. bis zum Lyoner Bahnhof Part-Dieu mit TGV-Anschlüssen südwärts nach Marseille.

Frankfurt > 2 ¾ Std. - Basel > 1 ¼ Std. - Luzern > 2 Std. - Interlaken > ½ Std. - Thun > ½ Std. - Bern > 1 ¼ Std. - Lausanne > ½ Std. - Genf > 2 Std. - Lyon > 1 ½ Std. - Marseille

Schweizer Bahnhofsuhren

Die Schweizer Bahn ist stolz auf ihre Pünktlichkeit, und dabei spielt die ikonische Schweizer Bahnhofsuhr, die auf Bahnhöfen im ganzen Land tickt, eine zentrale Rolle. Entworfen wurde sie 1944 von Hans Hilfiker. Charakteristisch ist der Sekundenzeiger, der eher über das Zifferblatt gleitet als springt (angeblich um den Motor zu schonen). Schweizer Bahnhofsuhren werden von Personal wie Fahrgästen mit religiöser Ehrfurcht behandelt: Die Züge fahren genau in dem Moment ab, in dem der Sekundenzeiger auf der Zwölf landet (selbst wenn die Uhr eindeutig falsch geht, soll es vorgekommen sein, dass Lokführer sich daran hielten und so den Fahrplan durcheinanderbrachten). Ganz im Gegensatz zu anderen Ländern – die Uhr an Edinburghs Waverley Station z. B. geht drei Minuten vor, damit Bahnreisende den Zug nicht verpassen.

> EINE SCHWEIZER BAHNHOFSUHR KAUFEN: Wer sich keine Rolex leisten kann, tröstet sich vielleicht mit einer Schweizer Bahnhofsuhr – Mondaine stellt sie unter Lizenz her.

MARSEILLE

Der großartige Hauptbahnhof der Hafenstadt heißt Marseille-Saint-Charles. Hier stiegen einst viele Menschen aus, um mit dem Schiff in alle Ecken der Welt weiterzufahren.

Geprägt von einem starken nordafrikanischen Einfluss ist Marseille seit Langem ein Ort, an dem Mittelmeerkulturen aufeinandertreffen und sich vermischen. Genau wie seine berühmte Bouillabaisse ist die Stadt ein reichhaltiger Eintopf, den man genießen sollte. Der Hauptbahnhof Marseille-Saint-Charles ist das imposante Eingangstor, zugänglich über eine breite Treppe. Der Blick von der Terrasse vor dem Bahnhof verschafft einen ersten Überblick zur Orientierung. Im Süden sieht man die Basilika Notre-Dame de la Garde, seit jeher ein vertrauter Anblick für heimkehrende Matrosen. Westlich liegt der Vieux Port, ein Hafen, den schon die Phönizier nutzten und in dessen Zentrum heute der ultramoderne Kubus des Mucem, des Museums der Zivilisationen Europas und des Mittelmeerraums, steht. Im Wasser dahinter liegt die Gefängnisinsel Château d'If, das französische Alcatraz, während sich gleich nördlich der Kaianlagen das multikulturelle Viertel Le Panier erstreckt.

Gegenüber von links: Le Panier; Fischstand am Vieux Port. Oben: Notre-Dame de la Garde über der Bucht von Marseille

Übernachten Vom Bahnhof ist man in 15 Min. zu Fuß mitten am trubeligen Vieux Port mit seiner bunten Mischung aus Einheimischen und Touristen. Die Gegend Cinq-Avenues Longchamp gleich südöstlich des Bahnhofs ist etwas ruhiger.

Umsteigen In Marseille muss man nicht von einem Bahnhof zum anderen fahren: Saint-Charles ist der Abfahrtspunkt für alle Züge: Richtung Osten nach Italien, westwärts nach Spanien und gen Norden nach Paris und Deutschland.

Stärkung Es gibt ein paar Lokale im und um den Bahnhof Saint-Charles, auch wenn es die meisten Leute abends eher zum Vieux Port zieht (Vorsicht vor Touristenfallen). Internationale Küche servieren Szenelokale um den Cours Julien, ein beliebtes Ausgehviertel gleich südlich des Bahnhofs.

Sicherheit Marseille hat ein Kriminalitätsproblem, aber in die unsichersten Gegenden verirren sich Touristen kaum. Um Saint-Charles kommt es gelegentlich zu Taschendiebstählen.

Links: Place de la Comédie, Montpellier. Unten: Les Arènes, Nîmes. Gegenüber: Idylle in Perpignan

ETAPPE 3: Marseille–Barcelona

AUF DIREKTEM WEG

Marseille und Barcelona sind zwei Hafenstädte, die ein paar Tage Aufenthalt lohnen. Zwischen beiden reihen sich am Golfe du Lion aber noch weitere sehenswerte Städte. Mit dem Zug von Marseille nach Barcelona zu reisen, ist etwas kompliziert: Die Schnellbahnstrecke ist nicht durchgehend, Teilabschnitte sind noch im Bau. Es kann sein, dass man eine Kombination von TGV- und spanischen AVE-Zügen nutzen muss, um so schnell wie möglich ans Ziel zu gelangen (4 ½ Std.). Zu beachten ist, dass nicht alle Züge in den hier vorgestellten Städten haltmachen.

Von Marseille-Saint-Charles sind es nur 15 Min. bis zum TGV-Bahnhof von Aix-en-Provence (eine 20-minütige Busfahrt vom Stadtzentrum – zum zentraleren Bahnhof von Aix verkehren ab Marseille langsamere Züge). Der Weg ist kurz, aber der Kontrast könnte nicht größer sein: Marseille ist eine raue, laute Hafenstadt, Aix eine beschauliche Universitätsstadt mit Springbrunnen und schattigen Alleen. Noch prächtiger ist die Nachbarstadt Avignon, deren TGV-Bahnhof weitere 15 Min. gen Westen liegt. Ihr Wahrzeichen ist die halb zerstörte Brücke Pont St-Bénézet (besser bekannt als Pont d'Avignon). Züge rollen zum Glück über eine stabile andere Brücke über die Rhône und weiter nach Nîmes (½ Std.), jenem Ort, dem die Welt Denim („de Nîmes") verdankt. Die Stadt beherbergt eines der besterhaltenen römischen Amphitheater außerhalb Roms.

Weitere spannende Städte folgen am laufenden Band: Richtung Westen zuerst das hübsche Montpellier (½ Std. ab Nîmes; ebenfalls mit einem TGV-Bahnhof etwas außerhalb), dann das mittelalterliche Béziers (¾ Std. ab Montpellier) und Narbonne mit weiteren Zeugnissen der Römer (¼ Std. ab Béziers). Und die ganze Zeit über sorgen die herrlichen Ausblicke für eine der landschaftlich schönsten Bahnfahrten des Kontinents: Wer westwärts reist, sollte auf der linken Seite sitzen, um einsame Strände, Salzwasserlagunen, Austernbänke und Schwärme von Rosaflamingos zu erspähen; rechter Hand ragen in der Ferne die Pyrenäen am Horizont auf.

Die letzte größere Stadt auf französischer Seite ist Perpignan (½ Std. ab Narbonne). Als ehemalige Hauptstadt des Königreichs Mallorca verströmt es mit seinen pastellfarbenen Häusern und dem Turm Le Castillet ein wenig spanisch-balearisches Flair. Perpignans Bahnhof wurde von Salvador Dalí zum „Zentrum des Universums" erklärt, nachdem er hier in den 1960er-Jahren eine Vision hatte. Südlich von Perpignan nimmt der Zug auf der Schnellstrecke nach Barcelona Fahrt auf und überquert in einem Tunnel die französisch-spanische Grenze.

Zwischen Perpignan und der katalanischen Hauptstadt gibt es auf spanischer Seite zwei Städte, die unbedingt einen Halt wert sein sollten: Figueres (½ Std. ab Perpignan; der Expressbahnhof Figueres-Vilafant liegt zu Fuß 20 Min. außerhalb) ist die Heimatstadt Dalís, dessen Vermächtnis im spektakulären Teatre-Museu Dalí zu bewundern ist, einem schlossartigen Bau, den draußen Rieseneier und drinnen weitere traumartige Werke zieren. Die zweite Stadt ist Girona (¼ Std. ab Figueres) mit einem der größten mittelalterlichen jüdischen Viertel Europas und einem seltenen maurischen Bad. Von Girona brettert der Zug in 45 Min. nach Barcelona – das letzte Stück bis Barcelona-Sants unterirdisch.

Marseille* > *¼ Std. - Aix-en-Provence* > *¼ Std. - Avignon* > *½ Std. - Nîmes* > *½ Std. - Montpellier* > *¾ Std. - Béziers* > *¼ Std. - Narbonne* > *½ Std. - Perpignan* > *½ Std. - Figueres* > *¼ Std. - Girona* > *¾ Std. - Barcelona

Links: Le Petit Train Jaune auf dem Pont Séjourné. Gegenüber: der Pic du Canigou im Herbst

UMWEG MIT DEM PETIT TRAIN JAUNE

Wer Perpignan auf der beschriebenen Route erreicht hat, kann auf einer alternativen und landschaftlich besonders schönen Strecke die Pyrenäen überqueren, und zwar mit Le Petit Train Jaune (dem Kleinen Gelben Zug). Offiziell bekannt als Ligne de Cerdagne, ist es eine der schönsten Bahnstrecken Frankreichs. Mit nur zwei Umstiegen bietet sie sich als Nebenstrecke nach Barcelona an.

Ab Perpignan verkehren Regionalbahnen in 1 Std. nach Villefranche-Vernet-les-Bains, das sich zu Füßen des 2785 m hohen Canigou erstreckt – eines Bergs, der für die Katalanen von zentraler Bedeutung ist. Die Nachbarstation Villefranche-de-Conflent ist der östliche Endbahnhof des Petit Train Jaune, der von hier in 3 Std. mit gemächlichen 30 km/h über das Vorgebirge der Pyrenäen nach Latour-de-Carol rollt (auf Katalanisch La Tor de Querol), nur wenige Meter vor der spanischen Grenze. Über steinernde Viadukte und durch Tunnel geht die Fahrt im Sommer an Wildblumenwiesen, im Winter an Schneewehen vorbei, mit mächtigen Gipfeln als Kulisse. Die Züge in den traditionellen katalanischen Farben Gelb und Rot haben teils offene Waggons, damit man Bergluft schnuppern kann. Ein Highlight auf der 63 km langen Strecke ist der Pont Gisclard, eine Schrägseilbrücke über den rauschenden Fluss Têt. Eisenbahnfans geraten besonders in Latour-de-Carol in Verzückung – einem der wenigen Bahnhöfe auf der Welt, wo Strecken mit drei verschiedenen Spurweiten aufeinandertreffen.

Der Nahverkehrszug R3 nach Barcelona ist kein häufiger Besucher dieser französischen Bergidylle, fährt aber von Latour aus verschiedene Bahnhöfe in Barcelona an.

Marseille > ¼ Std. - Aix-en-Provence > ¼ Std. - Avignon > ½ Std. - Nîmes > ½ Std. - Montpellier > ¾ Std. - Béziers > ¼ Std. - Narbonne > ½ Std. - Perpignan > 1 Std. - Villefranche > 3 Std. - Latour-de-Carol > 3 Std. - Barcelona

BARCELONA

Barcelona-Sants ist der Ausgangspunkt für Zugfahrten nach Madrid, Valencia und Frankreich. Der neue Bahnhof Sagrera wird wie Sants an der Hochgeschwindigkeitsstrecke Madrid–Barcelona liegen.

Barcelona-Sants ist nicht weit vom Zentrum Barcelonas entfernt. Fußballfans bekommen leuchtende Augen, wenn sie Camp Nou erblicken, das Heimstadion des FC Barcelona, nur ein paar Straßen nördlich. In Richtung Süden erhebt sich der grüne Hausberg Montjuïc, dessen Springbrunnen Erinnerungen an die Olympischen Sommerspiele 1992 weckt. Ein längerer Spaziergang oder eine kurze Zugfahrt bringt einen ins Herz einer der meistgeliebten Städte der Welt. Wer sich für Geschichte begeistert, staunt über das alte Viertel Barri Gòtic; Sonnenanbeter zieht es an den Strand von La Barceloneta; Feinschmecker steuern die Cafés und Tapasbars von El Raval an; und alle schwärmen von den Werken des Architekten Antoni Gaudí, sei es die Sagrada Família oder der Parc Güell. Wer

Von oben im Uhrzeigersinn: Platja de la Barceloneta; Plaça Reial; Bar im Barri Gòtic; Basílica del Sagrat Cor de Jesús

aus Frankreich kommt, gewinnt in Barcelona einen ersten Eindruck vom Nachbarland, während Besucher aus dem übrigen Spanien in der stolzen Hauptstadt Kataloniens einen Wechsel in der Kultur wahrnehmen.

Übernachten Die zentralen Viertel Barri Gòtic und El Raval sind die klassischen Viertel zum Übernachten, während Eixample im Nordwesten ein breiteres Angebot mit schickeren Adressen hat. Für Familien eignen sich ruhigere Ecken im gemütlichen Gràcia und La Barceloneta am Strand. Nachtschwärmer sollten sich in der Nähe der Clubs von El Poblenou umsehen.

Umsteigen Es ist unwahrscheinlich, dass man in Barcelona den Bahnhof wechseln muss, aber falls doch: Die U-Bahn ist effizient und unkompliziert, hinzu kommen S-Bahnen. Letztere benötigen weniger als 10 Min. zwischen Barcelona-Sants und Plaça de Catalunya – einem Drehkreuz im Zentrum der Stadt.

Stärkung Es gibt eine gute Auswahl an Tapaslokalen um den Bahnhof Barcelona-Sants sowie internationale Küche von Thai bis

Äthiopisch. Mit der S-Bahn gelangt man von Sants ins traditionelle Herz der städtischen Gastronomie, das Barri Gòtic und El Raval, wo die Markthalle La Boqueria Hungrige satt macht.

Sicherheit Es lässt sich leider nicht leugnen – Barcelona ist zu Recht für Kleinkriminalität berüchtigt. Am Bahnhof Sants, auf den Ramblas und in El Raval sollte man daher besonders wachsam sein.

ETAPPE 4: Barcelona–Madrid

AUF DIREKTEM WEG

Die Verbindung Madrid–Barcelona ist ein Rückgrat der spanischen Wirtschaft: Die AVE-Züge befördern Geschäftsleute und Touristen mit schwindelerregender Geschwindigkeit von bis zu 350 km/h. Die Strecke ist auch eine wichtige Verkehrsader für internationale Fahrgäste: Barcelona ist das Haupttor der spanischen Bahn ins übrige Europa, während Madrid der zentrale Verkehrsknotenpunkt ist, von dem aus Züge in alle Ecken der Iberischen Halbinsel abfahren.

Auf der Fahrt zwischen der regionalen und der Landeshauptstadt (nonstop 2 ½ Std.) bieten sich schöne Zwischenstopps an. Richtung Westen verläuft die Strecke ab Barcelona-Sants zunächst parallel zum Mittelmeer, bevor sie in Richtung der Serra de Prades landeinwärts abbiegt.

Manche Reisenden machen in Tarragona halt (1 Std.), wo man mitten in der modernen Stadt einige der größten römischen Ruinen Spaniens findet: Aquädukte, Tempel und ein Amphitheater, in dem Gladiatoren einst direkt am Sandstrand kämpften. Leider fährt der Hochgeschwindigkeitszug nicht ins Zentrum von Tarragona, sondern nur zum abgelegenen Bahnhof Camp de Tarragona, mit dem Taxi 15 Min. entfernt.

Die Hälfte der Wegstrecke Madrid–Barcelona markiert Saragossas Bahnhof Delicias (1 Std. ab Camp de Tarragona), ebenfalls außerhalb gelegen (½ Std. mit dem Bus). Die sträflich unterschätzte Hauptstadt Aragoniens hat in ihrer Fußgängerzone am Ufer des Ebro ausgezeichnete Tapasbars und eindrucksvolle Architektur, was Besucher dazu verleitet, länger zu bleiben als geplant. Wenn man den Absprung geschafft hat, geht's im Eiltempo in 1 ¼ Std. durch das fruchtbare Ebro-Tal bis zum Madrider Bahnhof Atocha.

Barcelona › 2 ½ Std. - Madrid (nonstop)
Barcelona › 1 Std. - Tarragona › 1 Std. - Saragossa › 1 ¼ Std. - Madrid

UMWEG ÜBER DIE KÜSTE & VALENCIA

Wer nicht in Eile ist, kann alternativ eine Route wählen, die sich am Mittelmeer entlangschlängelt. Unterwegs locken ruhige

Gegenüber: Saragossa ist berühmt für seine Tapas und Bars. Oben: die Halbinsel Peñíscola und ihre Festung

Strände, trubelige Badeorte und Spaniens drittgrößte Stadt, Valencia.

Von Barcelona-Sants bummeln die Züge die Costa Daurada (Goldene Küste) entlang. Bis zum einladenden Sitges brauchen sie 45 Min. Der Ort zwischen grünen Hügeln und goldenem Sand begann als kleines Fischerdorf, entwickelte sich im 19. Jh. zu einem schicken Badeort (man beachte die alten Nobelhotels am Ufer) und zählt heute zu den meistbesuchten LGBTQ-Reisezielen Europas. Von Sitges dauert die Fahrt 1 Std. bis Tarragona. Während der Bahnhof für Hochgeschwindigkeitszüge eine 15-minütige Taxifahrt außerhalb liegt, kommt man mit der Lokalbahn mitten im Zentrum an und passiert unterwegs das berühmte Amphitheater. Für kleine (oder große) Kinder werden Tarragonas römische Ruinen vermutlich vom Abenteuerpark PortAventura in den Schatten gestellt – unbedingt die Red Force ausprobieren, die höchste und schnellste Achterbahn Europas! PortAventura hat einen eigenen Bahnhof, 15 Min. südlich von Tarragona.

Der Nordwestflügel des Madrider Bahnhofs Atocha wurde 1992 mit einem tropischen Garten verschönert

IM HINTERLAND: EL MAESTRAZGO

Von der valencianischen Küste landeinwärts erstreckt sich El Maestrazgo, eine Hochlandregion mit Bauerndörfern, schattigen Schluchten und Mandelbäumen, die sehr weit weg von den Hochhäusern und Promenaden im Osten erscheint. Es ist ein beliebtes Ziel von Wanderern und Radfahrern, und mit etwas Planung lässt sich die Region als Abstecher auf einer längeren Reise entlang des Mittelmeers einbauen. Tor zur Region ist das hübsche Dorf Sant Mateu – die Touristeninformation hat Details zu einfachen Tageswanderungen durch die waldigen Hügel zu Einsiedeleien. Noch reizvoller ist El Maestrazgos Hauptort Morella, der von einer Stadtmauer umgeben ist und von einer verfallenen maurischen Festung gekrönt wird. Interessant ist auch Morellas Dinosauriermuseum: Paläontologen haben in El Maestrazgo unter anderem Iguanodon-Knochen ausgegraben.

› HINKOMMEN: Züge verkehren zum Bahnhof Benicarló-Peñíscola, von dem Busse in 45 Min. nach Sant Mateu fahren. Von dort sind es weitere 45 Min. mit einem Bus bis nach Morella, wobei sich der Bus über schmale Pässe zwängt.

Oben und rechts: die Dörfer Las Cuevas de Cañart und Ares del Maestrat hoch oben in El Maestrazgo

Auf dem Weg nach Süden folgt die Bahn weiter der Küste und überquert nach ungefähr 45 Min. den breiten Ebro, der hier in einem fruchtbaren Delta in die Balearische See fließt. Irgendwo dahinter passieren die Züge die Grenze von Katalonien zur Valencianischen Gemeinschaft und von der Costa Daurada zur Costa del Azahar (Küste der Orangenblüte), benannt nach den Zitrushainen entlang der Küste. Die Fahrt dauert 1¼ Std. von Tarragona nach Benicarló-Peñíscola, von wo ein Bus in 20 Min. ins zauberhafte Peñíscola verkehrt.

Unten: In Benicàssim ist im Juli mächtig was los, wenn hier das Festival Internacional de Benicàssim (FIB) steigt, eines der größten Musikevents Spaniens

Auf einem Felsen mit Blick über das weiße Häusermeer der Altstadt und einen langen Sandstrand thront eine Festung der Tempelritter aus dem 14. Jh.

Musikfans ist Benicàssim, 30 Min. von Benicarló-Peñíscola entfernt, vielleicht ein Begriff. Hier findet jeden Juli ein Musikfestival statt, bei dem weltbekannte Künstler vor Riesenpublikum die Nacht

durchspielen. Den Rest des Jahres ist Benicàssim ein überschaubarer Badeort, der gern von Städtern aus Valencia besucht wird. Kein Wunder, denn die Züge verbinden den Ort in nur 1 Std. mit der Provinzhauptstadt – auf dem letzten Stück Weg über das trockengelegte alte Flussbett des Turia zum Jugendstilbahnhof Valencia Nord rückt die Ciutat de les Arts i les Ciències ins Blickfeld.

Valencia liegt an der Hochgeschwindigkeitsstrecke Madrid–Levante, die teilweise noch nicht fertiggestellt ist. Der Abschnitt zwischen Valencia und der Hauptstadt ist seit 2010 in Betrieb und verbindet die beiden Städte mit modernen AVE-Zügen in 2 Std. Wer Zeit hat, kann einen Zwischenstopp im hübschen, wenig beachteten Cuenca, 1 Std. westlich von Valencia, einlegen. Das Highlight sind hier die Casas Colgadas (hängenden Häuser), die sich dicht am Abgrund über tiefen Schluchten halten – die beste Aussicht hat man, wenn man den Puente de San Pablo überquert. Der Bahnhof für die Schnellzüge, Cuenca-Fernando Zóbel, liegt außerhalb des Stadtzentrums, zu erreichen mit regelmäßigen Bussen in 15 Min. Endbahnhof der Züge von Valencia Nord ist der Bahnhof Madrid Atocha.

Barcelona > ¾ Std. - Sitges > 1 Std. - Tarragona > 1 ¼ Std. - Benicarló-Peñíscola > ½ Std. - Benicàssim > 1 Std. - Valencia > 1 Std. - Cuenca > 1 Std. - Madrid

Valencias Ciutat de les Arts i les Ciències

Bei der Ankunft am Bahnhof Valencia Nord könnte man meinen, die Stadt sei eine Hochburg spanischer Tradition: Seine mittelalterliche Kathedrale birgt einen Kelch, den manche für den Heiligen Gral halten, während es in der Altstadt von Cafés wimmelt, die klassische Paella servieren. Nach einer kurzen Busfahrt Richtung Südosten erlebt man jedoch eine ganz andere Seite von Valencia – die Ciutat de les Arts i les Ciències (Stadt der Künste und Wissenschaften), die zur Jahrtausendwende entstand. Die futuristischen Bauwerke beherbergen jede Menge Attraktionen: Für Familien bietet sich L'Oceanogràfic an, ein Aquarium mit nachgestellten Ökosystemen aus der ganzen Welt, während auf Opernfans eine Aufführung im Palau de les Arts Reina Sofía wartet. Genauso reizvoll ist es, einfach an den Wasserbecken vorbeizuschlendern, besonders abends, wenn der Komplex beleuchtet wird.

> **HINKOMMEN:** Bus 15 fährt in 10 Min. vom Bahnhof Valencia Nord zum Palau de les Arts Reina Sofía am Rand der Ciutat de les Arts i les Ciències.

MADRID

Es gibt zwei Bahnhöfe in Madrid: Atocha für Schnellzüge Richtung Osten nach Barcelona und Süden nach Andalusien; und Chamartín für Züge nach Norden bis León und Westen bis Portugal.

Madrid hat weniger grandiose Bauwerke und historische Wahrzeichen als viele andere europäische Hauptstädte, und manch einer findet, es könne Barcelona nicht das Wasser reichen. Doch wer hier länger bleibt, empfindet Madrid oft als die dynamischste Stadt des Kontinents. Schon beim Verlassen des Bahnhofs Atocha eröffnen sich zahlreiche Möglichkeiten: Einige der größten Kunstwerke der Welt sind ganz in der Nähe zu sehen, von Picassos *Guernica* im Museo Reina Sofía gleich beim Bahnhof bis zu Velázquez' *Las Meninas* im Prado, etwas weiter nördlich. Oder man geht auf Entdeckungstour durch Madrids vielfältige Viertel: Die mittelalterlichen Gassen voller Bars in Lavapiés und La Latina liegen gleich westlich vom Atocha; nördlich bilden die Plaza Mayor und der Königspalast das Herz der Stadt; Malasaña, nordwestlich, ist das hippe Szeneviertel. Tagsüber ist Madrid nett, am Abend aber erwacht es zum Leben. Wie Hemingway schrieb: „In Madrid geht man erst schlafen, wenn man sich die Nacht um die Ohren gehauen hat."

Gegenüber von links: Museo del Prado; die Plaza Mayor, Madrids zentraler Platz. Oben: Plaza de San Andrés

Übernachten Das Zentrum lässt sich gut zu Fuß erkunden. Wer nicht früh ins Bett will, sollte in den *barrios* Lavapiés oder La Latina beim Bahnhof Atocha absteigen. Ruhigere Alternativen finden sich nahe dem Retiro, einem großen Stadtpark, schickere Unterkünfte in Salamanca.

Umsteigen
Anders als der Bahnhof Atocha liegt Madrid-Chamartín in einiger Entfernung vom Stadtzentrum. Dank dem ausgezeichneten U-Bahnnetz kann man aber leicht von einem Bahnhof zum anderen gelangen – direkt in 20 Min. mit der Linie 1.

Stärkung Vom Bahnhof Atocha sind es 20 Min. zu Fuß bis La Latina, bekannt für seine Tapasbars in den Straßen Cava Alta und Cava Baja. Wer noch nicht weiß, worauf er oder sie Appetit hat, sollte den Mercado de San Miguel besuchen, eine Markthalle nahe der Plaza Mayor, wo Stände spanische Spezialitäten zum Mitnehmen verkaufen. Auch in Lavapiés findet man ein paar gute Lokale.

Sicherheit Die Gegend um Atocha ist weitgehend sicher. Taschendiebe sind oft dort, wo viele Touristen unterwegs sind, z. B. um die Plaza Mayor.

Im Uhrzeigersinn von links: zwei Ansichten der Alcazaba, Málaga; Mezquita, Córdoba; Castillo de Gibralfaro, Málaga

ETAPPE 5: Madrid–Málaga

AUF DIREKTEM WEG

Auf der Strecke zwischen Madrid und Málaga erkundet man das südliche Ende des spanischen Hochgeschwindigkeitsnetzes – sogar die südlichste Hochgeschwindigkeitsstrecke Westeuropas, die erst 2007 fertiggestellt wurde. Auf der superschnellen Fahrt von 2 ½ Std. zwischen der Hauptstadt und dem Mittelmeerhafen entlang einer oft reizvollen Route teilt man sich das Abteil mit Badeurlaubern.

Von Madrid-Atocha überqueren AVE-Züge Richtung Süden bei Toledo den Tagus, bevor sie durch das weite Don-Quichotte-Land düsen, wo sich Windmühlen über trockenen Ebenen drehen. Wenn man Castilla-La Mancha verlässt und Andalusien erreicht, wird die Landschaft grüner. Der mit Abstand bezauberndste Ort auf der Schnellstrecke Madrid–Málaga ist Córdoba, rund 1 ¾ Std. von Madrid. Die maurische Vergangenheit der Stadt als Hauptstadt eines islamischen Reichs, das einst über Iberien und Nordafrika herrschte, ist noch spürbar in den Innenhöfen der Paläste, einer medina-artigen Altstadt und der Mezquita – der Moschee, die zur Kathedrale wurde und als Höhepunkt islamischer Kunst und Architektur gilt. Vom Bahnhof ist es ein angenehmer 20-minütiger Spaziergang bis zur Mezquita.

Auf dem Abschnitt von Córdoba nach Málaga (¾ Std.) rauscht der Zug über den spektakulären Viadukt Arroyo las Piedras. Auch das letzte Stück zum Bahnhof María Zambrano ist faszinierend, wenn die Route sich zwischen flachen Hügeln hindurchwindet. Der funktionale moderne Bahnhof liegt 10 Min. zu Fuß vom Stadtzentrum und der Küste entfernt. Die Hafenstadt, oft als Tor zur Costa del Sol betrachtet, lohnt mit ihrer Altstadt, der imposanten Kathedrale, der Festung Gibralfaro und dem Picasso-Museum – der Künstler wurde hier geboren – einen Aufenthalt.

Madrid > 1 ¾ Std. - Córdoba > ¾ Std. - Málaga

TOLEDO

Toledo war eine iberische Hauptstadt, Jahrhunderte bevor Madrid gegründet wurde. Heute liegt die Stadt nur einen Katzensprung von ihrer modernen Nachfolgerin entfernt, dennoch scheint sie in vielerlei Hinsicht aus der Zeit gefallen. Toledos gut erhaltener mittelalterlicher Kern erstreckt sich auf einem Hügel über einer Biegung des Tajo, des längsten Flusses der Iberischen Halbinsel, und bietet einen Querschnitt der spanischen Geschichte. Das Stadtbild dominieren die Türme der von den Westgoten gegründeten Kathedrale. Darunter ziehen sich Plätze und Gassen den Hügel hinab. Die Synagoge Santa María la Blanca und die Moschee Cristo de la Luz erinnern an die Zeit, als in Toledo Anhänger aller drei abrahamitischen Religionen friedlich zusammenlebten. In der Kirche Santo Tomé ist eines der größten Werke westlicher Kunst zu bewundern: El Grecos *Begräbnis des Grafen von Orgaz*.

› HINKOMMEN: Züge von Madrid-Atocha erreichen Toledos spektakulären maurischen Bahnhof in 30 Min. Obwohl Toledo nahe der Schnellbahnstrecke Madrid–Málaga liegt, ist es nicht möglich, auf der Fahrt nach Norden oder Süden hier auszusteigen. Es bleibt einem nichts anderes übrig, als über die Hauptstadt anzureisen.

Oben: die vergoldete Sala Capitular, Catedral de Toledo. Rechts: die Kathedrale von der Calle Taller del Moro aus

Unten: die Kathedrale von Cádiz. Rechts: Sevillas Metropol Parasol, besser bekannt als Las Setas (die Pilze)

UMWEG ÜBER SEVILLA, JEREZ & CÁDIZ

Wer Zeit hat, sollte einen Abstecher ins südliche Andalusien machen, in die historischen Städte Sevilla, Jerez und Cádiz, und dann mit dem Bus über die Sierras am südlichen Ende des Kontinents zum Bahnanschluss in Algeciras weiterfahren. Zwischen Algeciras und dem Umland von Málaga verkehrt die wohl schönste Bahnlinie Spaniens, die sogenannte Mr Henderson's Railway, die durch ruhige Bahnhöfe und schmale Täler bis zum zauberhaften Städtchen Ronda zuckelt.

Zwischen Madrid und Sevilla folgt die Fahrt der Hochgeschwindigkeitsstrecke Madrid–Málaga bis Córdoba, von wo regelmäßige Züge südwestwärts nach Cádiz abbiegen. Auch wenn es starke Konkurrenz gibt, ist Sevilla (2 ¼ Std. ab Madrid) die wohl schönste Stadt Andalusiens. Nach einem 20-minütigen Fußmarsch vom Bahnhof Santa Justa ist man im Zentrum mit weißen *palacios,* von Orangenbäumen gesäumten Plätzen und La Giralda, einem monumentalen, in einen Glockenturm verwandelten Minarett, das die Stadt überragt. Viele zieht es wegen Sevillas maurischer Vergangenheit in die Stadt, aber wer einen modernen Kontrastpunkt sucht, ist beim Metropol Parasol richtig – einem seltsamen Bauwerk, dessen Dach einen Markt, Tapasbars und ein archäologisches Museum überschirmt und eine tolle Aussicht über die Stadt bietet.

Ein Teil von Sevillas Reiz liegt in seiner Nähe zu zwei anderen berühmten andalusischen Städten. Die nächstgelegene ist Jerez de la Frontera – mit dem Hochgeschwindigkeitszug, der am Fluss Guadalquivir entlangfährt, 45 Min. von Sevilla entfernt. Es ist kleiner als Sevilla, aber dennoch eine Bastion andalusischer Traditionen: als Wiege des Reitsports, Sherry-Hauptstadt (in den Straßen reihen sich die *bodegas*) und Heimat des Flamenco. Das Centro Andaluz de Flamenco bietet in einem stimmungsvollen Bauwerk mit Mudéjar-Anklängen eine Einführung.

Nach weiteren 30 Min. erreicht man den Atlantik und Cádiz, eine Hafenstadt, die durch die Ausbeutung der spanischen Kolonien in der Neuen Welt reich wurde. Die Anreise ist traumhaft: Die Züge folgen einer schmalen Landzunge, bis schließlich eine prächtige Stadt Gestalt annimmt, lauter geschäftige Kais und schattige Plätze, Uferparks und Stadtstrände, die es mit Barcelona aufnehmen können. Cádiz ist ein südlicher Endbahnhof der spanischen Bahn. Bei guter Planung ist es aber möglich, nach Málaga zu reisen, wenn man eine Lücke im Schienennetz per Bus überbrückt. Vom Busbahnhof in Cádiz (gleich neben dem Bahnhof) sind es 2 ½ Std. am südlichsten Rand Andalusiens entlang bis Algeciras – auf der rechten Seite sitzen, um die Straße von Gibraltar zu sehen.

Die meisten kommen nach Algeciras, um mit einer Fähre nach Marokko überzusetzen. Ein paar Besucher wollen aber auch die schöne Bahnstrecke Algeciras–Bobadilla erleben, bekannt als Mr Henderson's Railway. Sie wurde Ende des 19. Jh. nicht für die Einheimischen gebaut, sondern für die Briten in Gibraltar, die einen sicheren Landweg nach Madrid haben wollten. Den Spitznamen verdankt die Linie Alexander Henderson, Baron Faringdon, dem wohlhabenden Finanzier des Projekts, der schon ähnliche Vorhaben in Südamerika verwirklicht hatte. Weil die spanische Regierung gegen eine Linie war, die direkt auf britisches Territorium führte, wurde das benachbarte Algeciras zum Kompromiss-Bahnhof. Heute gehört die Linie, die durch viktorianische Bahnhöfe, Kastanienwälder und Steilhänge im Hinterland der trubeligen Costa del Sol rollt, zum spanischen Schienennetz. Am spektakulärsten ist die Landschaft zwischen Gaucín und dem auf einem steil abfallenden Felsen sitzenden Ronda (1 ½ Std. ab Algeciras), das Ernest Hemingway und Orson Welles liebten. Von der Algeciras–Bobadilla-Linie nach Málaga zu gelangen, ist kein Problem – Züge verbinden Ronda mit dem Bahnhof Antequera-Santa Ana (1 Std.) an der Hochgeschwindigkeitsstrecke Madrid–Málaga, sodass man von dort in 30 Min. in Málaga sein kann.

Madrid* > *2 ¼ Std. - Sevilla* > *¾ Std. - Jerez de la Frontera* > *½ Std. - Cádiz* > *2 ½ Std. Bus - Algeciras* > *1 ½ Std. - Ronda* > *1 Std. - Antequera-Santa Ana* > *½ Std. - Málaga

NORWEGEN
SCHWEDEN
DÄNEMARK
Kopenhagen
Inverness
Fort William
Aberdeen
Glasgow
Edinburgh
NORD-IRLAND
Cairnyan
Belfast
Dublin
IRLAND
Holyhead
Snowdonia
Chester
Shrewsbury
Wolverhampton
Amsterdam
Berlin
POLEN
Cardiff
London
Folkestone
Ashford
Calais
Penzance
Lille
Brüssel
BELGIEN
DEUTSCHLAND
Prag
TSCHECHIEN
LUXEMBURG
Luxemburg
Paris
Metz
Straßburg
Bühl
Wien
Mulhouse
Basel
Zürich
Luzern
Bern
Vaduz
FRANKREICH
ÖSTERREICH
SCHWEIZ
Lauterbrunnen
Domodossola
Locarno
Tirano
Ljubljana
SLOWENIEN
Zagreb
KROATIEN
Lyon
Chambéry
Mailand
Verona
Venedig
Turin
ITALIEN
Genua
Cinque Terre
Levanto
La Spezia
Porto Venere
Bologna
San Marino
Pisa
Florenz
Avignon
Nizza
Ventimiglia
Monaco
Cannes
Fréjus
Marseille
SPANIEN
Andorra La Vella
Calvi
Bastia
Ponte Leccia
Ajaccio
KORSIKA
Rom
Madrid
Neapel
Pompeii
Sorrento
Salerno
Amalfi-küste
Le Prigionette
SARDINIEN
Castiadas
Palermo
Villa San Giovanni
SIZILIEN
Catania
Siracusa

NORDWEST/ SÜD

LONDON–PARIS–MAILAND–ROM

Die direkte Route verbindet einige der Topziele Westeuropas auf einer lohnenden Städtetour. Von jeder dieser Städte lassen sich Abstecher in weniger bekannte Ecken Europas machen. Die Strecke verspricht viele denkwürdige Bahnerlebnisse: die Fahrt mit dem Eurostar unter dem Ärmelkanal hindurch, das ländliche Frankreich im Schnelldurchlauf, lange Tunnel, die sich durch die Alpen bohren, und in Italien eine Fährüberfahrt mit dem Zug.

ÜBERBLICK

Es überrascht nicht, dass diese Strecke mit zentralen Bahnhöfen wie London, Paris, Mailand und Rom jede Menge Möglichkeiten bietet, Westeuropa mit dem Zug zu entdecken. Bei sorgfältiger Planung kann man an einem langen Tag (14 Std.) von London bis nach Rom gelangen. Man kann aber auch – und sollte wirklich – eine Weile bleiben, wenn man in Paris und Mailand umsteigt. Diese Städte müssen nicht groß vorgestellt werden, sie bieten unzählige Sehenswürdigkeiten, Restaurants und Kneipen – und Anschlüsse sowohl nach Norditalien (Venedig, Florenz, Bologna) als auch nach Nordfrankreich (Lille) oder in die Europa-Hauptstadt Brüssel.

Wer es gemütlicher angehen will, kann einen Umweg einbauen: von Paris durch Ostfrankreich (via Metz und Straßburg und am Rhein entlang nach Mulhouse) bis nach Mailand. Mehr Nervenkitzel bietet die Reise nach Norditalien über die Alpen. Verlockend ist auch ein Besuch in Marseille für ein bisschen Jubel, Trubel, Heiterkeit, bevor es entlang der Französischen Riviera über Nizza an die Italienische Riviera nach Genua und in die Cinque Terre weitergeht.

London und Rom sind vielleicht Start- und Endpunkt der Kernstrecke, können aber auch als Sprungbretter in den Norden Großbritanniens bzw. weiter nach Süditalien dienen. Mit superschnellen Zügen kann man dem Großstadtleben entfliehen und geradewegs in eindrucksvolle ländliche Gegenden gelangen. Es gibt sogar kombinierte Bahn-Schiffsreisen: die Fährüberfahrt mit dem Zug nach Sizilien und die Zug-Fähre-Option nach Irland via Holyhead in Nord-Wales.

ETAPPE 1: London–Paris

AUF DIREKTEM WEG

Seit 1994 verbinden Eurostar-Züge Paris mit London – eine tolle Möglichkeit, entweder von Großbritannien auf den Kontinent oder von dort auf britischen Boden zu gelangen. Die Züge fahren vom liebevoll restaurierten Bahnhof St Pancras International in London und der schlichteren Gare du Nord in Paris ab. In beide Richtungen lässt die Bahn

ETAPPEN

LONDON	Direkt 2 ¼ Std.	**PARIS**
PARIS	Direkt 7 ¼ Std. Umweg über Straßburg & Bern 7 Std. 50 Min. Umweg über Marseille, Nizza & Genua 11 Std. 50 Min.	**MAILAND**
MAILAND	Direkt 3 Std. 10 Min.	**ROM**

die berühmten Wahrzeichen zügig hinter sich und rattert durch die Vororte der Hauptstadt, bevor sie offene Felder unter weitem Himmel erreicht, die das Landleben in diesem Teil der Welt bestimmen. Von London aus macht der Zug halt am Bahnhof Ashford International in Kent; von Paris düst man in der Regel nonstop durch die Orte im Norden Frankreichs (nur manchmal halten Züge in Calais-Fréthun). Und dann ist man am Ärmelkanal und fährt in den längsten Unterwassertunnel der Welt hinein (50 km), der Folkestone in England mit Coquelles in Frankreich verbindet – egal wie oft man die Reise schon gemacht hat, es ist jedes Mal aufregend, sich vorzustellen, dass man 35 Minuten lang unter Wasser ist.

Doch bevor man sich versieht, ist man wieder an Land und rast mit 300 km/h aufs Ziel Paris zu. Nicht vergessen: Auf dieser Fahrt überquert man eine Landesgrenze, d. h. man durchläuft Sicherheits- und Passkontrollen (Dokumente bereithalten).

Wer diesen Abschnitt der Strecke unterbrechen möchte, kann mit einem Eurostar Richtung Brüssel bis Lille fahren (1 Std. 20 Min. ab London), Frankreichs viertgrößter Stadt, mit bezaubernder Altstadt, einmaliger Küche und innovativem Design. Von Lille bestehen regelmäßige Verbindungen zu Städten in ganz Frankreich, einschließlich der Hauptstadt.

London > 2 ¼ Std. - Paris

Links: der Eurostar im Bahnhof St Pancras International, London. Oben: ein Drink im Freien in der Altstadt von Lille

Ein Wunder moderner Ingenieurskunst

Ein Tunnel zwischen Frankreich und England wurde erstmals 1802 vom französischen Ingenieur Albert Mathieu-Favier angeregt. Er schlug für den Pferdewechsel eine künstliche Insel auf halber Strecke vor. Fast zwei Jahrhunderte später wurde der Eurotunnel endlich verwirklicht. Die American Society of Civil Engineers würdigte ihn 1996 als technische Meisterleistung und eines der „Sieben Wunder der modernen Welt“. Genau genommen sind es drei Tunnel, zwei für Züge (einer für den Autotransport) und ein kleinerer Servicetunnel. Im Schnitt kommen hier jeden Tag 60 000 Fahrgäste und eine Riesenmenge Güter durch, 2009 aber auch der Formel-1-Champion John Surtees, der für einen guten Zweck mit einer Ginetta G50 von England nach Frankreich düste. Die Olympische Fackel passierte den Tunnel 2012 auf dem Weg nach London und der Radrennfahrer Chris Froome anlässlich der Tour de France, die 2014 in Leeds startete.

Die rue de la Monnaie im Herzen der Altstadt von Lille

VON LONDON INS ÜBRIGE VEREINIGTE KÖNIGREICH UND NACH IRLAND

Wer von London aus in andere Teile des Vereinigten Königreichs und nach Irland weiterreisen möchte, muss je nach Ziel einen anderen Bahnhof der Stadt aufsuchen. Züge in den Westen Englands und nach Süd-Wales (ebenso wie nach London Heathrow) nutzen die prächtige Paddington Station (Kinder können sich die Zeit damit vertreiben, die Statue des gleichnamigen Bären zu suchen). In den Norden oder die Landesmitte geht es entweder ab Euston, King’s Cross oder St Pancras. Alle drei Bahnhöfe liegen an derselben Hauptstraße (Euston Rd). Euston ist der richtige Bahnhof, wenn man mit dem Caledonian Sleeper nach Schottland

oder nach Holyhead zur Fähre nach Irland fahren will. Von King's Cross verkehren Züge entlang der Ostküste (mit Halt in York) und nach Schottland, während Züge aus den Midlands und dem Südosten Englands St Pancras anfahren. Weitere Fernbahnhöfe in London sind Charing Cross, Waterloo, London Bridge und Victoria, wo Reisende aus Südengland ankommen, und Liverpool Street mit Anschluss in den Osten.

Erwähnenswert für alle, die von einer Fahrt im Nachtzug träumen, sind zwei Möglichkeiten, in der trubeligen Hauptstadt zu Bett zu gehen und in herrlicher Küstenkulisse aufzuwachen: Der Night Riviera bringt Passagiere vom Bahnhof Paddington an die schönen Strände Cornwalls (Endbahnhof ist Penzance), während der Caledonian Sleeper vom Bahnhof Euston Ziele in Schottland anfährt, darunter Glasgow, Edinburgh und weiter im Norden Fort William und Inverness, mit Anschluss auf die Hebriden.

Der Night Riviera von Great Western Railways verkehrt täglich außer samstags. Züge verlassen Paddington um 23.45 Uhr und kommen um 8 Uhr in Penzance an; ab Penzance um 20.45 Uhr, Ankunft in London um 5 Uhr (wer ein Schlafwagenabteil hat, darf bis 6.45 Uhr darin bleiben).

Der Caledonian Sleeper verkehrt auf zwei Routen: Der Highlander verbindet Euston mit Fort William, Inverness und Aberdeen; der Lowlander mit Edinburgh oder Glasgow. Die Züge verkehren täglich außer samstags, die Abfahrtszeiten variieren je nach Fahrtziel.

Alle diese Verbindungen bieten sich an, wenn man Übernachtungskosten sparen will, aber wer einen leichten Schlaf hat, sollte Ohrstöpsel und eine Schlafmaske dabeihaben und darauf gefasst sein, etwas k.o. anzukommen – die Züge machen unterwegs mehrmals halt und reißen einen so aus dem Schlaf. Alternativ lassen sich diese Strecken günstiger und schneller zurücklegen, wenn man tagsüber fährt.

London ist das Sprungbrett für ein weiteres tolles Reiseabenteuer – per Bahn und Fähre nach Irland. Dafür geht's ab Euston mit dem Zug nach Holyhead in Nord-Wales (5 Std., normalerweise mit einmal Umsteigen in den Midlands oder in Chester), wo man direkt das Boot zum Fährhafen von Dublin besteigt (3 ¼ Std.). Von dort gelangt man mit Bussen (20 Min.) in die irische Hauptstadt.

LONDON

Es gibt viele Fernbahnhöfe in London, aber für diese Reise nutzt man den St Pancras International, 1868 eröffnet und in den 2000er-Jahren liebevoll restauriert.

London ist eine der meistbesuchten Städte der Welt, auf die der Spruch „bietet für jeden etwas" wirklich zutrifft. Man kann hier eine Zeitreise durch fast 2000 Jahre Geschichte unternehmen, eine wahrhaft multikulturelle Stadt erkunden, die ihre Diversity feiert, erstklassige Kultur erleben, die zugleich traditionell und innovativ ist, und in einem der zahlreichen Parks oder am Ufer der Themse entspannen. Ganz gleich, ob man von London ins übrige Land oder auf den Kontinent weiterreisen möchte, man sollte ein paar Tage bleiben, um die Hauptattraktionen zu sehen – oder etwas ungewöhnlichere, von deren Entdeckung man später stolz berichten kann.

Für Fans öffentlicher Verkehrsmittel ist London mit seiner berühmten Tube, den ikonischen roten Bussen und schwarzen

Londons Routemaster-Busse bieten eine Vogelperspektive auf Attraktionen wie die Oxford Street

Taxis, einer Stadtbahn durch die Docklands sowie einer Seilbahn über die Themse und Wassertaxis auf dem Fluss ein echter Traum. Wer mehr über die Geschichte des ÖPNV,

Die Londoner Doppeldeckerbusse schieben sich auch durch die Regent Street beim Oxford Circus

die Zahlen und Fakten und die zukünftige Verkehrsplanung erfahren möchte, bekommt im London Transport Museum in Covent Garden tolle Einblicke ins Thema.

Natürlich gibt es noch unzählige andere Möglichkeiten, sich in London die Zeit zu vertreiben. Die meisten bedeutenden Museen und Sehenswürdigkeiten konzentrieren sich im West End und in der City, ebenso wie die berühmten Parks. Wer es ruhiger mag, findet im Norden Hampstead Heath und im Osten den Queen Elizabeth Olympic Park. Weiter entfernt warten die Kew Gardens, Richmond, Hampton Court Palace und Greenwich mit wunderschönen Flussansichten von London. Und anschließend geht's zum Bier in einen ruhigen Pub am Wasser.

Wer näher am Bahnhof bleiben möchte: In der Gegend um St Pancras und den benachbarten Bahnhof King's Cross kommt keine Langeweile auf. Die Schätze des British Museum und die Geschäfte der Oxford Street sind zu Fuß zu erreichen, ebenso wie das chaotisch-verrückte Camden Town. Und gleich hinter King's Cross ist in alten Lagerhäusern am Regent's Canal ein Shopping- und Restaurantkomplex entstanden.

Über die Millennium Bridge geht es von der Tate Gallery of Modern Art an der South Bank zur St Paul's Cathedral

Übernachten Wer nur ein paar Tage Zeit für London hat, sollte sich überlegen, was er oder sie in der Stadt unternehmen möchte, und danach die Unterkunft wählen. Die Eleganz des „Goldenen Zeitalters der Bahn" verströmt das Hotel St Pancras Renaissance, das im gleichnamigen Bahnhof angesiedelt ist. Ansonsten gibt es günstige, nette Hotelketten in Spaziernähe. Wenn man Londons Hauptsehenswürdigkeiten schon kennt, lässt sich in vielen anderen Vierteln besser erfahren, wie die Londoner selbst leben – Notting Hill, Clerkenwell und Shoreditch bieten die Gelegenheit, die Stadt mehr wie ein Einheimischer zu erleben.

Umsteigen In London von einem Fernbahnhof zum anderen zu gelangen, geht mit der U-Bahn (Tube) schnell und leicht. Bei mehr als einer einfachen Fahrt lohnt der Kauf einer Tageskarte, mit der man innerhalb der gewählten Zonen beliebig oft hin- und herfahren kann. Anfangs ist es nicht ganz leicht, den berühmten farbcodierten U-Bahn-Plan zu lesen (aufpassen, in welche Richtung der Zug fährt!), aber Londoner helfen verirrten Touristen meist weiter, und Handy-Apps können die Reiseplanung übernehmen. Die Fahrt zwischen den anderen Fernbahnhöfen in London und dem U-Bahnhof King's Cross/St Pancras dauert meist rund 20 Min. Wer in einer Gruppe, mit Kindern oder viel Gepäck unterwegs ist, kann ein Taxi nehmen. Dafür ca. 15 £ und viel Zeit einplanen (mind. 30 Min.).

Stärkung London hat tolle Lokale. Alle, die vom/zum Bahnhof St Pancras fahren, freuen sich besonders über die ausgezeichneten Läden im und um den nahen Bahnhof King's Cross. Im Bahnhof St Pancras selbst finden sich schicke Cafés, traditionelle Pubs und eine exklusive Sektbar. Hinter King's Cross erreicht man nach 5 Min. zu Fuß den Regent's Canal, den umgestalteten Granary Square und den Coal Drops Yard. Hier gibt es jede Menge Restaurants (sicherheitshalber reservieren), und wenn die Sonne scheint, kann man im Supermarkt Picknickzutaten kaufen und sich damit auf den Kunstrasen ans Wasser setzen. Wer sein Gepäck im St Pancras einschließt und mit der U-Bahn nach Soho und ins West End oder zur Old Street und nach Hoxton fährt, findet dort eine internationale Auswahl an Lokalen.

Sicherheit King's Cross/St Pancras wurde jahrelang vernachlässigt und geriet in Verruf. Seit einer Verschönerung in den 2000er-Jahren ist die Gegend wieder belebt und beliebt und mehr als ein Verkehrsknotenpunkt. Trotzdem gelten die üblichen Sicherheitsvorkehrungen: Auf Taschen achtgeben und abends Nebenstraßen meiden.

Blauwal Hope, Prunkstück der Hinze Hall im Natural History Museum

Die Little Trains von North Wales

Im kleinen Porthmadog in Nord-Wales kreuzen sich gleich mehrere Schmalspurbahnen, wobei die Gleise mitten auf der Straße verlaufen. Von hier fährt die Ffestiniog Railway (oben) in die Schieferminenstadt Blaenau Ffestiniog, die sehr lange Welsh Highland Railway nach Caernarfon und die sehr kurze Welsh Highland Heritage Line nach Pen-y-Mount. Und das ist nicht alles: Man kann mit der Snowdon Mountain Railway, die seit 1896 verkehrt, von Llanberis bis auf den Gipfel des Snowdon fahren, des höchsten Bergs in Wales (1085 m), am schönen Bala Lake entlang, gezogen von Loks mit Namen wie Winifred, George und Alice, oder mit der ältesten noch betriebenen Bahn der Welt, der Talyllyn Railway, von Tywyn ins südliche Snowdonia.

› **HINKOMMEN:** Porthmadog gehört zum Netz von National Rail; die Eisenbahngesellschaft CrossCountry bietet von den Bahnhöfen Birmingham International, Wolverhampton und Shrewsbury Verbindungen in alle Ecken Großbritanniens.

Elegante Bauwerke umrahmen die Piazza Castello in Turin

ETAPPE 2: Paris–Mailand

AUF DIREKTEM WEG

Die Pariser Gare du Nord ist zwar nicht so prächtig wie St Pancras, aber man muss sich hier auch gar nicht lange aufhalten. Wer gleich nach Mailand weiterfahren will, muss an der schönen Gare de Lyon mit ihrem markanten Uhrturm und drei verschiedenen Hallen umsteigen. Die Fahrt am besten so planen, dass man im berühmten Restaurant Le Train Bleu (das unter Denkmalschutz steht) in Halle 1 zu Mittag essen kann – aber gut aufpassen, dass der köstliche Wein einen nicht vom Weg abbringt …

Sicher an Bord des TGV (8 tgl.), düst man schon bald durch die französische Provinz. Und bevor man sich versieht, ist man in Lyon (2 Std.), einer Stadt, der einige heraus-

ragende Museen, eine ebenso herausragende Küche, ein vielfältiges Kulturleben, eine große Clubszene, blühende Universität und fantastische Shoppinggelegenheiten ein sehr mondänes Flair verleihen.

Rund 1 Std. hinter Lyon erreicht der Zug Chambéry und steuert, jetzt langsamer, die Alpen an, während er malerische Täler und Berge passiert. Durch den 12 km langen Fréjus-Tunnel geht es nach Italien und von dort wieder schneller nach Turin (3 ¾ Std. ab Lyon) und in weiteren 1 ½ Std. nach Mailand. Man ist also in der Regel keine 8 Std. nach dem überragenden Mittagessen im Le Train Bleu am Ziel.

Diese Route nutzt Mailand als Hauptverkehrsknotenpunkt in Norditalien, aber auch Turin bietet eine Vielzahl an praktischen Zugverbindungen, besonders nach Südfrankreich, in die südliche Schweiz und an die Italienische Riviera. Es ist außerdem eine recht schöne Stadt mit eleganten Boulevards, stattlichen Jugendstilcafés, innovativen Restaurants und einer boomenden Kunst-, Architektur- und Livemusikszene.

Paris › 2 Std. - Lyon › 3 ¾ Std. - Turin › 1 ½ Std. - Mailand

UMWEG ÜBER STRASSBURG & BERN

Wer nicht in den Süden Frankreichs düsen muss oder will, kann eine gemütlichere Route von Paris nach Mailand wählen: ab der Gare de l'Est nach Osten. Mit einem schnellen TGV-Zug geht es nach Metz (1 Std. 20 Min.), wo man gleich neben dem tollen Kunstmuseum Centre Pompidou-Metz ankommt. Mit seinen Straßencafés, Uferparks, einer schönen Altstadt und dem prächtigen Quartier Impérial ist Metz eine bezaubernde, entspannte Stadt.

Von Metz ist man in 1 Std. am historischen Bahnhof von Straßburg (inzwischen elegant erweitert durch eine moderne gläserne Hülle). Diese Stadt mit ihrem deutsch-französischen Erbe (sie erinnert eher an eine deutsche Stadt auf französischem Boden) und ihrer Doppelrolle als Ort mit einem schillernden EU-Viertel und einer reichen mittelalterlichen Geschichte lohnt eine Erkundung.

Weiter geht die Reise entlang der deutsch-französischen Grenze und des

PARIS

Züge nach London nutzen die Gare du Nord, Züge nach Mailand oder auf der langsameren Strecke nach Marseille die Gare de Lyon und auf der langsameren Route nach Osten die Gare de l'Est.

Paris ist eine der tollsten Städte der Welt, in der man so viel Zeit wie möglich verbringen sollte. Die Liste an lohnenden Sehenswürdigkeiten ist so lang, dass es Wochen oder gar Jahre dauern würde, alle abzuklappern. Wer nur einen Nachmittag hat, spaziert am besten die Seine entlang vorbei an Notre-Dame, dem Louvre und dem Musée d'Orsay, oder bummelt durch das hübsche Marais, um ein bisschen zu shoppen und vom Café aus die Leute zu beobachten.

Gegenüber von links: Pariser Boulangerie; über den Pont des Arts geht's zum Palais du Louvre. Oben: Café im Marais

Übernachten Die Viertel Marais und Bastille liegen günstig, wenn man sich zwischen Gare du Nord und Gare de Lyon bewegt. Es gibt hier eine gute Auswahl an Unterkünften. In der Umgebung der Gare du Nord finden sich nette Budget-Optionen wie etwa St Christopher's Gare du Nord.

Umsteigen Die Gare du Nord liegt zu Fuß 10 Min. von der Gare de l'Est; zur Gare de Lyon sind es rund 10 Min. mit der RER oder 20 Min. im Taxi.

Stärkung Die erste Wahl, wenn man von der Gare de Lyon abfährt, ist das wunderbare Le Train Bleu. Wer mehr Zeit (und weniger Geld) hat, findet entlang des Canal St-Martin oder im Marais ein passendes Café oder eine Bar.

Sicherheit Vorsicht vor Taschendieben um den Bahnhof Gare du Nord.

Sonnenuntergang am kleinen Fischerhafen Vallon des Auffes, Marseille

Rheins von Straßburg nach Mulhouse (1 Std.), das sich stark von den eleganten, bisher besuchten Städten abhebt. Die Industriestadt an zwei Wasserläufen ist für ihre Museen bekannt, darunter die Cité de l'Automobile und die Cité du Train, die beide zu den größten ihrer Art weltweit zählen.

Von Mulhouse bestehen regelmäßige Zugverbindungen nach Basel (½ Std.) jenseits der Grenze in der Schweiz, in erster Linie eine Handelsstadt, die Touristen nicht lange hält. Von hier bieten sich zahlreiche Anschlussmöglichkeiten (etwa nach Zürich, Luzern und Bern). In jedem Fall muss man in Basel umsteigen. Aber wenn man eine Verschnaufpause vom Bahnfahren braucht, kann man einen Tag damit verbringen, durch die schöne Altstadt zu spazieren. Sie wird vom Rhein in zwei Hälften geteilt, die aber über die Mittlere Brücke miteinander verbunden sind.

Wer die Wunder der Schweiz nicht ausgiebiger erkundet, landet als Nächstes in Bern (1 Std. ab Basel). Die entspannte, bilderbuchartige Altstadt lädt zum Verweilen ein. Die Museen sind herausragend, die Kneipenszene ist ständig in Bewegung und die Stadt selbst ein ästhetisches Highlight, mit 6 km langen Arkaden, Kellerläden und Bars an einer Schleife der Aare (in der man im Sommer baden kann).

Die Fahrt von Bern nach Mailand (3 Std.) ist atemberaubend. Sie führt am Thunersee entlang, durch Tunnel in den Alpen, bis der Zug schließlich hinter dem 19 km langen Simplon-Tunnel in Italien wieder zum Vorschein kommt, wo er den Lago Maggiore streift, bevor er den Mailänder Bahnhof Porta Garibaldi erreicht.

Paris > 1 Std. 20 Min. - Metz > 1 Std. - Straßburg > 1 Std. - Mulhouse > ½ Std. - Basel > 1 Std. - Bern > 3 Std. - Mailand

UMWEG ÜBER MARSEILLE, NIZZA & GENUA

Zwischen Paris und Südfrankreich verkehren regelmäßig schnelle, bequeme TGV-Züge. So kann man von der Pariser Gare de Lyon in nur 3 Std. 20 Min. nach Marseille gelangen und dann die Französische und die Italienische Riviera genießen. Wer unterwegs etwas mehr von Frankreich sehen möchte, sollte in Avignon (3 Std. ab Paris) Station machen. Die von einer Festungsmauer umgebene Stadt mit der berühmten Brücke aus dem Mittelalter, begrünten Plätzen und einigen herausragenden Restaurants ist ein Augen- und Gaumenschmaus. Hier findet auch das größte Kunstfestival Frankreichs statt, das fast den ganzen Juli über läuft.

Weiter geht's nach Marseille (1 Std. 20 Min. ab Avignon), einer temperamentvollen multikulturellen Hafenstadt, die, seit sie 2013 Kulturhauptstadt Europas war, an Selbstbewusstsein gewonnen hat. Es gibt

Die alternativen Cinque Terre

Die wunderschönen Dörfer der Cinque Terre zählen wegen ihrer spektakulären Küstenlage und traditionellen Lebensart zu Recht zum Unesco-Welterbe – und sind daher ungemein beliebt. Zum Glück gibt es in der Nähe weniger überlaufene und genauso lohnende Orte. Porto Venere gehört nicht zu „den fünf", steht aber trotzdem auf der Welterbeliste und bietet ebenfalls eine pittoreske Uferkulisse mit pastellfarbenen Häusern. Wer den Touristenscharen ganz entkommen möchte, muss aber nach Montemarcello, um bei einem Kaffee fantastische Ausblicke über die Bucht zu genießen. Sportlicher ist eine Radtour von Framura nach Levanto (mit Anschluss nach Genua) auf einer umfunktionierten, 5 km langen Bahntrasse. Auf halber Strecke wartet das Küstenstädtchen Bonassola mit einem langen Sandstrand sowie vielen Cafés und Eisdielen.

> **HINKOMMEN:** Um Montemarcello zu besuchen, braucht man ein Auto, aber nach Framura verkehrt ein Zug, und nach Porto Venere gelangt man per Boot oder Bus ab La Spezia.

5 SCHWEIZER SPITZENZÜGE

Oben und rechts: Die Panoramawagen des Bernina Express gewähren herrliche Ausblicke auf die Alpen

Unterwegs zwischen Paris und Mailand bietet sich die wunderbare Gelegenheit, mit einer der sagenhaften Schweizer Bahnen zu fahren. Dank dem beneidenswert effizienten Verkehrsnetz und einigen der schönsten Landschaften der Welt ist eine Bahnfahrt hier ein unvergessliches Highlight. Über Basel hat man Anschluss in alle Ecken des Landes. Eine Reise durch die Schweiz ist schon Abenteuer genug, was eindrucksvolle schöne Landschaften betrifft. Es gibt jedoch ein paar legendäre Routen, die etwas ganz Besonderes sind. Hier kommen fünf der besten, um auf den Geschmack zu kommen.

❶ BERNINA EXPRESS

Der Bernina Express, der Tirano in Italien mit St. Moritz und Chur in der Schweiz verbindet, steigt hoch zu den Gletschern der Alpen und gewährt dank Panoramafenstern atemberaubende Aussichten. Auf der 4 Std. langen Reise durchfährt man 55 Tunnel und überquert 196 Brücken. Der Abschnitt Thusis–Tirano zählt zum Unesco-Welterbe.

Praktische Infos

Der Bernina Express verkehrt das ganze Jahr über tgl., zusätzliche Fahrten im Sommer, wenn entlang der Strecke die Wildblumen blühen.

❷ GLACIER EXPRESS

Vom exklusiven Zermatt zum noch exklusiveren St. Moritz geht's mit dem Glacier Express bei herrlicher Sicht auf die Schweizer Alpen. Fast genauso beeindruckend ist die Ingenieurskunst, die diese Strecke überhaupt erst möglich gemacht hat. Es gibt billigere Alternativen, und der Zug ist auch kein „Express" (Durchschnittsgeschwindigkeit: 38 km/h), aber die zauberhafte Landschaft, das herausragende Essen und die riesigen Fenster sind einfach unschlagbar.

Praktische Infos

Ein Zug tgl. ganzjährig (außer zeitweise zwischen Okt. und Dez.), Juli bis Sept. 2x tgl.

❸ JUNGFRAUBAHN

Diese Bahn führt aufs „Dach Europas" in 3454 m Höhe. Von Interlaken geht's via Grindelwald oder Lauterbrunnen zur Kleinen Scheidegg, von wo eine Zahnradbahn durch den berüchtigten Eiger fährt. Oben kann man Schlitten fahren, die Aussichtsplattform begehen oder im Lindt Swiss Chocolate Heaven Schokolade naschen.

Praktische Infos

Ganzjährig, im Sommer häufiger. Warme Anziehsachen auf den Gipfel mitnehmen!

❹ GORNERGRAT BAHN

Die Gornergrat Bahn zuckelt seit 1898 von Zermatt zum Gornergrat (3089 m) und wird heute mit erneuerbarer Energie betrieben. Um die beste Aussicht auf das fantastische Matterhorn zu haben, sollte man bergauf auf der rechten Seite sitzen. Auf dem Gipfel überwältigt ein berauschendes 360-Grad-Panorama aus sieben Gletschern unterhalb von 29 Gipfeln, die über 4000 m hoch aufragen.

Praktische Infos

Tgl. regelmäßige Züge. Die Gornergrat Bahn ist auch praktisch, wenn man im Sommer wandern und im Winter Ski fahren will.

❺ CENTOVALLIBAHN

Zwischen Locarno in der Schweiz und Domodossola in Italien verkehrt die „Hundert-Täler-Bahn" auf einer kurzen (52 km), aber landschaftlich schönen Strecke durch tiefe Täler, vorbei an Wasserfällen, Kastanienhainen, Weinbergen und Dörfern. Highlights sind das Isorno-Viadukt und die Schlucht zwischen Intragna und Re.

Praktische Infos

Ganzjährig verkehren tgl. 11 Züge.

KORSIKA

Wer vom Zugfahren genug hat und für eine Spritztour auf dem Mittelmeer zu haben ist, sollte die Fähre von Nizza nach Bastia auf Korsika nehmen. Die reizvolle Natur dieser einzigartigen Insel bildet einen starken Kontrast zum Glamour der französischen Mittelmeerküste. Ein paar Tage irgendwo abzusteigen, um die Insel zu erkunden, ist eine nette Abwechslung von der ganzen Zugfahrerei – mit Mietwagen ist man superflexibel. Die Landschaft ist sehr vielfältig und reicht von Buchten, Küstenorten und Stränden bis zu Bergen, Tälern und Hügeldörfern.

Ein Bahnerlebnis im korsischen Stil bieten die Chemins de fer de la Corse (Korsische Eisenbahnen), eine Schmalspurbahn, die über das Drehkreuz Ponte Leccia mit drei Linien nach Ajaccio, Bastia und Calvi verkehrt – mit unglaublichen Ausblicken auf die wunderschöne Landschaft.

› **HINKOMMEN:** Die Fähre von Nizza legt in Bastia an (7 Std.; Corsica Ferries); nach Genua geht es ab Bastia mit einem anderen Schiff (5 Std.; Moby Lines).

Weiße Sandstrände und türkisfarbenes Wasser kann man entlang der korsischen Küste genießen

hier ausgezeichnete Museen (allen voran das Mucem, das Museum der Zivilisationen Europas und des Mittelmeerraums), interessante Viertel wie Vieux Port und Le Panier und die eindrucksvolle gestreifte Cathédrale de la Major aus dem 19. Jh. Gleich außerhalb der lauten Stadt lockt der ruhige Parc national des Calanques mit versteckten kleinen Buchten, Felsformationen und einer reichen Flora und Fauna. Hier kann man wandern, Rad oder Boot fahren und etwas Zeit mit den Marseillais verbringen, die im Sommer in den Nationalpark strömen.

Der TGV fährt von Marseille ostwärts die Küste entlang und erreicht nach ein paar Stunden die reiche Glitzerwelt von Cannes, die Festung aus dem 16. Jh., den Jachthafen und die Strände von Antibes (¼ Std. ab Cannes) und schließlich Nizza (½ Std. ab Antibes). Kein anderer Ort in Frankreich bietet eine vergleichbare Mischung aus Überfluss, Sonnenschein, Straßenleben und Küstenlage. Es lohnt, ein paar Tage in die französisch-italienische Atmosphäre einzutauchen, am Strand zu entspannen, ein ausgedehntes Mittagessen zu genießen und eines der erstklassigen Kunstmuseen zu besuchen. Oder man nimmt eine Fähre zur malerischen Île Sainte-Marguerite oder gleich nach Korsika, von wo man per Schiff nach Genua und mit dem Zug weiter nach Mailand gelangt.

Auf dem Landweg nimmt man einen französischen Nahverkehrszug nach Ventimiglia (55 Min. ab Nizza) jenseits der Grenze und dann den schnellen Trenitalia Frecciarossa nach Genua (2 Std. 20 Min.). Das Tor zur Italienischen Riviera ist zugleich der größte Seehafen Italiens und eine Stadt mit langer Schifffahrtsgeschichte und bedeutender Architektur. Nicht verpassen: die Gemälde in den Musei di Strada Nuova, einen Bummel durch die mittelalterlichen Gassen der Altstadt und natürlich originales Pesto.

Wer's nicht eilig hat, findet an der Italienischen Riviera um Genua genug Zerstreuung, etwa auf der Halbinsel Portofino, in den legendären Cinque Terre und in ruhigeren Badeorten westlich von Genua. Um nach Portofino zu gelangen, nimmt man einen Zug von Genuas Bahnhof Brignole bis Santa Margherita Ligure (½ Std.) und dann einen Bus (20 Min.) bis Portofino. Die Dörfer der Cinque Terre (Riomaggiore, Manarola, Corniglia, Vernazza und Monterosso) sind leicht mit dem Zug ab dem Bahnhof Brignole erreichbar, wenn man in La Spezia (1 Std. ab Genua) oder Levanto (1 ¼ Std. ab Genua) in die Cinque-Terre-Linie umsteigt.

Nach Mailand (Milano Centrale) geht's von Genua mit einem schnellen Frecciarossa-Zug (1 ½ Std.) ab dem Bahnhof Piazza Principe. Wer einen Abstecher an die Italienische Riviera unternimmt, kommt mit der Bahn auch von La Spezia aus hin (3 Std. 20 Min.).

Paris > 3 Std. - Avignon > 1 Std. 20 Min. - Marseille > 2 Std. - Cannes > ¼ Std. - Antibes > ½ Std. - Nizza > 55 Min. - Ventimiglia > 2 Std. 20 Min. - Genua > 1 ½ Std. - Mailand

Der zauberhafte Duomo überragt die Dächer des mittelalterlichen Kerns von Florenz

ETAPPE 3: Mailand–Rom

AUF DIREKTEM WEG

In den letzten 20 Jahren hat Italien viel in sein Hochgeschwindigkeitsschienennetz investiert, wovon die Verbindung zwischen den beiden größten Städten des Landes definitiv profitiert hat. Während es früher üblich war, den Flieger zu nehmen, ist heute der Zug angesagt. In nur 3 Std. bringt er Modeverrückte, Politiker und Touristen von Roma Termini zum Milano Centrale oder umgekehrt, entweder mit dem privaten Italo-Zug oder einem Frecciarossa. Wenn man nicht gerade die Tunnel durch den Apennin zwischen Florenz und Bologna durchfährt, bekommt man viel zu sehen: Zypressen, Weizenfelder und Weinberge wetteifern mit hübschen, an Hügeln klebenden Dörfern, imposanten Burgen und typischen Piazzas, auf denen sich das Leben wie eh und je abzuspielen scheint.

Unterwegs macht die Bahn zwei lohnende Reiseunterbrechungen möglich. Zunächst in Bologna (1 Std. ab Mailand), einer Stadt mit zwei gleichermaßen faszinierenden Hälften. Da ist zum einen die Hightech-Stadt in der Po-Ebene, wo die Schickeria in einigen der

LA SPEZIA

Es überrascht nicht, dass La Spezia, die geschäftige Hafenstadt und größte Marinebasis Italiens, obwohl mit dem Zug nur Minuten vom Touristenmagnet Cinque Terre entfernt, von Urlaubern regelmäßig übergangen wird. Das ist schade, nicht nur weil es eine erschwingliche Übernachtungsoption ist, wenn man die Cinque Terre bereisen will, sondern auch weil es eine Erkundung lohnt. Die Gassen der Altstadt sind sehr stimmungsvoll, und es gibt jede Menge gemütliche Trattorien, die Spezialitäten der ligurischen Küche auftischen. Wer wenig Zeit hat, beschränkt sich auf die Fußgängerzone der Via del Prione, die sich durchs historische Zentrum windet. Sie ist eine der ältesten Straßen der Stadt, mit verstreuten Cafés, Restaurants und mehreren Museen (und der Touristeninformation). Wer weiterläuft, gelangt ans Ufer mit dem fotogenen Ponte Thaon di Revel. Mit etwas mehr Zeit lohnen die Burg, das älteste Schifffahrtsmuseum der Welt und ein Kunstmuseum einen Besuch.

› **HINKOMMEN:** Züge fahren in 1½ Std. von Genova Brignole nach La Spezia Centrale.

Die pfannkuchenartige Farinata *aus Kichererbsenmehl ist ein Highlight der ligurischen Küche*

MAILAND

Mailands Hauptbahnhof ist Milano Centrale, der zweitgrößte Bahnhof Italiens. Zu beachten ist aber, dass der TGV aus Paris am Bahnhof Milano Porta Garibaldi ankommt.

Wer mit der Bahn nach Italien fährt, wird höchstwahrscheinlich durch Mailand kommen oder dort umsteigen. Mailands großartige Architektur, Designertradition und vielfältige Kulturszene lohnen unbedingt einen Aufenthalt von ein paar Tagen, besonders wenn man Kunst, Mode und Essen liebt. Hier etwas Zeit zu verbringen, bedeutet auch, einen Einblick ins moderne Italien zu gewinnen: Mailand ist eine blühende Stadt, die ständig im Wandel ist, um sich den Herausforderungen des 21. Jh. zu stellen, nicht zuletzt in ihrer urbanen Landschaft, die Avantgarde-Bauten, funkelnde Wolkenkratzer und ungewöhnliche Grünanlagen umfasst. Im historischen Kern der Stadt, dem Centro Storico, findet man den imposanten Duomo (Dom), das mächtige Castello Sforzesco, ein weltbekanntes Gemälde (*Das letzte Abendmahl*) und eine fantastische Sammlung italienischer Kunst in der Pinacoteca di Brera, nicht zu vergessen das berühmte Opernhaus La Scala. Wer am Bahnhof Porta Garibaldi ankommt, kann das Viertel Porta Nuova erkunden. Es verkörpert Mailands futuristische Seite und erstreckt sich um die moderne, erhöhte Piazza Gae Aulenti, von der aus man einen Superblick auf die Stadt hat. Ein Stück weiter kommen der markante Torre Arcobaleno (Regenbogenturm) und der Bosco Verticale (Vertikale Wald) ins Blickfeld.

Südwestlich des Centro Storico verströmt das sanierte Viertel Navigli mit seinen Gassen, Kanälen, Flohmärkten und vielen Bars und Restaurants einen Hauch von Venedig. Gleich nördlich lockt die Zona Tortona mit coolen, zu Nachtlokalen umfunktionierten Industriebauten.

Die Galleria Vittorio Emanuele II und der 600 Jahre alte gotische Mailänder Dom

Übernachten Hotels beim Bahnhof Milano Centrale sind meist billiger als im Zentrum, aber dafür befindet man sich im Centro Storico in Fußnähe zu den Hauptsehenswürdigkeiten. Weniger touristisch ist die Gegend südwestlich des Duomo, San Lorenzo. Hier gibt es familiengeführte Hotels, einfache Restaurants und kleine Läden. In Mailand finden oft große Veranstaltungen und Ausstellungen statt, dann sollte man rechtzeitig reservieren, weil die Unterkünfte schnell ausgebucht sind.

Umsteigen Zu Fuß sind es 25 Min. vom Bahnhof Centrale zum Bahnhof Porta Garibaldi, mit der U-Bahn dauert es 12 Min. (Linie M2 oder M3), mit dem Taxi 10 Min.

Stärkung Mailand hat Ahnung vom Kochen (es hat mehr Michelin-Sterne als jede andere italienische Stadt), aber in den Bahnhöfen ist keine Spitzenküche zu erwarten, nur die üblichen Bahnhofsimbisse. Wer eine oder zwei Nächte in Mailand bleibt, sollte sich am frühen Abend wie die Mailänder einen *aperitivo* an den Kanälen von Navigli gönnen, das auch für seine große Auswahl an Lokalen bekannt ist. Näher am Milano Centrale und Porta Garibaldi liegt das Viertel Porta Nuova, das Angebote für Feinschmecker und für jeden Geldbeutel bereithält.

Sicherheit Die großen Bahnhöfe in Mailand sind nicht besonders unsicher, trotzdem sollte man auf Taschendiebe achtgeben.

Der Venice Simplon-Orient-Express

Wer es sich leisten kann und mag, fährt zwischen London und Venedig mit dem luxuriösen Venice Simplon-Orient-Express des Unternehmens Belmond. Die Jugendstilwagen, der diskrete Service durch Personal in gold-blauer Livree und die Gourmetküche mit saisonalen regionalen Zutaten sorgen für ein einmaliges Erlebnis – kein Vergleich dazu, sich mit magerem Proviant in einen Liegewagen zu quetschen! Es gibt drei Speisewagen, jeder mit ganz eigenem Charakter. Genächtigt wird in einem Schlafwagenabteil aus den 1920er-Jahren, in dem die Betten natürlich für einen vorbereitet werden, während man diniert. Tickets kosten ab 3200 € (einfach), die Fahrt dauert 24 Std. und die Züge verkehren zwischen März und November.

edelsten Restaurants des Landes speist. Und dann ist da eine politisch aufgeweckte Stadt, die Heimat der ältesten Universität der Welt und berühmt für ihre graffitigeschmückten Piazzas voller Studenten ist. Wer über Nacht bleibt, sollte zwischen dem Bahnhof Bologna Centrale und der Piazza Maggiore im historischen Zentrum absteigen. Östlich der Piazza Maggiore liegt Quadrilatero, ein überschaubarer Stadtteil mit lebendigem Markttreiben, Feinkostläden und hippen Cafés, in denen man die berühmte Küche der Stadt kosten kann.

Der nächste, fast schon obligatorische Halt ist Florenz (40 Min. ab Bologna). Egal, wie knapp der Zeitplan ist, man sollte hier wenigstens ein paar Stunden die sagenhafte Kunst, Architektur und toskanische Küche genießen. Da Florenz sehr touristisch ist, empfiehlt es sich, die Hauptsehenswürdigkeiten (Uffizien, Dom, *David*) im Voraus zu buchen. Abends macht man eine *passeggiata* am Ufer des Arno entlang und über die von Renaissance-Bauten gesäumten Plätze. Unterkünfte jeder Preisklasse finden sich nahe dem Dom im mittelalterlichen Zentrum. Um den Bahnhof Santa Maria Novella sind günstige traditionelle Trattorien angesiedelt.

Von der Renaissancestadt ist man mit einem Frecciarossa-Zug in 1½ Std. am Bahnhof Termini in Rom.

Mailand > 1 Std. - Bologna > 40 Min. - Florenz > 1½ Std. - Rom

VENEDIG

Wer schon immer davon geträumt hat, La Serenissima zu besuchen, kann Venedig ganz einfach in eine Zugfahrt durch Italien einbauen. An Venedigs Bahnhof Santa Lucia angekommen, steigt man in ein *vaporetto* (öffentliches Wassertaxi) und kreuzt auf dem Canal Grande, um sich vom ersten Blick auf eine der schönsten Städte der Welt überwältigen zu lassen. Noch mehr begeistert Venedig am Abend, wenn sich die Lichter der Stadt in den unzähligen Kanälen spiegeln. Also über Nacht bleiben!

Besucher strömen nicht ohne Grund zum Markusplatz und Dogenpalast, aber das Schöne an Venedig ist, dass man ganz schnell dem Trubel entfliehen und sich in den Nebengassen an ruhigen Kanälen verlieren kann.

› HINKOMMEN: Von Mailand verkehren stündlich Regionalzüge nach Venedig, mit Umstieg in Verona (3 ½ Std.), sowie weniger häufige und teurere – aber direkte und schnellere – Frecciarossa-Züge (2 ½ Std.). Von Wien, Salzburg und München kann man außerdem mit einem Nightjet, dem Nachtzug der ÖBB, anreisen.

Auf einer Gondelfahrt über den Canal Grande lässt sich Venedig vom Wasser aus entdecken

ROM

Roms Hauptbahnhof heißt Termini und ist zugleich ein großer U-Bahn-knotenpunkt und Busbahnhof. Manche Züge nutzen Ostiense oder Tiburtina – weniger zentral, aber nahe der U-Bahn.

Italiens Hauptstadt ist eine berauschende Mischung aus antiken Ruinen, Kunst und Straßenleben und eine der romantischsten und anziehendsten Städte der Welt. Selbst wenn man schon mal hier war, gibt es immer noch etwas Neues zu entdecken, und Sehenswürdigkeiten wie das Kolosseum und das Forum lohnen ohnehin einen zweiten oder dritten Besuch.

Die Liste an berühmten Attraktionen in Rom ist lang und reicht neben den bereits genannten vom Trevibrunnen und der Spanischen Treppe bis zum Pantheon und zu den Kapitolinischen Museen. Obendrein kann man sogar ein anderes Land besuchen, indem man einfach über den Tiber zum Petersdom und zu den Vatikanischen Museen spaziert.

Gegenüber von links: Abendessen in Rom; Aperol zum Aperitif. Oben: Fontana di Trevi, der berühmteste Brunnen der Stadt

Eine Rom-Reise bedeutet aber nicht nur, Kunst und Kultur aufzusaugen, sondern auch, sich dem Dolce Vita hinzugeben: einfach nur durch Straßen bummeln, Stunden in Straßencafés vertrödeln, auf Piazzas Leute beobachten – all das gehört ebenso zur Rom-Erfahrung. Abends, wenn sich das schicke Rom zum geselligen *aperitivo* (Getränk mit Snacks) in den Bars und Cafés trifft und die Trattorien voll sind, steigt der Puls der Stadt.

Wer Zeit hat, sollte einen Ausflug nach Latium machen, einer Region, die oft zugunsten der Toskana übergangen wird, aber mit smaragdgrünen Hügeln, Apennin-Gipfeln und Stränden ebenso aufwarten kann wie mit faszinierenden historischen Sehenswürdigkeiten wie den Ruinen von Ostia Antica oder der Hadriansvilla in Tivoli. Beide sind von Rom mit dem Zug in etwa 1 Std. zu erreichen.

Von links: Roms stimmungsvolles Viertel Trastevere; das prunkvolle Innere des Petersdoms

Übernachten Gute Unterkünfte, von denen aus man leicht einige der Hauptattraktionen im historischen Zentrum Roms erreicht, bietet die Gegend um Termini, noch dazu mit jeder Menge Lokalkolorit. Interessanter und attraktiver ist aber Trastevere auf der anderen Seite des Tibers, das mit seinen Kopfsteinpflastergassen, efeuberankten Fassaden und preiswerten Unterkünften und Lokalen viel Flair verströmt. Oder man sucht sich ein Zimmer oder Apartment um die Piazza Navona oder den Campo de' Fiori, um den täglichen bunten Markt und das abendliche Treiben der Römer zu erleben und dabei immer noch nahe den Hauptsehenswürdigkeiten zu sein. Soll es weniger touristisch sein, sind San Giovanni oder Testaccio, eine kurze U-Bahnfahrt vom Zentrum entfernt, vielleicht das Richtige. Wer lieber im Grünen wohnt, kann es in der Gegend um die Parkanlage Villa Borghese versuchen und bekommt noch ein paar ausgezeichnete Museen dazu.

Umsteigen Die meisten Fernzüge nutzen den Hauptbahnhof Termini, sodass man beim Umsteigen bloß das richtige Gleis finden muss, statt durch die Stadt zu irren. Die U-Bahn verbindet Termini mit den Bahnhöfen Ostiense und Tiburtina.

Stärkung Im Bahnhof Termini gibt es auf der Terrasse im Obergeschoss Bars und Trattorien, in denen man vom Bahnhofsgewusel verschnaufen kann, während man einen Happen isst. Wer ein paar Tage in Rom bleibt, sollte sich ins Viertel Testaccio am Ufer des Tibers aufmachen, einst eine etwas heruntergekommene Gegend, die sich dank einiger ausgezeichneter Trattorien und beliebter Bars gemausert hat. Eine andere angesagte Adresse ist Monti, wo sich am Wochenende scheinbar halb Rom zum Shoppen, Essen und Trinken trifft. Wer sich auf das historische Zentrum beschränkt, findet abseits der Hauptstraßen viele von Einheimischen geführte Lokale mit römischer Küche.

Sicherheit Termini ist berüchtigt für seine Taschendiebe, aber im Grunde ist es hier nicht schlimmer als an anderen Hauptbahnhöfen. Achtet gut auf eure Taschen und besonders eure Wertsachen und fallt nicht auf Ablenkungsmanöver herein.

Tempio di Saturno und Arco di Settimio Severo im Forum Romanum

Pompeji

Weltberühmt als mahnendes Beispiel für die Macht der Natur und zugleich anschauliches Zeugnis des Alltags der alten Römer, ist Pompeji eine der spannendsten Sehenswürdigkeiten Italiens – umso mehr, als der Vesuv, der Vulkan, der die Stadt im Jahr 79 n. Chr. verschüttete, immer noch aktiv ist.

Von Neapel (und selbst von Rom) ist es ein beliebter Tagesausflug. Den meisten Besuchern reichen drei Stunden für die Besichtigung der Stätte, zu deren Highlights die Mysterienvilla, die Vorstadtthermen und der Tempel des Apollon gehören. Nicht vergessen, bequeme Schuhe anzuziehen und im Sommer genug Wasser und eine Kopfbedeckung mitzunehmen. Der Andrang ist groß, eine Reservierung daher zu empfehlen; für den Zug ist sie nicht nötig.

> **HINKOMMEN:** Von Neapels Bahnhof Piazza Garibaldi fährt die Circumvesuviana-Bahn Richtung Sorrento mit Halt in Pompei Scavi-Villa dei Misteri (alle 30 Min.; 35 Min.), nur 100 m vom Eingang zu den Ruinen entfernt.

Von oben: der schneebedeckte Ätna auf Sizilien; Cefalù, eine Perle an der Nordküste Siziliens

VON ROM NACH SÜDITALIEN

Von Rom aus lässt sich die Italienreise leicht nach Süden verlängern: Die superschnellen Frecciarossa-Züge fahren nach Neapel (1¼ Std.) und Salerno (1½ Std.), und von dort kann man auf einer unglaublich schönen Strecke direkt bis nach Sizilien gelangen (von Rom nach Palermo dauert es 12 Std., nach Catania 10 Std.).

Neapel ist bekannt für sein Temperament und seine Pizza, hat aber noch so viel mehr zu bieten, eine Fülle an Kulturschätzen (Museo Archeologico Nazionale, Museo di Capodimonte und Gallerie d'Italia), eine Geschichte voller rätselhafter Gestalten und eine große Auswahl an kulinarischen Genüssen, die weit über Pizza hinausgehen (so lecker die hier auch ist). Von Neapel kann man leicht einen Abstecher nach Pompeji (35 Min. ab Bahnhof Centrale/Piazza Garibaldi) mit seinen faszinierenden Ruinen unternehmen. Auf dem weiteren Weg nach Süden hat man zwei Möglichkeiten, die schöne Amalfiküste zu erkunden: In Salerno aussteigen und einen Bus nach Ravello oder Positano nehmen; oder, wenn man sowieso vorhat, Pompeji zu besuchen, von Neapel mit derselben Linie weiter bis nach Sorrento und von dort mit Bussen ostwärts an die Amalfiküste fahren.

Alternativ lehnt man sich zurück und genießt auf der Fahrt von Neapel nach Villa San Giovanni 4½ Std. die Aussicht, bis etwas wirklich Aufregendes passiert – der Zug rollt auf die Fähre, die in knapp 2 Std. die Straße von Messina überquert. Je nach Fahrtziel folgt man anschließend der Nordküste Siziliens nach Palermo (3 Std.) oder biegt nach Catania (1½ Std.) und Siracusa (2½ Std.) ab. In jedem Fall sind die Aussichten aufs Meer und das sizilianische Hinterland fantastisch.

Ein teurerer Spaß zwischen Norditalien und Sizilien ist der Nachtzug. Abfahrt von Rom (2x tgl.; um 21.30 Uhr, mit Halt in Neapel und Salerno, und um 23 Uhr) oder von Mailand (1x tgl.; um 20.10 Uhr mit Halt in Genua, La Spezia und Pisa). Die Züge aus Rom erreichen am frühen Morgen die Fähre; der Nachtzug aus Mailand kommt am Vormittag an.

Oslo
Stockh
NORWEGEN
SCHWEDEN
Nykö
Grimstad
Inverness
Aberdeen
SCHOTTLAND
Skagen
Frederikshavn
Göteborg
Varberg
Aalborg
Halmstadt
Edinburgh
Aarhus
DÄNEMARK
Kopenhagen
Lund
Malmö
NORD-IRLAND
Belfast
Bramming
Ribe
Middelfart
Odense
Sylt
Tønder
Niebüll
Flensburg
Dublin
IRLAND
ENGLAND
Hamburg
Bremen
NIEDERLANDE
WALES
Amsterdam
Haarlem
Amersfoort
Leiden
Berlin
Den Haag
Deventer
Osnabrück
Cardiff
London
Rotterdam
Münster
Knokke-Heist
Ostende
Dortmund
Antwerpen
Leipzig
De Panne
Gent
Brüssel
Köln
DEUTSCHLAND
Lille
Liège
Aachen
BELGIEN
Frankfurt am Main
Prag
LUXEMBURG
Luxemburg
TSCHECHIEN
Paris
Straßburg
Orléans
FRANKREICH
ÖSTERREICH
Bern
SCHWEIZ
Ljubljana
SLOWENIEN
Limoges
Solignac
Uzerche
Brive-la-Gaillarde
ITALIEN
Valence
Cahors
Montauban
Nîmes
Toulouse
Montpellier
Monaco
Narbonne
Foix
Béziers
Ax-les-Thermes
Marseille
Villefranche-de-Conflent
Perpignan
Latour-de-Carol
Collioure
Ribes de Freser
SPANIEN
Ripoll
Figueres
Girona
Rom
Barcelona

NORD/SÜD

STOCKHOLM–KOPENHAGEN–HAMBURG–PARIS–BARCELONA

Diese Nord-Süd-Achse mit Paris im Zentrum bietet eine Fülle von Möglichkeiten. Superschnelle und gemächlichere Züge verbinden viele berühmte Städte Westeuropas und eröffnen vielfältige Landschaften und Klimazonen, von der Wildnis des hohen Nordens bis zum sonnenverwöhnten Mittelmeerraum. Ganz Eilige können die Route in einer Woche absolvieren, doch besser ist es, sie genüsslich auf mehrere Wochen auszudehnen.

ÜBERBLICK

Schwedens elegante und lebensprühende Hauptstadt Stockholm liegt weit entfernt vom Trubel der Pariser Gare du Nord, doch die Reise von Schweden nach Frankreich wird durch eine Reihe schneller Verbindungen quer durch Dänemark, Deutschland und Belgien zum Kinderspiel.

Barcelona, am anderen Ende der Route, ist geografisch näher dran an der französischen Hauptstadt – und eine TGV-Direktverbindung befördert Fahrgäste superschnell von Paris südwärts ans Mittelmeer und dann weiter in die Hauptstadt von Katalonien.

Man sollte aber nicht der Versuchung nachgeben, wie der Blitz durch Europa zu rasen, nur weil man es kann. Eine solche Reise will ausgekostet werden. Die Verbindungen auf dieser Route bieten Reisenden mit genug Zeit die Chance, berühmte Städte, riesige Wälder, große Flüsse und gewaltige Gebirge in Ruhe zu erkunden. Die drei Städte Kopenhagen, Hamburg und Bremen verkörpern nordeuropäische Lebensart von ihrer schönsten Seite. Auf dem Weg durch die Niederlande und Belgien locken zahlreiche Abstecher zu weltberühmten Städten wie Amsterdam und Brügge oder skurrileren und weniger bekannten Zielen.

Von Paris aus führen dann mehrere Strecken nach Südfrankreich und ans Mittelmeer, teils mit Hochgeschwindigkeit, teils gemächlicher. An manchen davon liegen die Attraktionen so dicht gedrängt, dass man eigentlich an jedem Bahnhof aussteigen müsste. Eine lohnende Alternative ist die Route über Toulouse und Ziele weiter südlich Richtung Pyrenäen. Sie bietet tiefe Einblicke in die europäische Eisenbahngeschichte, denn hier rattern Züge unterschiedlicher Spurweiten über historische Gleisstrecken durch uralte Dörfer und urzeitliche Gebirge.

Die schwedische Hauptstadt Stockholm beeindruckt Besucher mit ihrer gut erhaltenen Altstadt

An den Endpunkten der Route muss die Reise noch nicht zu Ende sein: Im Norden führen Gleisstrecken in Schweden und Norwegen weit über den Polarkreis hinaus. Im Süden fahren Züge bis zur Straße von Gibraltar, auf deren anderer Seite Nordafrika wartet.

Gute Anschlüsse an die Route bieten z. B. Berlin, Amsterdam (der nördliche Endbahnhof der Thalys-Strecke nach Paris) und London (nur eine Eurostar-Fahrt entfernt von Lille, Brüssel und Paris).

ETAPPE 1: Stockholm–Hamburg

AUF DIREKTEM WEG

Der SJ Snabbtåg (Schnellzug der schwedischen Eisenbahn) braust auf dem Weg von der Hauptstadt zum kosmopolitischen Malmö (4 ½ Std.) durch dichte Waldlandschaft gleich außerhalb Stockholms, bevor er das ländliche Skåne (Schonen) erreicht.

Interessantes Detail auf diesem Streckenabschnitt: In Dänemark fahren die Züge bei Doppelgleisen auf der rechten Seite, nicht links wie in Schweden. Der Spurwechsel erfolgt vor der Öresund-Querung auf einer Überführung in Burlöv, nördlich von Malmö.

Die Öresund-Querung aus Brücke und Tunnel bildet eine markante Landesgrenze. Wer in Malmö haltmacht, um sich umzusehen, ist mit grenzüberquerenden Linienzügen in einer halben Stunde in der dänischen Hauptstadt. Die schmucken Giebelhäuser der Malmöer Altstadt kontrastieren mit dem modern sanierten Hafenviertel und dem höchsten Gebäude des Landes (nicht für Besucher geöffnet), dem Turning Torso, der übers Wasser nach Dänemark blickt.

ETAPPEN

STOCKHOLM	Direkt 5 Std. Umweg über Göteborg 6 ¼ Std.	**KOPENHAGEN**
KOPENHAGEN	Direkt 4 ½ Std. Umweg über Ribe & Niebüll 6 ¾ Std.	**HAMBURG**
HAMBURG	Direkt 7 ¼ Std. Umweg über Amsterdam 9 Std.	**PARIS**
PARIS	Direkt 6 ¼ Std. Umweg über Toulouse 12 Std.	**BARCELONA**

Die Brücke

Die wohl eindrucksvollste Ingenieursleistung auf dieser Route ist die Öresundbrücke, Europas längste Schrägseilbrücke für den Straßen- und Eisenbahnverkehr. Sie ist von Lernacken (auf der schwedischen Seite) bis zur künstlichen dänischen Insel Peberholm 7,8 km lang. Von der Insel erfolgt die restliche Querung durch einen fast 4 km langen Tunnel. Die Brücke hat nicht nur die wirtschaftliche Entwicklung beiderseits des Sunds, sondern auch die Entstehung einer neuen regionalen Identität beflügelt und ist seit ihrer Fertigstellung im Juli 2000 ein Symbol europäischer Zusammenarbeit. Weltweit bekannt wurde sie als Schauplatz der Nordic-Noir-Fernsehserie *Die Brücke – Transit in den Tod.*

› **HINKOMMEN:** Den besten Blick auf die Brücke bieten Strände und Freibad von Ribersborg, einen halbstündigen Bummel oder eine kurze Busfahrt vom Hauptbahnhof Malmö entfernt.

Von oben: Die Fahrradstadt Kopenhagen will auf zwei Rädern erkundet werden; unterwegs laden Restaurants und Feinschmecker-Märkte zum Smørrebrød*-Schmaus ein*

SHUTTERSTOCK; RAFFAELE NICOLUSSI | GETTY IMAGES

Der Architekt Heinrich Wenck entwarf den Kopenhagener Hauptbahnhof, dessen Bahnhofshalle zu den schönsten in Europa gehört. Mit ihrer Kombination aus Stil und Funktionalität gibt sie einen Vorgeschmack auf den Kopenhagen-Besuch. Die dänische Hauptstadt hat sich im letzten Jahrzehnt mit ihrem innovativen urbanen Lebensstil, einer Gourmetszene von Weltrang und ihrem unwiderstehlich schönen Design als europäisches Topziel etabliert. Wie Neuankömmlinge rasch merken, lässt sich die Stadt am besten per Fahrrad erkunden. Zweiräder sind überall – nach Amsterdam ist Kopenhagen die fahrradfreundlichste Stadt überhaupt.

Internationale Zugverbindungen nach Hamburg verkehren ab Kopenhagen über Dänemarks zweitgrößte Stadt Odense auf der Insel Fünen (1 ¼ Std. ab Kopenhagen) und dann durch Jütland, bevor sie die Grenze nach Deutschland queren.

Tagsüber eröffnet sich vor dem Zugfenster ein weiter Blick auf das norddeutsche Tiefland, auf flaggengeschmückte Dörfer und ausgedehnte Windparks vor der Küste, bis man die Industrie- und Hafengebiete von Hamburg (3 ¼ Std. ab Odense) erreicht.

Die Strecke bietet sich auch für eine Nachtzugfahrt an. Bis auf ein reizvolles Angebot in Frankreich sind Schlafwagenzüge auf dieser Route zwar Mangelware, es gibt aber einen EuroNight-Zug von Stockholm (bislang nur April–September und Jahresende), der gegen 5.30 Uhr in Hamburg ankommt und dann nach Berlin weiterfährt. Umgekehrt fährt man auf dem Weg nach Norden spätnachts in Hamburg ab und erreicht Stockholm um 14.15 Uhr. Weder die Nacht- noch die Tagzüge verkehren auf der klassischen „Vogelfluglinie", auf der die Züge früher mit der Fähre Rødby–Puttgarden übersetzten. Ein ähnliches Erlebnis bietet heute noch die Verbindung von Villa San Giovanni auf dem italienischen Festland nach Messina auf Sizilien.

Stockholm › 4 ½ Std. - Malmö › ½ Std. - Kopenhagen › 1 ¼ Std. - Odense › 3 ¼ Std. - Hamburg

UMWEG ÜBER GÖTEBORG

Wer mehr vom schönen Skandinavien sehen will, nimmt statt der Schnellstrecke von Stockholm nach Malmö die Route quer durchs Land und die schwedische Westküste hinunter.

Göteborg (3 Std. ab Stockholm), die zweitgrößte Stadt des Landes, strotzt von Sehenswürdigkeiten und bezaubert zugleich mit ihrer relaxten Atmosphäre. Vom Hauptbahnhof im Norden führt die Einkaufsstraße Östra Hamngatan südostwärts über einen Kanal aus dem 17. Jh. und durch den grünen Kungsparken (Königspark) bis zur Avenyn mit ihren Boutiquen und schicken Bars.

Am Hafen wartet alles, was mit Meer zu tun hat, von Schiffen, Aquarien und Meeresmuseen bis zum fangfrischen Fisch. Weiter westlich locken die Viertel Vasastan, Haga und Linné mit uriger Kreativität und einem

Von links: Flusspanorama in Göteborg; Badehaus in Varberg; Lund, die zweitälteste Stadt Schwedens

Gespür für wohlerhaltene Historie. Mit dem Liseberg hat Göteborg außerdem einen der schönsten Vergnügungsparks Europas.

Die Züge von Göteborg nach Malmö halten in Varberg (¾ Std. ab Göteborg), einem Strandbad des 19. Jh., und in der historischen Universitätsstadt Lund (1 ¾ Std. ab Varberg). Von Lund ist es nach Malmö nur noch eine Viertelstunde. Von dort fahren grenzüberquerende Züge regelmäßig in die dänische Hauptstadt (½ Std. ab Malmö).

Von Kopenhagen geht es wie beschrieben direkt nach Hamburg (4 ½ Std.) oder auf einer langsameren Strecke (siehe S. 140) durch Dänemark und Nordwestdeutschland.

Stockholm > 3 Std. - Göteborg > ¾ Std. - Varberg > 1 ¾ Std. - Lund > ¼ Std. - Malmö > ½ Std. - Kopenhagen > 4 ½ Std. - Hamburg

3 SPEKTAKULÄRE BAHNLINIEN DURCH SKANDINAVIEN

Die Trasse der Nordlandsbane quert den Polarkreis und passiert unterwegs Wälder, Flüsse und Berge

Die Hauptroute auf dieser Achse beginnt in Stockholm, doch Bahnverbindungen ins übrige Schweden und ins benachbarte Norwegen laden auch zu längeren Skandinavienreisen ein. Bei rechtzeitiger Vorausbuchung sind weite Reisen auf spektakulären Strecken zu erstaunlich niedrigen Fahrpreisen möglich. Reisende mit etwas Zeit können auf diesen Trassen die nördlichsten Ausläufer des europäischen Eisenbahnnetzes und einige der ursprünglichsten und wildesten Naturlandschaften des Kontinents entdecken.

❶ BERGENSBANEN

Eine der schönsten Bahnreisen Europas: Die kultige Bergenbahn braust durch die südnorwegische Gebirgs- und Seenlandschaft von Oslo nach Bergen und erreicht am häufig verschneiten Bahnhof Finse stolze 1222 m Höhe. Die Strecke lässt sich zur „Norway in a Nutshell"-Tour erweitern, einer ganzen Tagestour voller postkartentauglicher Norwegen-Erlebnisse. Die Route zweigt bei Voss von der Hauptstrecke Bergen–Oslo ab. Von dort geht es zuerst per weiter Bus, dann mit einem elektrisch angetriebenen Schiff durch den Nærøyfjord und Aurlandsfjord nach Flåm. Die Flåmsbana, die bergauf bis nach Myrdal tuckert, bietet dann wieder Anschluss an die Hauptstrecke der Bergenbahn. Die Tour ist in beide Richtungen möglich.

Praktische Infos

Die Direktfahrt Bergen–Oslo dauert 7 Std. Inklusive „Norway in a Nutshell"-Tour braucht man 12 ½ Std., mit einer Übernachtung in Flåm entsprechend mehr.

2 NORRLANDSTÅGET

Der legendäre Schlafwagenzug fährt von Stockholm bis in Norwegens hohen Norden. Endstation ist Narvik, der nördlichste Bahnhof Europas, 220 km oberhalb des Polarkreises. Besonders spektakulär ist der Abschnitt von Kiruna bis Narvik, nach seinem historischen Zweck Erzbahn genannt. Er führt durch die Gebirgswildnis des Nationalparks Abisko, wo auch der 440 km lange Fernwanderweg Kungsleden beginnt.

Praktische Infos

Der Zug startet von Stockholms Centralstation zu seiner 18-stündigen Nachtreise. Die Strecke wird auch tagsüber befahren; dann steigt man in Umeå und Boden um, um nach Narvik zu gelangen.

3 NORDLANDSBANEN

Gibt es etwas, das mit der Route Bergen–Oslo mithalten kann? Durchaus. Die Nordlandbahn passiert auf ihrer 729 km langen Strecke von Trondheim nach Bodø Wälder, Flüsse, Berge und den Polarkreis.

Das Südende der Strecke bildet Trondheim, die historische Hauptstadt Norwegens, mit ihrem von bunten Fassaden gesäumten Hafen und der nördlichsten Kathedrale Europas. Bodø, am anderen Ende, ist der nördlichste Punkt des norwegischen Eisenbahnnetzes, der nördlichste Punkt der schönen Küstenstraße Kystriksveien, das Tor zum norwegischen Teil der Arktis und ein wichtiger Zugang zu den Outdoor-Abenteuern und fantastischen Landschaften der Lofoten.

Die Reise ist schon ohne Zwischenstopps spektakulär. Es lohnt aber, ein paar Tage zur Erkundung der Orte entlang der Strecke einzuplanen. In Verdal hat die Bahnstrecke Anschluss an den „Goldenen Umweg", der Künstlerateliers, Nahrungsmittelkooperativen und historische Denkmäler verbindet, alles inmitten herrlicher Landschaft. Weiter nördlich ist Mosjøen ideal für eine Übernachtung und einen Bummel durch die Sjøgata mit ihren 100 historischen Holzhäusern vor der Kulisse steiler Bergwände am anderen Ufer des Vefsnfjords. Ein weiterer Zwischenhalt vor Ankunft in Bodø ist Mo i Rana mit Höhlen und Gletschern in der näheren Umgebung.

Praktische Infos

Trondheim liegt 8 ½ Zugstunden von Oslo entfernt. Wer will, kann von Bodø per Bus nach Narvik (3 ½ Std.) fahren, um von dort die spektakuläre Rückreise gen Süden nach Stockholm anzutreten.

UMWEG ÜBER RIBE & NIEBÜLL

Statt auf dem schnellsten Weg durch Dänemark zu sausen, macht man auf dieser Route einen gemächlichen Schlenker durch den Süden des Landes. Nach der Fahrt von Stockholm bis Kopenhagen geht es mit dem Zug über die 18 km lange Großer-Belt-Querung (Brücke und Eisenbahntunnel) zur Insel Fünen. Der Hauptort der Insel ist Odense (1 ¾ Std. ab Kopenhagen), die Geburtsstadt von Hans Christian Andersen. Das neue Andersen-Museum rund um seine Märchenwelt gehört zu den modernsten Attraktionen Dänemarks.

Eisenbahnfans bevorzugen vielleicht die Lokomotiven und interaktiven Exponate im Jernbanemuseum, dem Nationalen Eisenbahnmuseum von Dänemark.

Mit oder ohne Zwischenstopp in Odense steht auf dieser Etappe ein Umstieg in Middelfart (¼ Std. ab Odense) an der Westküste von Fünen an. Von hier führt eine Ost-West-Nebenstrecke durch Gewerbegebiete und ländliche Idylle zur Hafenstadt Esbjerg. In Bramming (1 Std. ab Middelfart) kann man nach Ribe umsteigen. Ribe (¼ Std. ab Bramming) ist eines der nettesten Zwischenziele in Dänemark. Hier drängen sich so viele Fachwerkhäuser, dass die ganze Altstadt unter Denkmalschutz steht.

Eine wenig befahrene Provinzstrecke zwischen Dänemark und Deutschland führt von Ribe zum hübschen Grenzstädtchen Tønder (¾ Std.), das Anschluss nach Niebüll in Deutschland (¼ Std) bietet. Niebüll liegt praktisch auf dem Weg der InterCity-Strecke von Westerland auf Sylt nach Hamburg – und lädt damit zu einem Abstecher nach Westen ans Meer ein.

Westerland, nur ½ Std. westlich von Niebüll, bietet direkten Zugang zu den ungemein beliebten Stränden von Sylt. In den letzten Jahren verkehrt auf dieser Strecke außer den stündlichen Zügen zwischen Westerland und Hamburg auch der Alpen-Sylt-Nachtexpress, ein Schlafwagenzug, der Sylt mit Nürnberg, München, Frankfurt und Salzburg verbindet – weitere Ziele sind in Planung.

Gegenüber von oben: Strand auf Sylt; Tønder an der deutsch-dänischen Grenze. Oben: Altstadt von Ribe, Jütland

Wer auf den Sand zwischen den Zehen verzichten kann, fährt direkt weiter nach Hamburg (2 ½ Std. ab Niebüll). Die Regionalzüge auf dieser Strecke enden normalerweise am Bahnhof Hamburg-Altona im Nordwesten der Stadt, während die InterCity-Züge den Hauptbahnhof im Zentrum anfahren.

Kopenhagen > 1 ¾ Std. - Odense > ¼ Std. - Middelfart > 1 Std. - Bramming > ¼ Std. - Ribe > ¾ Std. - Tønder > ¼ Std. - Niebüll > 2 ½ Std. - Hamburg

HIGHLIGHTS IM NÖRDLICHEN JÜTLAND

Auf einem Abstecher ins nördliche Jütland kann man einige urbane, landschaftliche und kulturelle Highlights von Dänemark erleben. Aarhus, die zweitgrößte Stadt Dänemarks (3 ¼ Std. ab Kopenhagen), ist eine tolle Alternative zur Hauptstadt – mit spektakulärer moderner Kunst und Architektur im überschaubareren Maßstab, weniger Touristen und einer ambitionierten Gastroszene, die der Hauptstadt ernsthafte Konkurrenz macht. Das Moesgaard-Museum 10 km südlich der Stadt (½ Std. mit Stadtbus 18) hütet den 2000 Jahre alten Grauballe-Mann, der durch seine jahrtausendelange Konservierung im Moorboden erstaunlich gut erhalten ist.

Noch eine aufstrebende Stadt in Jütland ist Aalborg (2 ¼ Std. nördlich von Aarhus), das sich nach dem Niedergang seiner Industrie als Zentrum für Kunst und Design neu erfunden hat. Sehenswert ist das Utzon Center, das letzte Projekt des Architekten des Opernhauses von Sydney. Eine Hafenpromenade säumt den Limfjord, und im Sommer ist das Havnebad ein wunderbarer Ort für Badenixen und Sonnenanbeter. Lindholm Høje ist ein stimmungsvolles Wikinger-Gräberfeld auf einer nahen Anhöhe jenseits des Limfjords.

Noch weiter nördlich endet Jütland (und Dänemark) in einer sandigen Landspitze bei Skagen (2 Std. ab Aalborg). Das elegante Strandbad und Fischerdorf hat eine lange Geschichte als Künstler- und Urlaubsort – schicke Galerien und familienfreundliche Sandstrände lohnen die weite Anreise.

Eine alternative Anreiseroute ist die Fähre von Göteborg nach Frederikshavn (3 ½ Std.), einer Hafenstadt an der Bahnstrecke Aalborg–Skagen, nur eine Zugstunde von Aalborg entfernt.

› **HINKOMMEN:** Auf der Hauptstrecke von Middelfart nordwärts bis Aarhus und dort nach Aalborg umsteigen. Eine Anschlussverbindung führt von Aalborg weiter nach Frederikshavn und Skagen.

Den Tilsandede Kirke – „die versandete Kirche“ – bei Skagen an der Nordspitze von Jütland

HAMBURG

Hamburgs riesiger Hauptbahnhof ist hell, wuselig und zentral. Gleise aus der ganzen Stadt, Deutschland und Mitteleuropa kreuzen sich hier und machen Hamburg zu einem Hauptknotenpunkt für Fernreisende.

Ein Zentrum europäischer Kulinarik und Kultur, eine grüne und weltoffene Hafenstadt: Hamburg ist der ideale Ort, um die Reise für ein paar Stunden oder Tage zu unterbrechen. Der Beiname „Tor zur Welt" mag hoch gegriffen sein, aber der zweitgrößten Stadt Deutschlands mangelte es nie an Selbstbewusstsein. Hamburg ist seit dem Mittelalter ein Zentrum des Welthandels und bis heute eine der reichsten Städte der Welt. Die Stadt ist immer noch vom maritimen, kosmopolitischen Geist durchdrungen, vom unaufhörlichen Möwengeschrei bis zu ihren dynamischen Stadtvierteln mit multikultureller Gastronomie, dem Meer zugewandter Architektur und regem Nachtleben nicht nur auf der Reeperbahn. Zu den Topattraktionen zählen die Elbphilharmonie am Wasser, seit ihrer Eröffnung 2018 liebevoll „Elphi" genannt, das bahnbrechende Chilehaus in der Altstadt und die historische Speicherstadt mit ihren siebenstöckigen Lagerhäusern. Wer die Stadt vom Wasser aus bewundern will, kommt mit den Fähren 62 und 64 billiger weg als mit den regulären Hafenrundfahrten. An Land beeindruckt Hamburg mit seinem legendären Nachtleben, wobei man die berühmt-berüchtigte Reeperbahn besser links liegen lässt, um urige Restaurants und Kneipen am Fleetufer in Gegenden wie St. Georg und entlang der „Elbmeile" von Altona bis Övelgönne zu entdecken.

Gegenüber von oben links im Uhrzeigersinn: Snack im Hamburger Hafen; moderne Architektur am Hafen; Marktflair; Fleet in der Hamburger Altstadt

Übernachten Es gibt viele Unterkünfte für jeden Geldbeutel rund um den Hauptbahnhof. Das Zentrum ist mit Kettenhotels jeder Preisklasse bestens versorgt, aber auch sehr trubelig. Wer statt bekannter Markennamen etwas mehr Lokalkolorit sucht, ist in der Gegend um Altona gut aufgehoben. Eine Reservierung ist ratsam, da Hamburg das ganze Jahr über gut besucht ist.

Umsteigen In der Regel muss man zum Umsteigen am Hamburger Hauptbahnhof nur von einem Bahnsteig zum anderen wechseln. Allerdings fahren viele ICE-Züge den nahen Bahnhof Altona an – wer versehentlich dort strandet, kann per S-Bahn zum Hauptbahnhof fahren.

Stärkung Es gibt Dutzende von Imbissen und Lokalen in der Wandelhalle des Hauptbahnhofs und den Straßen der Umgebung. Einen 5-minütigen Bummel entfernt wartet in der Lange Reihe im Stadtteil St. Georg noch mehr Auswahl.

Sicherheit Im Bereich des Bahnhofs sind für Besucher keine Probleme zu erwarten.

Betriebsame Bahnhöfe

Die Route führt über die beiden meistfrequentierten Bahnhöfe Europas: die Pariser Gare du Nord und den Hamburger Hauptbahnhof. Nach letzter Zählung hatten beide zusammen fast 500 Mio. Passagiere im Jahr. Die Gare du Nord ist mit ihren 32 Bahnsteigen größer. Der Hamburger Hauptbahnhof ist das Zentrum eines Gleisnetzes, das durch ganz Deutschland und darüber hinaus reicht. Anders als die Gare du Nord ist der Hauptbahnhof kein Kopfbahnhof. Fernzüge fahren meist durch bis Hamburg-Altona, weiter westlich.

ETAPPE 2: Hamburg–Paris

AUF DIREKTEM WEG

Schnelle ICE- und langsamere IC-Züge verkehren in dichtem Takt zwischen Hamburg und Köln (4 Std.), wo Anschluss an die direkteste Strecke nach Paris über Brüssel und Lille besteht.

Die Strecke Hamburg–Köln, einer der meistbefahrenen Schienenkorridore Deutschlands, wird auch von FlixTrain bedient, einem Konkurrenzunternehmen zur Deutschen Bahn mit günstigen Verbindungen auf mehreren wichtigen Intercity-Strecken. Mit nur einem Umstieg in Köln in den Thalys-Hochgeschwindigkeitszug kann man zur Pariser Gare du Nord flitzen (3 ½ Std. ab Köln).

Die Züge Hamburg–Köln fahren über Bremen (1 Std. ab Hamburg). Deutschlands zehntgrößte Stadt ist nicht nur das Tor zu den Ostfriesischen Inseln, sondern auch selbst ein attraktives Besucherziel – die Schlachte, ihre von Cafés und Kneipen gesäumte Uferpromenade an der Weser, lädt im Sommer zum entspannten Feiern im Freien ein, und in den Lädchen und Lokalen in den Gassen des historischen Fischerviertels Schnoor zu stöbern, macht zu jeder Jahreszeit Laune.

Das interessanteste Zwischenziel auf der Weiterfahrt Richtung Ruhrgebiet ist wohl Münster (1 ¼ Std. ab Bremen) mit seiner rekonstruierten Altstadt und dem schönen Aasee-Park. Außerdem lockt hier eine Radtour zu den Schlössern und Burgen des Münsterlands.

Bremens Uferpromenade, die Schlachte, mit der Martinikirche und den Doppeltürmen des St.-Petri-Doms im Hintergrund

Dortmund (½ Std. ab Münster) ist ein Pilgerziel für Fußballfans, denn hier ist nicht nur der Kultclub Borussia Dortmund, sondern auch das Deutsche Fußballmuseum zu Hause.

Ab Düsseldorf (1 Std. ab Dortmund) gibt es Blicke auf den Rhein zu erhaschen. Der breite Strom dient als verkehrsreiche Wasserstraße und bei Sonnenwetter als romantische Kulisse für den Biergenuss.

Nächste Station ist Köln (¼ Std. ab Düsseldorf) mit seinen Brauhäusern und seiner Rheinuferpromenade. Der majestätische Dom der Stadt steht nur wenige Schritte vom Hauptbahnhof entfernt. Außerdem warten hier romanische Kirchen und Hinterlassenschaften der Römer.

Von Köln fahren Hochgeschwindigkeitszüge über Aachen und Lüttich in 2 Std. nach Brüssel. Die belgische Hauptstadt bleibt unterbewertet, selbst im Reigen der anderen Attraktionen ihres Landes, aber Reisende, die ein paar Tage verweilen, werden reich belohnt. In der Mitte der jahrhundertealten Grand-Place zu stehen, ist eine denkwürdige Europa-Erfahrung – vielleicht getrübt vom unausweichlichen Kater, wenn man sich am Vorabend durch das schier endlose Angebot belgischer Biersorten in den Cafés und Kneipen der Stadt getrunken hat.

Von links: Der Kölner Dom mit der Hohenzollernbrücke im Vordergrund; das historische Stadtzentrum von Brüssel

Eine Handvoll Museen für Kunst, Musik und Geschichte – darunter das MIM (Musikinstrumentenmuseum), eine klangvolle Hymne auf die Musik und die Musikinstrumente – liegt in Fußnähe zur Kathedrale der Stadt, die für ihre grandiosen Glasmalereien bekannt ist. Die erste Lokomotive des Landes, Le Belge, wartet in der Train World in den Gebäuden des Bahnhofs Schaerbeek, nicht weit vom Bahnhof Brüssel-Nord.

Beim Bummel durch diese fußgängerfreundliche Stadt fallen die vielen Wandgemälde im Comic-Stil auf, die an Kultfiguren der Brüsseler Geschichte erinnern, darunter Josephine Baker, die hier in den 1920er-Jahren auftrat. Die Helden der Tim-und-Struppi-Geschichten des belgischen Comiczeichners Hergé sind in der Rue de l'Étuve zu bewundern.

Die schnellste Verbindung von Brüssel nach Paris ist der Thalys (1 ¼ Std.). Die Direktzüge rasen durch Flandern, erlauben flüchtige Blicke auf die Dörfer und Felder der Picardie, umfahren Lille, passieren den Flughafen Charles de Gaulle und das Stade de France in Saint-Denis, bevor sie in die gewaltige Pariser Gare du Nord einfahren.

Hamburg > 1 Std. - Bremen > 1 ¼ Std. - Münster > ½ Std.- Dortmund > 1 Std. - Düsseldorf > ¼ Std. - Köln > 2 Std. - Brüssel > 1 ¼ Std. - Paris

UMWEG ÜBER AMSTERDAM

Die langsamere Route führt nach Westen, durch die Niederlande und Belgien. Die Agrarlandschaft zwischen den Städten ist hübsch, aber nicht spektakulär. Dafür warten viele lohnende Zwischenstopps: berühmte Groß- und Kleinstädte, aber auch weniger besuchte Geheimtipps. Der dicht getaktete Zugverkehr in den Niederlanden und Belgien erleichtert spontane Reiseentscheidungen, zumal die Entfernungen und Reisezeiten kurz sind.

Von Hamburg geht es auf der direkten Route über Bremen bis Osnabrück (2 Std. ab Hamburg). Hier steigt man aus, um die kompakte Altstadt zu erkunden, die ungewöhnliche Marienkirche und die Kunst und Architektur des Felix-Nussbaum-Hauses, das sich dem in Osnabrück geborenen jüdischen Maler gleichen Namens widmet. Osnabrück hat ausgezeichnete Verbindungen in die Niederlande; u. a. halten hier alle zwei Stunden die IC-Züge Berlin–Amsterdam. Jenseits der Grenze warten an der Strecke historische Orte wie die Hansestadt Deventer (1 ¾ Std. ab Osnabrück) und Amersfoort (¾ Std. ab Deventer), die Geburtsstadt des Malers Mondrian, mit Kopfsteinpflastergassen, Grachten und jahrhundertealten Patrizierhäusern.

Topziel ist natürlich Amsterdam (½ Std. ab Amersfoort), eine Legende der Interrail-Historie. Seit Generationen ist die Stadt ein Magnet für feierfreudige junge Reisende und Fans von Kunst und Architektur. Die Ankunft bleibt ein märchenhaftes Erlebnis – aus der Centraal Station geradewegs in das Gewirr

Wunderbares Wuppertal

Die faszinierende Stadt an den steilen Hängen des Tals der Wupper besitzt eine einzigartige Attraktion: die Wuppertaler Schwebebahn. Das 13,3 km lange Vermächtnis der Industriegeschichte geht auf das Jahr 1901 zurück und ist seither das allseits beliebte Wahrzeichen der Stadt. Schlagzeilen machte ein Vorfall von 1950: Die junge Elefantenkuh Tuffi, die ein Zirkus zu Werbezwecken mit der Schwebebahn fahren ließ, machte ihrem Namen alle Ehre (auf Italienisch bezeichnet *tuffi* die Sportart Turmspringen) und plumpste aus dem Wagen 13 m tief in die Wupper, blieb aber zum Glück unverletzt. Der berühmteste menschliche Wuppertaler war der Philosoph und Wirtschaftstheoretiker Friedrich Engels, dessen Leben das Engels-Haus der Stadt nachzeichnet. Nicht versäumen sollte man die renommierte Kunstsammlung des Von der Heydt-Museums und den Skulpturenpark Waldfrieden.

> **HINKOMMEN:** Wuppertal liegt ¼ Std. von Düsseldorf und ½ Std. von Köln entfernt.

Die belgische Kusttram

Die belgische Küste ist mit 103 km nicht eben lang, hat aber etwas ganz Besonderes zu bieten: Man kann (und sollte) sie in ganzer Länge auf einer durchgehenden Straßenbahnfahrt erleben. Die Kusttram (Küstenstraßenbahn) verkehrt zwischen De Panne an der Grenze zu Frankreich und Knokke an der niederländischen Grenze. Ungefähr nach der Hälfte der rund 2 ½-stündigen Fahrt erreicht man die Hafenstadt Ostende (1 Std. ab Knokke; 1 ¼ Std. ab De Panne).

Highlights sind das Belle-Époque-Strandbad De Haan, Festungen aus napoleonischer Zeit und windumtoste Küstenorte wie Blankenberge, die mit Meerblick, Fritten und Pralinen locken.

› **HINKOMMEN:** Ein Tagesticket für die Kusttram kostet 7,50 €. Die Bahn verkehrt je nach Tageszeit alle 10–30 Minuten. Von Knokke (1 ¾ Std. ab Brüssel-Süd/Gare du Midi) kann man die ganze Strecke nach Süden befahren, von Ostende (1 Std. 10 Min. ab Brüssel) die halbe Strecke bis De Panne. Von hier verkehren Busse nach Dunkerque (Dünkirchen, ½ Std.) mit Anschluss an TGV-Züge zur Pariser Gare du Nord (2 Std.).

Von oben: Herbstpanorama im niederländischen Deventer; die Windmühle De Adriaan in Haarlem

aus Menschen, Fahrrädern und Grachten einzutauchen, vermittelt einen schwer zu übertreffenden ersten Eindruck. Amsterdam ist das Zentrum des niederländischen Eisenbahnnetzes – mit schnellen und häufigen Verbindungen ohne Reservierungspflicht – und ein Endpunkt des Thalys-Hochgeschwindigkeitsnetzes. Außerdem verkehren von hier Eurostar-Direktzüge nach London (4 Std.) und ICE-Verbindungen der Deutschen Bahn nach Köln (2 ½ Std.) und Frankfurt (4 Std.).

Der nächste Abschnitt dieses Umwegs verbindet Amsterdam mit Rotterdam. Die direkte Fahrt dauert nur eine halbe Stunde, aber es locken Stopps im historischen Haarlem (¼ Std. ab Amsterdam), in der hübschen Universitätsstadt Leiden (½ Std. ab Haarlem) und der kulturbeflissenen königlichen Residenzstadt Den Haag (¼ Std. ab Leiden).

Das ultramoderne Rotterdam (¼ Std. ab Den Haag) hat ein ganz anderes Flair als viele der zuvor besuchten niederländischen Groß- und Kleinstädte. Es ist der verkehrsreichste Containerhafen Europas, die zweitgrößte Stadt der Niederlande und beherbergt ein stetig wachsendes Aufgebot moderner Architektur wie die berühmten Kubushäuser von Piet Blom, die Markthal und die Centraal Station. Die gut erwanderbaren Bezirke der Stadt werden durch Brücken verbunden, die Gewässer und Grünflächen überspannen.

Auf dem Weg nach Süden könnte man Belgien mit den Schnellzügen nach Brüssel (1 ¼ Std. ab Rotterdam) im Nu durchqueren, aber kein Eisenbahnfan wird sich die Chance entgehen lassen, Antwerpen und seine spektakuläre Centraal Station (½ Std. ab Rotterdam) mit ihrer türmchengeschmückten Fassade, Kuppeldecke, marmornen Eingangshalle und verschnörkelten Uhr zu besichtigen – es gibt kaum einen schöneren Bahnhof in Europa. Antwerpen war schon im Mittelalter eine der größten Städte Europas und ein Topreiseziel. Heute pflegt es seinen Status als Wirkungsstätte des legendären Barockkünstlers Peter Paul Rubens, dessen Haus (Rubenshuis) und Grab in der Jakobskirche zu besuchen sind. Diverse Kirchen und Museen der Stadt hüten seine berühmten

Von oben: Mittelalterliche Altstadt von Brügge, Belgien; Kubushäuser von Piet Blom in Rotterdam, Niederlande

Kunstwerke. Das moderne Gesicht der Stadt verkörpern die Designerboutiquen des Modeviertels, während Jugendstilfans an den schönen Fassaden des Zurenborg-Viertels südöstlich des Zentrums ihre Freude haben werden. Wenn man sich an Antwerpen sattgesehen hat, wartet nur eine Dreiviertelstunde entfernt Brüssel.

Die belgische Hauptstadt bietet alles Mögliche, von Architektur aus mehreren Jahrhunderten über Bier und Schokolade vom Feinsten bis zu schnellen Verbindungen Richtung Nordwesten, um die Reiseroute um einige Highlights des Landes zu ergänzen.

Die wichtigsten davon sind Gent (¾ Std. ab Brüssel) und Brügge (1 Std. ab Brüssel).

Brügge ist mit seinen schönen Grachten und Giebelhäusern der unangefochtene touristische Hotspot des Landes. Gent hat ähnliche Attraktionen und dazu eine Burg im Stadtzentrum, eins der großartigsten Kunstwerke der nordeuropäischen Renaissance (der Genter Altar aus dem 15. Jh. in der St.-Bavo-Kathedrale) und mehr großstädtisches Flair als die berühmtere Nachbarstadt. Von beiden fahren regelmäßig Züge zurück nach Brüssel.

Zwischen Brüssel und Paris bietet sich das kosmopolitische Lille (½ Std. ab Brüssel) als Zwischenstopp vor der französischen Hauptstadt an. Frankreichs viertgrößte Stadt ist ein Musterbild urbaner Erneuerung. Zu ihren Attraktionen gehören eine reizende Altstadt mit einem Mix aus französischen und flämischen Bauten, eine spannende Kunstszene und der bunte Stadtteil Wazemmes mit seinem fantastischen Markt. Wer das Umsteigen in Paris vermeiden will, kann von Lille einen TGV nach Lyon (3 Std.) bzw. Marseille (4 ¾ Std.) nehmen. Wer dagegen Zeit in Paris verbringen will, ist von Lille in nur 1 Std. da.

Hamburg > 2 Std. - Osnabrück > 1 ¾ Std. - Deventer > ¾ Std. - Amersfoort > ½ Std. - Amsterdam > ¼ Std. - Haarlem > ½ Std. - Leiden > ¼ Std. - Den Haag > ¼ Std. - Rotterdam > ½ Std. - Antwerpen > ¾ Std. - Brüssel > ½ Std. - Lille > 1 Std. - Paris

Le Train Bleu

Wenn es einen guten Grund gibt, die knappe Reisekasse zu sprengen, dann diesen. Die Belle Époque (die Epoche extravaganter Kunst und Architektur um die Wende vom 19. zum 20. Jh.) lebt im Le Train Bleu fort, einer Pariser Institution, die seit 1901 französische Klassiker in opulentem Ambiente auftischt. Ihre Räume im Obergeschoss der Gare de Lyon sind den französischen Regionen gewidmet und mit Kronleuchtern, Wand- und Deckenmalereien und verschnörkelter Ornamentik geschmückt. Jahreszeitliche Fisch- und Fleischspezialitäten dominieren die Karte. Ein Drei-Gänge-Menü gibt es für 110 €, ein schnelles zweigängiges „Menü für Reisende" für 49 € (man kann aber auch à la carte bestellen). Außerdem lockt die Big Ben Bar mit einer preiswerteren Barkarte und dem Train-Bleu-Cocktail: Wodka, Curaçao und Ananassaft. Ein besserer Reiseauftakt als das Train-Bleu-Frühstück für 32 € ist schwer vorstellbar. Am besten unter le-train-bleu.com reservieren, obwohl man meist auch so einen Platz ergattern kann.

> **HINKOMMEN:** Le Train Bleu ist in Halle 1, dem alten Teil der Gare de Lyon, leicht zu finden.

ETAPPE 3: Paris–Barcelona

AUF DIREKTEM WEG

Eine der wichtigsten Hochgeschwindigkeitsstrecken Europas ist die TGV-Trasse Paris Gare de Lyon–Barcelona-Sants, die Frankreich in Nord-Süd-Richtung durchquert. Wer kurz einnickt, verpasst den Übergang von den Pariser Vorstädten zur ländlichen Szenerie, bevor der Zug in Valence einfährt (2 ¼ Std. ab Paris). Valence rühmt sich, das nördliche Tor zur Provence und zum Midi (Südfrankreich) zu sein. Der Bahnhof Valence TGV Rhône-Alpes Sud ist über regelmäßige Shuttle-Verbindungen (¼ Std.) ans 10 km entfernte Stadtzentrum angebunden. Die Kathedrale St-Apollinaire aus dem 11. Jh. und das benachbarte Musée de Valence vermitteln einen Vorgeschmack auf die spektakulären Sehenswürdigkeiten, die auf dieser Reise warten.

Ab hier folgt die Strecke dem Tal der Rhône, mit Ausblicken auf das ferne Massif Central, bis sie Nîmes (½ Std. ab Valence) erreicht. Die unglaubliche Ansammlung römischer Bauten, darunter ein Amphitheater (Les Arènes) und ein 2000 Jahre alter Tempel, sowie das Musée de la Romanité mit rund 5000 römischen Fundstücken hinter der modernen Fassade machen Nîmes zu einem Topziel für Frankreichreisende.

Nächster Stopp ist Montpellier (½ Std. ab Nîmes), um auf einem Altstadtbummel die hochherrschaftlichen *hôtels particuliers* (Stadtpalais) zu bewundern. Von hier führt die Strecke an der Mittelmeerküste entlang.

Gegenüber von oben: Römertempel Maison Carrée, Nîmes; Justizpalast, Montpellier. Oben: Canal de la Robine, Narbonne

Besonders schön ist der Abschnitt von Narbonne (1 Std. ab Montpellier) nach Perpignan (½ Std. ab Narbonne), mit dem Meer auf der einen und den *étangs* (Salzlagunen) auf der anderen Seite. Augen auf, denn dies ist einer der wenigen Orte in Europa, wo man wilde Flamingos vom Zug aus beobachten kann.

Der Zug rast mit bis zu 320 km/h durch traumhafte französische Landschaften und überquert schließlich die Grenze zu Spanien und der Region Katalonien, wo hügeliges Vorland zu den schneegekrönten Pyrenäengipfeln überleitet. Zwischenstopps in Katalonien sind Figueres (½ Std. ab Perpignan), Geburtsort von Salvador Dalí, und Girona (¼ Std. ab Figueres) mit seinen mittelalterlichen Gassen und ausgezeichneten Museen, bevor der Bahnhof Barcelona-Sants (¾ Std. ab Girona) erreicht wird. Die Verlockungen der katalanischen Hauptstadt – Stadtstrände, Dachbars, einzigartige historische Architektur und unzählige sagenhafte Restaurants – liegen nur Minuten entfernt.

Hinweis: Bei Unterbrechungen dieser Strecke braucht man jeweils ein separates Ticket.

Paris › 2 ¼ Std. - Valence › ½ Std. - Nîmes › ½ Std. - Montpellier › 1 Std. - Narbonne › ½ Std. - Perpignan › ½ Std. - Figueres › ¼ Std. - Girona › ¾ Std. - Barcelona

UMWEG ÜBER TOULOUSE

Paris und Barcelona sind auch durch die traditionelle Gleisstrecke Paris–Limoges–Toulouse aus der Zeit vor dem TGV und beschaulichen Anschlussstrecken südwärts in die Pyrenäen verbunden. Diese Etappe kann man per Nachtzug in einem Rutsch absolvieren. Doch am besten dehnt man sie genüsslich auf mehrere Tage aus, mit Pausen in großen und kleineren Städten an der Strecke.

Ein Highlight ist dabei die Abfahrt von oder Ankunft an der Pariser Gare d'Austerlitz. Der Bahnhof wirkt etwas verschlafen im Vergleich zur Hektik anderer Bahnhöfe der Stadt – sehr passend, da Austerlitz auch Endbahnhof für einen der wenigen verbliebenen *trains de nuit* (Schlafwagenzüge) des Landes ist. Der Nachtzug auf dieser Strecke gleitet um 22.12 Uhr aus der Gare d'Austerlitz und ist um 9.12 Uhr in Latour-de-Carol. Unterwegs verpasst man aber jede Menge herrliche Landschaft. Wer nicht völlig übermüdet ist, nimmt daher besser Tagreisezüge und übernachtet in einigen der hier beschriebenen Orte.

Die erste Möglichkeit ist Limoges (3 Std. ab Paris), das ein eindrucksvolles *bienvenue* in Gestalt seiner spektakulären Gare des Bénédictins bietet. Das stimmungvolle Art-déco-Schmuckstück prunkt mit einem 67 m hohen Uhrturm und einer Kuppel über den Gleisen. Die Stadt ist berühmt für ihr Porzellan und ihre wohlerhaltene Altstadt aus dem Mittelalter. Eisenbahnfans interessiert vor allem die Dampfeisenbahn, die an manchen Sommertagen in die umgebende Landschaft des Périgord hinaustuckert.

Südlich von Limoges laden kleine Orte zu kurzen Reiseunterbrechungen ein: Solignac (¼ Std. ab Limoges), ein aus der Zeit gefallenes Fleckchen auf einer Pilgerroute des Mittelalters, teilt seinen bezaubernd altmodischen Bahnhof mit dem benachbarten Le Vigen. Als Nächstes kommt das hübsche Hügelstädtchen Uzerche (½ Std. ab Solignac-Le Vigen) und schließlich Brive-la-Gaillarde mit einem Stadtzentrum aus goldgelbem Sandstein (½ Std. ab Uzerche).

Durch das Hügelland und die Weinberge der Dordogne geht es weiter nach Cahors (1 ¼ Std. ab Brive-la-Gaillarde), das sich in eine Biegung des Flusses Lot schmiegt. Das Städtchen besticht mit Fachwerkhäusern aus dem Mittelalter und seinen berühmten

Gegenüber: Das bezaubernde Uzerche. Oben im Uhrzeigersinn: Pont Valentré, Cahors; Canal du Midi; Vall de Núria, Katalonien

Weinen. Das befestigte Montauban (¾ Std. ab Cahors) ist der nächste mögliche Halt vor Toulouse (½ Std. ab Montauban), der viertgrößten Stadt Frankreichs und dem Tor zum Canal du Midi, der von Toulouse bis zum Mittelmeer führt. Hier kann man in Züge Richtung Süden nach Latour-de-Carol umsteigen.

Weitere Highlights warten südlich von Toulouse, wo die Szenerie allmählich von den Hügeln der Haute Garonne in die Pyrenäenlandschaft der Ariège übergeht. Das stattliche Château de Foix in der Vallée de l'Ariège wacht über die gleichnamige Stadt (1 ¼ Std. ab Toulouse). Ein Stück weiter liegen die Thermalquellen von Ax-les-Thermes (¼ Std. ab Foix).

Nächste Station ist Latour-de-Carol (¾ Std. ab Ax-les-Thermes), wo drei wichtige Strecken aufeinandertreffen. Außer der SNCF-Linie von Toulouse verkehrt hier die Schmalspurbahn Le Petit Train Jaune (der Kleine Gelbe Zug) nach Villefranche-de-Conflent (3 Std. ab Latour-de-Carol) mit Anschluss nach Perpignan. Der höchste Punkt dieser Strecke bei Bolquère-Eyne ist mit 1593 m der höchstgelegene Bahnhof Frankreichs. Die Strecke säumen Attraktionen wie Bergdörfer mit romanischen Kirchen, die Solarschmelzanlage von Mont-Louis und der Pont Gisclard, eine der seltenen Eisenbahn-Schrägseilbrücken.

Die dritte und überraschendste Verbindung ab Latour-de-Carol ist die Pendlerlinie R3, die durchs Zentrum von Barcelona (3 Std.) bis nach L'Hospitalet de Llobregat fährt. Die regelmäßigen Züge auf diesem Abschnitt machen es möglich, die katalanische Hauptstadt ganz entspannt mit mehreren Zwischenstopps anzufahren. Der Bergort Ribes de Freser (¾ Std. ab Latour-de-Carol) ist Startpunkt der Zahnradbahn zum schönen Vall de Núria mit seinem großen Angebot an Aktivitäten. Ripoll (¼ Std. ab Ribes de Freser) bietet ein 1200 Jahre altes Kloster und jede Menge Wanderwege. Von dort sind es noch 2 Std. bis Barcelona-Sants.

Das Château de Foix an der Ariège wurde im 10. Jh. von den Comtes de Foix erbaut

Paris > 3 Std. - Limoges > ¼ Std. - Solignac > ½ Std. - Uzerche > ½ Std. - Brive-la-Gaillarde > 1 ¼ Std. - Cahors > ¾ Std. - Montauban > ½ Std. - Toulouse > 1 ¼ Std. - Foix > ¼ Std. - Ax-les-Thermes > ¾ Std. - Latour-de-Carol > ¾ Std. - Ribes de Freser > ¼ Std. - Ripoll > 2 Std. - Barcelona-Sants

COLLIOURE

Der Hafen von Collioure, vom Fort Saint-Elme aus gesehen

Das letzte Fleckchen Frankreich vor der spanischen Grenze ist Collioure, ehemals der Hafen von Perpignan und heute der malerischste Urlaubsort an der Küste des Languedoc. Das Städtchen an der Côte Vermeille in der Region Okzitanien (bis 2016 Midi-Pyrénées und Languedoc-Roussillon) lockt Besucher mit hübschen Gassen, an denen sich ein rotes Dächermeer zum Hafen hinunterzieht, und dem Château de Collioure am Wasser. Künstler wie Matisse, Picasso und Braque malten die pittoreske Uferszenerie, und bis heute ist Collioure ein Künstlerort mit Galerien entlang der Hauptstraße und einem renommierten Museum für moderne Kunst. Zudem ist es für seinen süßen Rotwein und seine Anchovis bekannt, am besten am Kiesstrand Plage des Pêcheurs zu genießen (in der Nähe gibt es auch Sandbuchten).

› **HINKOMMEN**: Collioure liegt an der TGV-Linie, 30 Min. von Perpignan entfernt.

PARIS

Die Achse berührt zwei der betriebsamsten Bahnhöfe von Paris. Die hektische Gare du Nord wirkt wie das Herz Europas, die palmengeschmückte Gare de Lyon hat tropisches Urlaubsflair.

Die Gare du Nord und die Gare de Lyon liegen etwa eine Stunde Fußweg auseinander – ein netter Spaziergang, wenn man kein schweres Gepäck mitschleppt. Wer ein paar Stunden mehr einplant, kann noch weiter schweifen, zu Mittag essen oder eine der Topattraktionen von Paris besuchen. Die Place des Vosges und das Centre Pompidou bieten sich an, weil sie auf direktem Weg zwischen den Bahnhöfen liegen. Auch die Coulée verte René-Dumont (besser bekannt als Promenade Plantée) mit ihren Treppen, Teichen, Bäumen und anderer Vegetation auf den Viadukten der ehemaligen Eisenbahnstrecke nach Vincennes liegt nah genug für eine Nachmittagstour. Noch besser bleibt man ein, zwei Nächte, um einige der tollsten Museen, Restaurants und Panoramen der Welt zu erleben. Außer Highlights wie dem Louvre, Montmartre und dem Friedhof Père-Lachaise wartet das Musée d'Orsay mit berühmten Kunstwerken im faszinierenden architektonischen Rahmen des ehemaligen Bahnhofs gleichen Namens.

Oder man bummelt einfach nur an der Seine und den Schleusen des Canal Saint-Martin entlang und beobachtet die Menschen auf den Plätzen, in den Straßencafés und Parks.

Gegenüber von links: der Louvre; Frühstück in Paris. Oben von links: Palais de Chaillot und Eiffelturm; Radtour durch Paris

Übernachten Die Stadtteile Marais und Bastille liegen praktisch zum Übernachten, wenn man zwischen der Gare du Nord und der Gare de Lyon unterwegs ist. Beide Viertel bieten jede Menge Unterkünfte aller Preisklassen. Achtung: Ganzjährig ist es ratsam, das Nachtlager vor der Anreise nach Paris zu reservieren.

Umsteigen Wer nicht laufen will, nimmt von der Gare du Nord zur Gare de Lyon am besten ein Taxi. Man sollte aber Verzögerungen durch den unberechenbaren Verkehr einkalkulieren. Wer Kleinkinder dabeihat, kann das vordere Ende der Schlange ansteuern. Die in Nord-Süd-Richtung verlaufende RER-Linie D verbindet beide Bahnhöfe in weniger als 10 Min. Fahrtzeit. Das ist einfacher als mit der Métro, mit der man umsteigen muss.

Stärkung Rund um die Gare du Nord warten Lokale jeder Art, von klassischer Bistrokost bis zu eritreischen Eintöpfen. Das berühmteste Restaurant an der Gare de Lyon, Le Train Bleu, befindet sich direkt im Bahnhof. Dazu kommen Adressen für jedes Budget im nahen Bastille-Viertel.

Sicherheit Die Ankunft in der Gare du Nord beschert einen chaotischen ersten Eindruck von Paris. Hier und in anderen Bahnhöfen treiben Langfinger ihr Unwesen, also Augen aufhalten.

WEST/OST

BRETAGNE–PARIS–KÖLN–BERLIN–WARSCHAU

Diese West-Ost-Route von der felsigen Spitze der Bretagne bis nach Warschau und an die östliche Grenze Polens verbindet Städte, die zu den kulturellen Schwergewichten Europas zählen. Das Tempo dabei bestimmt man selbst: Zur Wahl stehen Hochgeschwindigkeitszüge sowie langsamere Züge durch kleinere Städte Mitteleuropas.

ÜBERBLICK

Eine Reise auf der West-Ost-Achse durch Europa bietet schnelle wie auch geruhsamere Strecken, mit Hochgeschwindigkeitszügen in Frankreich und Deutschland und langsameren, aber zuverlässigen Verbindungen in Polen und Russland.

An der Westspitze Frankreichs erstreckt sich das Département Finistère, das „Ende des Landes“ – zugleich der westlichste Punkt Europas nördlich der Iberischen Halbinsel. Doch die abgelegene Halbinsel des Finistère ist auch per Hochgeschwindigkeitszug zu erreichen: Von Brest braucht der flinke TGV weniger als 4 Std. zur Pariser Gare Montparnasse.

Auf der Reise von Paris nach Berlin muss man mindestens einmal umsteigen und über 8 Std. einplanen – es gibt tagsüber keine Direktverbindungen. Am besten unterbricht man die Reise im bunten und ausgelassenen Köln, dessen Bahnhof im Schatten des mächtigen gotischen Doms liegt.

Von der Gare du Nord in Paris gibt es drei Direktverbindungen nach Köln, weitere mit Umstieg in Brüssel. Die Strecke führt über Liège (Lüttich), das Tor zu den belgischen Ardennen, und passiert die Grenze zu Deutschland bei Aachen, in dessen Dom der beeindruckende Karlsschrein mit den Gebeinen Karls des Großen bewundert werden kann. Von Köln sind es dann noch 4 ¼ Std. bis Berlin.

Auf einem Abstecher von Brest aus kann man die bretonische Küste erkunden, hier bei Plouzané

Ein ICE am Berliner Hauptbahnhof

Der Berliner Hauptbahnhof ist die östlichste Station des europäischen Hochgeschwindigkeitsbahnnetzes. Von hier aus rattern langsamere Züge durch Osteuropa, aber es gibt auch wieder mehr Nachtzüge. Auf der direkten Strecke braucht man von Berlin zur polnischen Hauptstadt Warschau 6 Std.

ETAPPE 1: Brest–Paris

AUF DIREKTEM WEG

Der bretonische Hafen Brest zählt zu den westlichsten Orten Frankreichs. Die muntere, von massiven Festungsmauern geschützte Stadt erscheint auf den ersten Blick zwar nicht sonderlich attraktiv – im Zweiten Weltkrieg wurde sie schwer bombardiert –, doch sie ist ein praktisches Sprungbrett zur unzweifelhaft schönen bretonischen Küste dahinter. Wer Zeit hat, kann von Brest zur umtosten Insel Ushant

ETAPPEN

BREST	Direkt 3 ½ Std. Umweg über die bretonische Küste & die Loire 7 Std.	**PARIS**
PARIS	Direkt 3 ½ Std. Umweg über die Champagne & das Rheintal 7 Std.	**KÖLN**
KÖLN	Direkt 4 ¼ Std. Umweg über den Harz & Leipzig 12 ¼ Std.	**BERLIN**
BERLIN	Direkt 6 Std. Umweg über Sachsen & Schlesien 10 ¾ Std.	**WARSCHAU**
WARSCHAU	Direkt 2 Std. 40 Min. Schleife über Tarnów & Lublin 15 Std. 40 Min.	**KRAKAU**

Von Leonardo zu Tintin: Blois und die Schlösser an der Loire

Im Loire-Tal hatte der französische Adel in der Vergangenheit seine Residenzen, wobei die Konkurrenz untereinander dazu führte, dass ein Schloss prächtiger als das andere war. Die vielleicht schönste Ansammlung von Schlössern befindet sich rund um Blois. Im Château Royal de Blois, dem mit dem berühmten Wendeltreppenturm an der Fassade und nur 5 Min. zu Fuß vom Bahnhof von Blois entfernt, residierten sieben französische Könige. Das Château de Chambord wiederum, per Auto 16 km östlich von Blois, ließ König François I. als Jagdschloss errichten – Teile sollen von Leonardo da Vinci gestaltet worden sein. Zurückhaltender präsentiert sich das Château de Cheverny aus dem 17. Jh., 14 km südöstlich von Blois, das Hergé in *Tim und Struppi* als Vorbild für Schloss Mühlenhof diente.

› **HINKOMMEN:** Von April bis November pendelt vom Bahnhof von Blois ein Bus zum Château de Chambord und Château de Cheverny (25 Min. nach Chambord, von dort weitere 20 Min. nach Cheverny).

Von oben: Château de Brest an der bretonischen Küste; Altstadt von Rennes, Hauptstadt der Bretagne

schippern (2 ½ Std.): Der dortige Leuchtturm markiert den südlichen Eingang zum Ärmelkanal.

Der markante, halbrunde Bahnhof von Brest bildet den westlichsten Punkt des französischen Bahnnetzes. Von hier braucht der TGV nur gut 3 ½ Std. bis zur Pariser Gare Montparnasse. Wer Zeit hat für ein Päuschen unterwegs: Rennes (2 Std. ab Brest) ist eine schöne Universitätsstadt mit herrschaftlichen, schattigen Plätzen und dem Museum der Bretagne im Champs-Libre-Komplex – es erkundet die keltische Kultur der Region und deren Nähe zur Kultur von Cornwall und Wales.

Brest › 2 Std. - Rennes › 1 ½ Std. - Paris

SHUTTERSTOCK; ROMAN BABAKIN | SHUTTERSTOCK

UMWEG ÜBER DIE BRETONISCHE KÜSTE & DIE LOIRE

Eine langsamere und schönere Strecke von der Bretagne nach Paris führt durch einige der berühmtesten Landstriche Frankreichs, durch die bretonischen Küstenstädte Quimper und Vannes sowie die Orte Angers, Tours, Amboise und Blois im Loire-Tal.

Aus Osten kommend, bilden die Regionalbahnen der Bretagne und der Loire nach den Hochgeschwindigkeitszügen einen klasse Abschluss der Reise: Vom TGV in einen Bummelzug Richtung Küste umzusteigen ist ein typisches Ritual französischer Urlauber, und mit diesen Bahnen lässt sich wunderbar die Atlantikküste des Landes erkunden.

Durch die grüne ländliche Bretagne verkehren Direktzüge von Brest nach Quimper (1 Std.) – bis zum Ozean hinunter erstrecken sich Apfelgärten und winden sich Flüsse. Quimper ist eine der bedeutendsten Bastionen bretonischer Kultur: Schräge Fachwerkhäuser säumen Kopfsteinpflasterstraßen, und über dem Zusammenfluss von Steïr und Odet erhebt sich eine prächtige gotische Kathedrale. Von Quimper führt die Bahnstrecke Savenay–Landerneau nach Vannes (1 Std.), das sich noch malerischer als Quimper präsentiert, mit mächtigen mittelalterlichen Befestigungen und einer herrlichen Lage am Rand des Golfs von Morbihan mit seinen zahlreichen Inseln.

Nächster Halt ist die Werftenstadt Nantes (1 ½ Std. ab Vannes), die in den letzten Jahren umfassend umgestaltet wurde. Die Haupt-

Die von alten Zunfthäusern gesäumte Grand-Place in Brüssel ist ein bildschöner Stadtplatz

attraktion sind die Machines de l'Île, eine Sammlung mechanischer Objekte mit u. a. dem berühmten Großen Elefanten: Wenn er sich mit gemächlichem 1 km/h durch die Stadt bewegt, kann man drinnen „mitfahren".

Nantes ist nicht weit entfernt von der Mündung der Loire: Richtung Osten verkehren Züge der hübschen Interloire-Bahn durch eine als Unesco-Welterbe geschützte Landschaft voller prächtiger Schlösser und malerischer Weinberge. Unterwegs kann man problemlos in den kleinen Städtchen an der Strecke aussteigen.

Im reizenden Angers (30 Min. ab Nantes) lässt sich im Château d'Angers der Teppichzyklus der Apokalypse aus dem 14. Jh. bestaunen. Er stellt Szenen aus der Offenbarung des Johannes dar. Eine weitere Offenbarung, wenn auch anderer Art, ist die Stadt Tours (1 Std. ab Angers) mit ihrer lebendigen, wundervollen mittelalterlichen Altstadt. Von hier aus sind auch problemlos einige der berühmtesten Schlösser der Loire zu erreichen. Westlich von Tours (30 Min.) befindet sich das Château de Langeais mit seinen mittelalterlichen Befestigungen. Das von einem Schloss gekrönte Städtchen Amboise – wo vielleicht die sterblichen Überreste von Leonardo da Vinci ruhen – ist nur 15 Min. östlich. Außerdem fahren Züge von Amboise nach Blois (15 Min.), auf dem letzten Stück direkt am Fluss entlang.

Schnurstracks führt die Bahnstrecke dann ins nette Orléans (30 Min. ab Blois), dem die hl. Johanna ihren Beinamen verdankt. Ab Orléans flitzen schnelle TGVs zur Pariser Gare d'Austerlitz (1 Std.), die nach einer Renovierung wieder im alten Glanz erstrahlt.

Brest › 1 Std. - Quimper › 1 Std. - Vannes › 1 ½ Std. - Nantes › ½ Std. - Angers › 1 Std. - Tours › ¼ Std. - Amboise › ¼ Std. - Blois › ½ Std. - Orléans › 1 Std. - Paris

ETAPPE 2: Paris–Köln

AUF DIREKTEM WEG

Von Paris führt die schnellste Strecke nach Köln über Brüssel. Von der Pariser Gare du Nord benötigt der belgisch-französische Thalys insgesamt 3 ½ Std. bis zum Kölner Hauptbahnhof. Von Paris bis zur belgischen Hauptstadt dauert die schnelle, wenn auch nicht unbedingt reizvolle Fahrt 1 ½ Std. – vielleicht legt man in Brüssel einen Stopp ein und erkundet die Stadt. Die Züge halten am Bahnhof Midi-Zuid, zu Fuß 20 Min. entfernt von der Grand-Place, einem der am reichsten verzierten Stadtplätze Europas. Unterwegs kann man auch bei der kleinen Statue des pinkelnden *Manneken Pis* vorbeischauen, dem Brüsseler Wahrzeichen.

Von Brüssel verkehren Züge Richtung Osten über die Maas und den futuristischen Bahnhof der eher unspektakulären Stadt Lüttich zur deutschen Grenzstadt Aachen

Radeln an der Loire

Relativ flaches Terrain und malerische Landsträßchen machen das Loire-Tal zum Radlermekka. Das Radnetz La Loire à Vélo umfasst 800 km an ausgeschilderten Routen zwischen der Stadt Nevers und dem Atlantik. Man kann problemlos in Angers, Tours, Blois oder Orléans aus dem Zug steigen und Fahrräder leihen: Firmen wie Détours de Loire bieten Einwegmieten, sodass man radeln kann, bis man keine Lust mehr hat, und dann einfach wieder in den Zug steigen kann. Die Auswahl an möglichen Etappen ist vielfältig; eine der beliebtesten ist die von Tours über Amboise nach Orléans (60 km).

› **HINKOMMEN:** Die offizielle Website von La Loire à Vélo (loire-radweg.org) bietet Karten mit Routen und Bahnhöfen. Wer mit dem eigenen Rad unterwegs ist: Viele Züge, u. a. die über Angers, Tours, Blois und Orléans, sind auf Radfahrer eingestellt und haben ganzjährig 30 bzw. im Hochsommer 80 Stellplätze für Räder.

PARIS

Direktzüge von der Bretagne steuern die Gare Montparnasse an, Züge aus Orléans die Gare d'Austerlitz; Direktzüge nach Köln fahren ab der Gare du Nord, Züge in die Champagne von der Gare de l'Est.

Paris hat viele Gesichter. Wer an der Gare de l'Est ankommt, bummelt vielleicht zu den Szenecafés am Canal St-Martin. Von der Gare d'Austerlitz zieht es einen möglicherweise in den schattigen Jardin des Plantes und die verschlungenen Gassen des Quartier Latin dahinter. Von der Gare du Nord könnte es über einen der Boulevards der Haussmann-Zeit zum opulenten Palais Garnier gehen, das die Oper beherbergt. Aber so kratzt man nur an der Oberfläche. Am glänzendsten ist die „Stadt des Lichts" in ihrem Zentrum, also am Louvre, am Ufer der Seine, bei Notre-Dame und am Eiffelturm. Nicht zu vergessen das Musée d'Orsay mit der zweifellos weltweit besten Sammlung impressionistischer Kunst in einem atemberaubenden Beaux-Arts-Gebäude, das früher als Bahnhof diente.

Pariser Cafés sind ideal für einen Drink und einen Snack oder einfach zum Leutegucken

Im Uhrzeigersinn von links oben: Der berühmte Eiffelturm; eine Pariser fromagerie*; das Musée du Louvre; der Pont des Arts*

Übernachten Preiswerte Unterkünfte gibt's nördlich der Gare du Nord und Gare de l'Est. Montparnasse ist eher ein Wohngebiet: Für Familien mit Kindern bietet der nahe Jardin du Luxembourg jede Menge Auslauf für die Kleinen.

Umsteigen Mit der Métro-Linie 5 sind es etwa 15 Min. von der Gare d'Austerlitz zu den Zwillingsbahnhöfen Gare du Nord und Gare de l'Est. Von der Gare Montparnasse sind es zu den beiden Bahnhöfen wiederum etwa 20 Min. mit der Métro-Linie 4.

Stärkung Das Terminus Nord an der Gare du Nord ist eine legendäre Jugendstil-Brasserie aus dem Goldenen Zeitalter des Bahnreisens. Zwischen der Gare du Nord und Gare de l'Est gibt's außerdem eine gute Auswahl an südasiatischen Lokalen. Begrenzter ist das Angebot rund um die Gare Montparnasse und Gare d'Austerlitz.

Sicherheit Die Gegend um die Gare du Nord und Gare de l'Est wirkt teils etwas zwielichtig – also achtet auf eure Siebensachen!

Épernay und die Champagne erkunden

Paris hat die Avenue des Champs-Élysées; Épernay hat die Avenue de Champagne. An dieser glamourösen Straße in einem wohlhabenden Städtchen in der Champagne haben einige weltberühmte Champagnerhäuser ihren Sitz in schlossartigen Gemäuern. In ihren Kellern lagern und reifen Flaschen, die zusammen Milliarden von Euro wert sind – dies soll die teuerste Straße der Welt sein! Bei Moët & Chandon können Besucher ein 28 km langes Labyrinth an Weinkellern bestaunen. In den 18 km langen Kellern des benachbarten Hauses Mercier fand in den 1950er-Jahren ein Autorennen statt. Oder man erkundet die umliegenden sanften Weinberge auf einer geführten Fahrrad- oder E-Bike-Tour, die verschiedene Anbieter in Épernay im Programm haben: Auf gewundenen Landsträßchen führen sie durch das schöne Weinbaugebiet.

› **HINKOMMEN:** Die Avenue de Champagne von Épernay beginnt ein paar Gehminuten südlich des Bahnhofs.

(1 ½ Std. ab Brüssel). Die einstige Hauptstadt des Heiligen Römischen Reichs wartet mit einem der ältesten Dome Europas auf. Drum herum erstreckt sich eine freundliche Universitätsstadt. Außerdem lindert hier schon seit der Zeit der alten Römer, die für ein kleines Bad in den Quellen ihre Toga ablegten, Thermalwasser allerlei Wehwehchen. Von Aachen ist man in 30 Min. in Köln: Dort steuern die Züge auf erhöhten Gleisen an der Altstadt vorbei den Hauptbahnhof an.

Paris › 1 ½ Std. - Brüssel › 1 ½ Std. - Aachen › ½ Std. - Köln

UMWEG ÜBER DIE CHAMPAGNE & DAS RHEINTAL

Die gemütlichere Route von Paris nach Köln umfasst einen Umweg am Südrand der Ardennen entlang. Die Strecke führt über die berühmten Weinberge der Champagne, das kulturell vielfältige Straßburg und eine der schönsten Bahnstrecken Deutschlands: vom Rand des Schwarzwalds durchs malerische Mittelrheintal und über Koblenz und Bonn nach Köln.

Die Pariser Gare de l'Est ist der Bahnhof für Reisen von und nach Ostfrankreich. Von Paris folgt die Bahnstrecke der Marne flussaufwärts von ihrer Mündung in die Seine bis zum wohlhabenden Städtchen Épernay (1 ¼ Std.), dem spirituellen Herzen der Champagne.

Von Épernay verkehren regelmäßig Züge ins benachbarte Reims (30 Min.), in dessen

Oben: die prächtige Cathédrale Notre-Dame in Reims. Unten: die Moulin de Verzenay in der Champagne

mächtiger Kathedrale vom 9. bis zum 19. Jh. 34 Monarchen gekrönt wurden. Besonders prächtig sind die Buntglasfenster, vor allem die eher modernen Schöpfungen von Marc Chagall mit ihren traumhaften Blautönen.

Mit der ultramodernen Straßenbahn von Reims gelangt man zum TGV-Bahnhof Champagne-Ardennes etwas außerhalb des Stadtzentrums: Von hier fahren rasante TGVs nach Paris und Straßburg. Mit seinen eher deutsch anmutenden Fachwerkhäusern, Blumenkästen und Kopfsteinpflastergässchen ist Straßburg (1 ½ Std. ab Reims) ein echter Schmelztiegel der Kulturen, ebenso wie die köstliche elsässische Küche. Ein Bummel durch das pittoreske alte

Gerberviertel Petite France mit seinen windschiefen Häuschen und trägen Kanälen ist ein würdiger Abschluss der Reise durch Frankreich.

Gleich östlich von Straßburg überqueren die Bahnen den Rhein und damit die Grenze – in 30 Min. erreicht man Baden-Baden. Den kleinen Kurort in den bewaldeten Ausläufern des Schwarzwalds liebte schon der alte Bismarck, und auch heute noch herrscht hier kein Mangel an Thermalbädern zum stilvollen Entspannen. Rundum erfrischt kann dann, wer das Glück an seiner Seite spürt, im schönen Casino im Kurhaus unter glitzernden Kronleuchtern ein bisschen Bares riskieren – oder man begnügt sich mit einer Führung.

Die Industriestadt Mannheim (45 Min. ab Baden-Baden) ist ein wichtiger Eisen-

Im Uhrzeigersinn von oben: La Petite France in Straßburg; das Rheinufer in Koblenz; die Trinkhalle in Baden-Baden

bahnknotenpunkt. Für Eilige ist die Strecke Paris–Mannheim–Berlin eine sehr schnelle Alternative zur Strecke Paris–Brüssel–Köln–Berlin. Mannheim selbst steht bei Touristen nicht sonderlich hoch im Kurs, bietet sich jedoch als Ausgangspunkt für die romantische Bahnfahrt nördlich von Mainz direkt am Rhein entlang an – dies ist sicher eine der schönsten Bahnstrecken Europas. Richtung Norden sitzt man am besten rechts im Zug: Hier genießt man die schönste Aussicht auf den mächtigen Fluss, allerlei Burgen und die Schieferfelsen am Flussufer. Nach 1½ Std. ab Mannheim erreicht man das schön gelegene Koblenz. Hier fährt eine Seilbahn auf die Festung hoch über der Stadt mit einem spektakulären Blick ins Rheintal.

Eine halbe Stunde hinter Koblenz liegt dann Bonn, bis 1990 Hauptstadt der Bundesrepublik. Als Geburtsstadt von Ludwig van Beethoven ist Bonn auch heute noch ein kulturelles Schwergewicht. Musikliebhaber können sein Geburtshaus besuchen und dort die Klaviere bestaunen, auf denen er einige seiner Meisterwerke komponierte. Von Bonn sind es noch einmal 30 Min. nach Köln. Bis der Blick auf den Dom fällt, ist gerade genug Zeit für eine Beethovensche Klaviersonate.

Paris › 1¼ Std. - Épernay › ½ Std. - Reims › 1½ Std. - Straßburg › ½ Std. - Baden-Baden › ¾ Std. - Mannheim › 1½ Std. - Koblenz › ½ Std. - Bonn › ½ Std. - Köln

Paris’ vergessene Bahn

Die Pariser Eisenbahngeschichte ist wirklich außergewöhnlich, vom Musée d’Orsay in einem ehemaligen Bahnhof bis zur Jugendstil-Métro. Weniger bekannt ist jedoch La Petite Ceinture, eine Rundstrecke um die „Stadt des Lichts“, angelegt im 19. Jh., aber seit den 1930er-Jahren ohne Passagiere. Die halb verfallene Strecke, deren Zukunft anscheinend dauerhaft in der Schwebe verharrt, ist teilweise zu einem Wanderweg mutiert – ähnlich der New Yorker High Line – und bietet eine etwas andere Perspektive auf die französische Hauptstadt. So lassen sich heute restaurierte Abschnitte im 15. und 16. Arrondissement südlich der Seine ansteuern, mit kleinen Naturschutzgebieten, wo man an alten Bahnhöfen und Gleisen vorbeiwandern kann, die von viel Grün gesäumt sind. Oder man begibt sich in die Recyclerie im Norden der Stadt, ein Öko-Restaurant in einem früheren Bahnhof, wo die Zutaten an den alten Gleisen wachsen.

DIE KIRSCHE AUF DER TORTE: EIN ABSTECHER DURCH DEN SCHWARZWALD

Der Schwarzwald, ein Gebiet grüner, bewaldeter Berge im Südwesten Deutschlands, ist im Sommer ein echtes Paradies für Wanderer wie Radler und im Winter für Skifahrer. Und für Eisenbahnfans gibt's dazu noch die Badische Schwarzwaldbahn, die sich den Weg durch dieses Naturjuwel bahnt. Ab Baden-Baden fahren Züge Richtung Süden z. B. ins Fachwerkstädtchen Gengenbach (30 Min. ab Baden-Baden) mit seinen Gasthäusern inmitten von spitzen Türmen am Rande der Wälder. Weiter Richtung Südosten sollte man möglichst einen Fensterplatz ergattern: Dann windet sich die Bahn im Kinzigtal an Flüsschen und dichtem Wald entlang bis auf 600 m Höhe hinauf. Der – ganz im Wortsinn – Höhepunkt der Fahrt ist schließlich Triberg (1 Std. ab Gengenbach), ein hübsches Städtchen mit einem reißenden Wasserfall; außerdem sind hier die Kuckucksuhr und die Schwarzwälder Kirschtorte zu Hause.

> HINKOMMEN: Eine Fahrt mit der Badischen Schwarzwaldbahn ist ein netter Tagesausflug ab Baden-Baden, das auch von EC- und ICE-Zügen der Deutschen Bahn angesteuert wird – oder man übernachtet in Orten im Kinzigtal wie Haslach, Hausach und Gengenbach mitten im Wald.

Eine Abwechslung zur Bahnfahrt bietet eine Wanderung durch den märchenhaften Schwarzwald

Panoramablick auf die Herrenhäuser Gärten, die prachtvollen Barockgärten in Hannover

ETAPPE 3: Köln–Berlin

AUF DIREKTEM WEG

Die direkte Route durch das Norddeutsche Tiefland von Köln nach Berlin ist schnell, aber nicht immer umwerfend schön. Vom Kölner Hauptbahnhof brauchen die regelmäßig verkehrenden ICEs nur 4 ¼ Std. bis zum Berliner Pendant – die Strecke verläuft zunächst südlich vom Ruhrgebiet, mit insgesamt acht oder neun Stopps unterwegs auf der Fahrt nach Berlin. Auf halber Strecke liegt Hannover (2 ¾ Std. ab Köln), bekannte Messestadt und wichtiger Eisenbahnknotenpunkt, wo auch schon eine Weltausstellung stattfand, die Expo 2000. Hier kann man sich außerdem schön die Beine vertreten: Nach 15 Min. mit der Stadtbahn Richtung Westen erreicht man die Herrenhäuser Gärten, Deutschlands Antwort auf Versailles, mit allerlei Brunnen, Statuen und Formschnitthecken sowie schönen Alleen zum Bummeln.

Von Hannover sind es nur 30 Min. nach Wolfsburg (einige Züge von Köln nach Berlin halten hier) mit der weltgrößten Autofabrik, zu erkennen an den riesigen Schornsteinen mit dem Volkswagen-Emblem. Beim Wolfsburger Hauptbahnhof befindet sich auch die Autostadt, ein Freizeitpark für Autofreaks, die beim Bahnfahren ihre PS-Karossen vermissen. Auf der einstündigen Fahrt nach Berlin überquert der Zug schließlich in Spandau die Havel, um ein Stück weiter den riesigen Berliner Hauptbahnhof zu erreichen.

Köln > 2 ¾ Std. - Hannover > ½ Std. - Wolfsburg > 1 Std. - Berlin

UMWEG ÜBER DEN HARZ & LEIPZIG

Wer gerne mit alten Dampfeisenbahnen durch urige Bergwelten rumpelt, kann für die Etappe von Hannover nach Berlin eine südlichere Route wählen: durch den schönen Harz, die von Touristen meist links liegen gelassene Stadt Halle an der Saale und das quirlige und bunte Leipzig.

Nachdem man mit dem ICE Hannover erreicht hat, geht's von hier per Regionalbahn Richtung Südosten ins malerische

KÖLN

Der Kölner Hauptbahnhof (auf der anderen Rheinseite gibt's noch den kleineren Bahnhof Köln Messe/Deutz) bietet Gepäckschließfächer sowie eine Erste-Klasse-Lounge.

Einst ein römischer Stützpunkt am Ufer des Rheins, im Mittelalter dann eine bedeutende Handels- und Bildungsstadt, liegt Köln heute im Herzen des Eisenbahnnetzes Westeuropas – grob auf halber Strecke zwischen Paris und Berlin, und die Hauptstädte von Belgien, Luxemburg und den Niederlanden sind nur ein paar Stunden entfernt. Köln dient zwar oft nur als Umsteigeort, doch es lohnt sich, ein bisschen zu verweilen – nicht zuletzt, weil der Hauptbahnhof direkt im Zentrum neben dem mächtigen Dom steht, der einst das höchste Bauwerk der Welt war. Vom Bahnhof ist es nur ein kurzer Spaziergang ins Herz der Altstadt mit ihren schmalen Gässchen, romanischen Kirchen und Brauhäusern, die neben dem traditionellen Kölsch z. B. auch den Kölner Klassiker Halve Hahn (ein Roggenbrötchen mit Käse, Gurke, Senf und vielleicht Zwiebeln) servieren. Wer mehr Zeit hat, kann eins der über 30 Museen besuchen, zu allem von Archäologie bis Schokolade.

Gegenüber von links: im Innern des Kölner Doms; ein Tablett mit Kölsch. Oben: die Hohenzollernbrücke und der Kölner Dom

Übernachten Rund um den Hauptbahnhof finden sich in sicherer und sehr belebter Umgebung jede Menge Unterkünfte. In direkter Bahnhofsnähe sind Businesshotels angesiedelt, Bleiben mit mehr Flair nur 10 Min. zu Fuß entfernt in der Altstadt. Günstiger sind die Unterkünfte auf der gegenüberliegenden Rheinseite.

Umsteigen Die meisten Züge fahren ab Hauptbahnhof, einige Richtung Berlin aber auch vom Bahnhof Messe/Deutz auf der anderen Rheinseite. Verbunden sind die beiden Bahnhöfe durch die Hohenzollernbrücke, die meistbefahrene Eisenbahnbrücke Deutschlands. Vom 500 m langen Fußgängerweg auf der Brücke bieten sich schöne Ausblicke auf die Skyline der Stadt.

Stärkung Die Liebe der Kölner zum Bier ist legendär – große Brauhäuser verteilen sich über die Altstadt, und zahllose Kneipen säumen das Rheinufer. Spezialitäten der westlichen Nachbarn und ein reges Nachtleben bietet das Belgische Viertel, 25 Min. zu Fuß westlich vom Bahnhof.

Sicherheit Der Bahnhof ist sauber, sicher und gut organisiert.

Zugfahren und Wandern im Harz

Ein Paradies für Trainspotter: Das Harzer Schmalspurbahnnetz ist das umfassendste seiner Art in ganz Europa. Dampfloks aus den 1950er-Jahren erklimmen starke Steigungen, wo normalen Loks die Puste ausgeht. Zwar werden sie oft in einem Atemzug genannt, aber eigentlich sind es drei separate Bahnen: die Harzquerbahn (über die Berge von Wernigerode nach Nordhausen), die Brockenbahn (eine Strecke auf den Brocken, die auf halber Strecke von der Harzquerbahn abzweigt) und die Selketalbahn nach Quedlinburg, das viele Leute für den schönsten Ort der Region halten. Auch Wanderer schätzen dieses Bahnnetz: Sie nutzen es als Zugang zu den Wegen durch das Mittelgebirge. Vom Bahnhof Drei Annen Hohne kann man einen Abschnitt des 100 km langen Harzer-Hexen-Stiegs begehen, eines Fernwanderwegs, der Richtung Westen auf den Brocken führt. Ist man oben zu müde, kann man zurück den Zug nehmen.

› **HINKOMMEN:** Fahrpläne der Harzer Schmalspurbahnen finden sich auf der Website hsb-wr.de. Infos über die 8000 km an ausgeschilderten Wanderwegen in der Region bietet der Harzer Tourismusverband (harzinfo.de).

In Wernigerode kann man in die Harzquerbahn umsteigen

Goslar (1 Std.) mit seiner Kaiserpfalz und seinen von Fachwerkhäusern gesäumten Kopfsteinpflasterstraßen. Goslar ist außerdem ein Tor zum Harz, einem Mittelgebirge mit düsteren Wäldern und imposanten Burgen, die man von im Schneckentempo dahinzuckelnden Eisenbahnen aus in Augenschein nehmen kann. Von Goslar dauert es 30 Min. bis zum gleichermaßen reizenden Wernigerode. Hier kann man in die Harzquerbahn umsteigen – sie ist Teil eines ausgedehnten, 140 km langen Netzes an Schmalspurbahnen durch die Bergwelt des Harzes. Dieses Netz ist nicht nur praktisch als Verkehrsweg, sondern auch selbst eine echte Sehenswürdigkeit, jedoch muss man seine Fahrten ein bisschen planen und benö-

tigt separate Tickets, da diese Bahnen nicht zum Netz der Deutschen Bahn gehören.

Von Wernigerode geht's in spannenden 1¾ Std. in zahlreichen Kehren durch Wälder und Wiesen hinauf zum windigen Gipfel des Brockens – mit einer Höhe von 1142 m ist dies der höchste Punkt Norddeutschlands. Von hier oben bietet sich nicht nur eine spektakuläre Aussicht, der Berg ist außerdem tief in der deutschen Mythologie verankert; so versammeln sich in Goethes *Faust* hier oben z. B. die Hexen. Während des Kalten Krieges befand sich wegen der Nähe zur deutsch-deutschen Grenze auf dem Brocken zudem eine Abhörstation der Stasi; in dem Gebäude ist heute das Besucherzentrum untergebracht.

Die Schmalspurbahn führt weiter in die südlichen Ausläufer des Harzes: Vom Brocken sind es etwa 3 Std. nach Nordhausen (eventuell muss man am Bahnhof Drei Annen Hohne umsteigen). In Nordhausen sagt man dem Dampfzug Adieu und fährt weiter nach Halle (1½ Std.). Diese nette Stadt ist der Geburtsort des Komponisten Georg Friedrich Händel; im ihm gewidmeten Händel-Haus sind u. a. historische Musikinstrumente zu sehen. Wer es eher mit McCartney als dem *Messiah* hat: Halle beherbergt außerdem das einzige Beatles-Museum in Deutschland, dem Land, in dem sich die Pilzköpfe Anfang der 1960er-Jahre in Hamburger Clubs ihre ersten Sporen verdienten.

Von Halle sind es dann 30 Min. hinüber nach Leipzig in Sachsen. Der dortige Hauptbahnhof ist ein echtes Jugendstiljuwel und dazu der Grundfläche nach der größte Bahnhof Europas. In dieser quirligen Metropole, im Gedenken an die Demonstrationen, die 1989 zum Fall der Berliner Mauer beitrugen, auch „Heldenstadt" genannt, scheinen die stillen Berge des Harzes Welten entfernt. Mehr zum Ende der DDR erfährt man im Museum in der „Runden Ecke", dem einstigen Sitz der Staatssicherheit. Hat man alles gesehen, sind es nur noch 1¼ Std. von Leipzig bis zum Berliner Hauptbahnhof.

Köln › 2¾ Std. - Hannover › 1 Std. - Goslar › ½ Std. - Wernigerode › 1¾ Std. - Brocken › 3 Std. - Nordhausen › 1½ Std. - Halle › ½ Std. - Leipzig › 1¼ Std. - Berlin

BERLIN

Der Hauptbahnhof ist der wichtigste Bahnhof Berlins. Wahrscheinlich landet man hier auf der Reise von Köln gen Osten oder von Warschau gen Westen. Der Bau selbst ist zwar eindrucksvoll, aber nüchtern.

Der 2006 fertiggestellte Berliner Hauptbahnhof schafft etwas, was in Paris oder London nie Wirklichkeit wurde: Er ist ein echter Hauptbahnhof für die ganze Stadt. Die Chancen stehen also sehr gut, dass man direkt hier an der Spree aus dem Zug steigt, nur 15 Min. zu Fuß entfernt vom Tiergarten, der grünen Lunge der Stadt, und vom prunkvollen Brandenburger Tor. Trotz aller Pracht sollte man nicht vergessen, dass Berlin erst im 19. Jh. zur deutschen Hauptstadt wurde. Das 20. Jh. war dann turbulent und brutal: Die Stadt wurde von Tyrannen beherrscht, stark zerbombt und in zwei Teile geteilt. Im 21. Jh. dagegen hat sich Berlin zu einer Kulturhauptstadt Europas gemausert: Von hier breiten sich Trends in Mode, Essen und Musik über den gesamten Kontinent aus. Und für jeden Geschmack gibt's ein eigenes Viertel. Hipster und Nachteulen zieht es in die Kneipen und Clubs von Kreuzberg. Freunde alter Geschichte können im Pergamonmuseum durch das babylonische Ischtar-Tor schreiten. Die neuere Geschichte begegnet einem etwa an der East Side Gallery, einem erhaltenen Stück der Mauer, überzogen mit interessanter Street-Art, sowie in der Karl-Marx-Allee als vergangener Vision von einem kommunistischen Utopia. Außerdem wartet Berlin mit überraschend zahlreichen Erholungs- und Grünflächen auf, ob am alten Flughafen Tempelhof oder am Teufelsberg mit seiner ehemaligen Abhörstation. Etwas weiter entfernt kann man durch die von Wald gesäumten Kanäle des Spreewalds paddeln oder in Potsdam durch die Parks mit einigen der prachtvollsten Schlössern ganz Europas schlendern.

Im Uhrzeigersinn von oben links: Hauptbahnhof; Currywurst am Brandenburger Tor; Tiergarten; Karl-Marx-Allee

Übernachten Die Gegend um den Berliner Hauptbahnhof ist vor allem von Kettenhotels besetzt und nicht unbedingt der ansprechendste Ort zum Übernachten. Jedoch liegt der Bahnhof nicht weit vom Bezirk Mitte entfernt, dem alten Zentrum der Stadt, wo man umgeben von den wichtigsten Sehenswürdigkeiten Berlins nächtigen kann – wenn auch nicht gerade billig. Im Westen erstreckt sich jenseits des Tiergartens mit seinen Wiesen, Bäumen und dem Zoo – sehr schön für Kinder – der Bezirk Charlottenburg-Wilmersdorf. Kreative Typen zieht es vielleicht eher nach Kreuzberg und Friedrichshain, in die Hipsterzentren südlich von Mitte. Glücklicherweise liegt einer der aufstrebenden Bezirke der Stadt nicht weit vom Hauptbahnhof entfernt, nämlich der alte Arbeiterbezirk Wedding, der sich zum

Blick durch das Brandenburger Tor, heute ein Symbol der deutschen Wiedervereinigung, Richtung Osten

Szeneviertel wandelt, rund 30 Min. zu Fuß nördlich vom Bahnhof; hier locken einige erschwingliche Bleiben.

Umsteigen ICEs nach Köln und Züge nach Warschau fahren vom Berliner Hauptbahnhof ab, sodass man keinen anderen Bahnhof ansteuern muss.

Stärkung Im Hauptbahnhof sind einige Restaurantketten und ein Supermarkt vertreten, ansonsten gibt es in der Gegend um den Bahnhof kaum etwas. Zu Fuß ist in 15 Min. jedoch der berühmte Boulevard Unter den Linden mit seinen altehrwürdigen Cafés und Restaurants zu erreichen. Preiswerter kann man sich am Hackeschen Markt stärken, etwa 30 Min. zu Fuß vom Bahnhof Richtung Osten an der Spree entlang. Einen umfassenden Crashkurs in Sachen Berliner Gastronomie bietet die große Markthalle Neun in Kreuzberg, vom Bahnhof per U-Bahn zu erreichen.

Sicherheit Am Hauptbahnhof gibt's keine Probleme in Sachen Sicherheit.

ETAPPE 4: Berlin–Warschau

AUF DIREKTEM WEG

Zwar sind sie langsamer als ICEs und TGVs, doch die Eurocitys zwischen Berlin und Warschau (6 Std.) sind recht komfortabel. In Berlin fahren die Züge ab dem Hauptbahnhof und einige halten auch am Ostbahnhof, der praktischer ist, wenn man im Osten der Stadt übernachtet. Dann geht's ostwärts durch Waldgebiete Richtung Oder, die die Grenze zu Polen bildet. Wenn man durch die ansonsten unscheinbare polnische Stadt Świebodzin (Schwiebus; 2 Std. ab Berlin) fährt, sollte man aus dem Fenster schauen: Hier steht die weltweit zweitgrößte Jesus-Statue – die größte wurde in Indonesien aufgestellt.

Der beste Ort für eine Unterbrechung der Fahrt ist Poznań (Posen) etwa auf halber Strecke (3 Std. ab Berlin). Der für die Fußball-EM Euro 2012 erbaute Bahnhof Poznań Główny bildet ein markantes Gegenstück zu den Straßen der Altstadt Richtung Norden. Den Mittelpunkt der hübschen Universitätsstadt bildet der Alte Markt. Hier kann man unter den Sonnenschirmen beim grandiosen Rathaus den Einheimischen beim Flanieren zuschauen. Von Poznań braucht der Zug dann 3 Std. bis zum brutalistischen Zentralbahnhof von Warschau – dies ist jedoch nur einer von drei Bahnhöfen der Stadt, an dem Züge aus Berlin halten. Wer möchte, kann auch schon früher in Warszawa Zachodnia (Warschau-West) oder auch erst später

Für eine Pause auf der Reise durch Polen bietet sich Poznań mit seinem bunten Alten Markt an

in Warszawa Wschodnia (Warschau-Ost, dem Zielbahnhof auf der anderen Seite der Weichsel) aussteigen – je nachdem, wo man in Warschau übernachtet.

Berlin › 3 Std. - Poznań › 3 Std. - Warschau

UMWEG ÜBER SACHSEN & SCHLESIEN

Wer sich zwischen Berlin und Warschau mehr Zeit nehmen möchte, um über Kopfsteinpflasterplätze und durch alte Schlösser zu schlendern, kann sich für die längere Südroute mit den alten Hauptstädten Sachsens und Schlesiens entscheiden. Von Berlin geht es zunächst Richtung Süden nach Dresden, anschließend in Görlitz über die Grenze und über das alte Breslau (Wrocław) und die Industriestadt Łódź nach Warschau.

Vom Berliner Hauptbahnhof verkehren regelmäßig Züge nach Dresden (2 Std.). Wer jedoch schon die langsamere Route über den Harz und Leipzig genommen hat und nicht unbedingt Wert auf Berlin legt, kann auch direkt von Leipzig nach Dresden weiterfahren (1 Std.).

Der Dresdener Hauptbahnhof sieht aus wie ein Mini-Reichstag: Eine Glaskuppel krönt das stattliche Bauwerk aus dem 19. Jh. und gibt schon eine kleine Kostprobe von den Architekturjuwelen ab, die einen 20 Min. zu Fuß Richtung Norden erwarten. Hoch über die Dächer der Altstadt erhebt sich dort die Frauenkirche, Dresdens reich verzierter Barockdom, im Krieg zerstört und erst nach dem Wiederaufbau seit 2005 wieder in alter Pracht zu erleben. Das Gegenstück ist der Zwinger, das für allerlei Feierlichkeiten erbaute Schloss der sächsischen Könige. Heute sind hier einige Museen untergebracht, mit Kunst, Porzellan, Teleskopen und Globen.

Von Dresden geht's weiter nach Görlitz (1 ½ Std.), das sich zusammen mit seiner polnischen Schwesterstadt Zgorzelec entlang der deutsch-polnische Grenze schmiegt. Der Bahnhof von Görlitz ist von einer stillen Schönheit: Die Empfangshalle zieren Kronleuchter, eine Kassettendecke und sakral anmutende Fenster. Auch die Stadt selbst ist ein Schmuckstück. Interessant inmitten all der Türme und Türmchen ist u. a. das Görlitzer Warenhaus, ein Jugendstil-Wunderwerk, das als Grand Budapest Hotel im gleichnamigen Film firmierte – manchmal werden Führungen angeboten.

Vom Görlitzer Bahnhof erreicht man in 5 Min. per Zug oder zu Fuß über die Brücke den weitaus bescheideneren Bahnhof von Zgorzelec: Hier kann man in einen Zug in die alte schlesische Hauptstadt Breslau (Wrocław; ca. 2 ¼ Std.) steigen. Breslau gilt als eine der freundlichsten Städte Polens, mit alten Stadthäusern und Grünanlagen

Die im Zweiten Weltkrieg zerstörte Frauenkirche in Dresden erstrahlt wieder in alter Pracht

auf zwölf Inseln in der Oder. Hinter Breslau ist die Landschaft Richtung Osten und Russland meist flach wie ein Brett. Wem es nach Höherem gelüstet, der kann den Landschaftsschutzpark Zobtengebirge ansteuern (ab Breslau 1 Std. mit dem Bus): Den 718 m hohen Zobten (Ślęża) erklimmen an Sommerwochenenden zahlreiche Einheimische, um von oben die tolle Aussicht Richtung tschechische Grenze zu genießen.

Nächste Station ist dann Łódź, auf Polnisch etwa „wudsch"ausgesprochen. Die graue Industriestadt erlebte ihre Blütezeit im 19. Jh. und wurde oft als das „Manchester Polens" bezeichnet. Von Wrocław Główny brauchen die Züge etwa 3 ½ Std. bis Łódź Widzew – der Bahnhof liegt am Stadtrand, sodass man noch einmal 5 Min. bis zum Bahnhof Łódź Fabryczna im Herzen von Polens drittgrößter Stadt dazurechnen muss. Hierher verirren sich nur wenige Touristen. Wer dennoch aussteigt, kann vielleicht einen Tag lang über die von Cafés gesäumten Boulevards spazieren. Von Łódź Fabryczna fahren Züge zum Bahnhof Koluszki (1 ½ Std.) an der Strecke Krakau–Warschau, um in Warschau an einem von drei Bahnhöfen anzukommen: in Warszawa Zachodnia (Warschau-West), am Zentralbahnhof oder in Warszawa Wschodnia (Warschau-Ost).

Berlin > 2 Std. - Dresden > 1 ½ Std. - Görlitz/Zgorzelec > 2 ¼ Std. - Breslau (Wrocław) > 3 ½ Std. - Łódź > 1 ½ Std. - Warschau

Die putzigen Zwerge von Breslau

In Breslau herrscht kein Mangel an großen Attraktionen, vom mächtigen Dom bis zum gotischen Rathaus. Am unvergesslichsten sind aber vielleicht die kleinsten Attraktionen: Über die Stadt verteilt sind zahllose Bronzezwerge, ob auf Pollern, auf Fensterbrettern oder an Straßenecken. Sie tauchten ab etwa 2005 in der Stadt auf: Damals wurde im Gedenken an den antikommunistischen Widerstand der erste Zwerg gegossen. Seitdem sind geschätzte 400 dazugekommen – wie viele es genau sind, weiß niemand. Zu einigen der Zwerge führt eine Karte der Touristeninformation. Wenn man Zwerge entdeckt, die Geld aus einem winzigen Geldautomaten ziehen, vor Büchereien Bücher lesen oder mit Blick auf die Passanten Eis schlecken, erkundet man gleichzeitig auch die wunderbare Stadt.

> **HINKOMMEN:** Die Świdnicka, die von Wrocław Główny gen Norden führt, ist eine Art Hotspot für Zwerge; 15 Min. vom Bahnhof entfernt ist auch der erste Zwerg zu finden, Papa Krasnal.

WARSCHAU

Der Zentralbahnhof liegt zusammen mit drei weiteren Bahnhöfen an der Durchgangslinie: Warszawa Wschodnia (Ost), Warszawa Śródmieście (westlich des Zentralbahnhofs) und Warszawa Zachodnia (West; auch Busbahnhof).

Wer zum ersten Mal am Zentralbahnhof in Warschau aussteigt, hat zunächst vielleicht Orientierungsprobleme: Man landet auf verkehrsreichen, von modernen Glasbauten gesäumten Straßen im funktionalen (und etwas öden) Stadtzentrum. Doch wer ein wenig weiter vordringt, stößt bald auf Spuren der reichen Geschichte der Stadt. Vom Zentralbahnhof sind es mit der U-Bahn 15 Min. in die Altstadt, mit einer Burg aus dem 13. Jh., die an die Blütezeit der Stadt im Mittelalter erinnert. Von dort führt der schattige Königsweg gen Süden vorbei an Parks, Museen und Kirchen zum Łazienki-Park mit einem Palast aus dem 18. Jh., in dem die letzten Könige Polens residierten. Ein noch prächtigerer Königspalast steht außerhalb des Zentrums in Wilanów, 45 Min. mit dem Bus entfernt. Das ausgezeichnete Museum des Warschauer Aufstands, das die Geschichte des Aufstands gegen die Nazis erzählt, liegt 15 Min. mit der Straßenbahn vom Zentralbahnhof entfernt.

Gegenüber von links: Museum des Warschauer Aufstands; Łazienki-Palast in der Altstadt. Oben: Wilanów-Palast

Übernachten Unterkünfte sind in Warschau billiger als in Paris oder Berlin. Günstige Bleiben findet man im Viertel Śródmieście zwischen dem Zentralbahnhof im Westen und der Weichsel im Osten. Weitere Möglichkeiten gibt's am anderen Weichselufer im Szeneviertel Braga.

Umsteigen Der Bahnhof Warszawa Centralna ist der zentralste der Warschauer Fernbahnhöfe – hier halten die meisten Züge aus Berlin. Vielleicht hält der Zug auch in Wschodnia, Śródmieście oder Zachodnia, die durch Anschlusszüge in knapp 10 Min. miteinander verbunden sind – praktisch, wenn man einen der Züge erreichen möchte, die nicht vom Zentralbahnhof fahren, wie etwa nach Łódź.

Stärkung Zu Fuß 5 Min. östlich vom Zentralbahnhof, vorbei am Kulturpalast aus der Sowjetzeit, erstrecken sich einige der besten Fressmeilen von Śródmieście, mit polnischer und internationaler Küche. Die Altstadt und die Neustadt (nicht wirklich neu, sondern aus dem 15. Jh.) warten ebenfalls mit Restaurants und Kneipen auf, in denen abends immer einiges los ist.

Von links: Kulturpalast, Warschau; Kathedrale und Schloss auf dem Wawel, Krakau; Schneevergnügen in Zakopane

ETAPPE 5: Durch Polens Süden

Eine herrliche Bahntour verbindet viele Sehenswürdigkeiten im Süden Polens. Die Region besitzt eine tolle Mischung aus historischen Städten und kleineren Orten, gepaart mit Outdoor-Aktivitäten und – mal abgesehen von Krakau – bislang kaum Touristen aus dem Ausland.

Vor dem Start sollte man der Hauptstadt die ihr gebührende Aufmerksamkeit schenken. Den besten Blick auf die sich schnell wandelnde Skyline Warschaus bietet die Aussichtsplattform im Kulturpalast, der noch aus sozialistischer Zeit stammt. An anderer Stelle widmen sich das Nationalmuseum und weitere Museen der beeindruckenden Stadtgeschichte sowie dem Warschauer Aufstand und der Geschichte der polnischen Juden – ein Thema, das während dieser Tour immer wieder auftaucht.

Mehr als ein Dutzend Züge am Tag verbinden Warschau mit der ersten Station, Krakau (2 Std. 40 Min.). Wie in der Hauptstadt wurde dem hiesigen Bahnhof eine blitzblanke Shopping Mall an die Seite gestellt, die unterirdischen Zugang zu den Gleisen bietet. In das hübsche alte Bahnhofsgebäude selbst ist HistoryLand eingezogen, eine Attraktion für Familien, die

in zehn riesigen Darstellungen aus Legosteinen die Geschichte Polens präsentiert.

Nicht weit vom Bahnhof entfernt erreicht man den von schmucken Fassaden gesäumten Marktplatz – den größten in Europa –, Altstadtgassen und ein stattliches Schloss, das Ganze umgeben von einem beliebten Parkgürtel. Meist ist Krakau auch Startpunkt für einen Besuch des ehemaligen Konzentrationslagers Auschwitz-Birkenau, rund 2 Std. Fahrt außerhalb. Interessierte sollten hierfür einen Tag einplanen.

Von Krakau führt eine Strecke nach Süden in den Urlaubsort Zakopane (2 ½ Std.), ein beliebtes Ziel, um an den Hängen der Tatra im Winter Ski zu fahren und im Sommer zu wandern. Das Gebirge bildet in weiten Teilen die Grenze zwischen Polen und der Slowakei, und es gibt markierte Wege auf einige der bekanntesten Berge. Eine Weiterfahrt im Zug von Zakopane ist nicht möglich, zur Fortsetzung der Tour muss man wieder zurück nach Krakau.

Nach einer Verschnaufpause in Krakau, verbunden vielleicht mit weiteren Kostproben aus der unglaublichen Vielfalt an Restaurants und Bars, geht es durch das Vorgebirge der Karpaten weiter ostwärts nach Tarnów (1 Std. 10 Min.). Historisch war diese Strecke Teil der alten Handelsroute

OSTEUROPAS AMAZONAS: UNTERWEGS IM URWALD VON BIAŁOWIEŻA

Vor langer Zeit erstreckte sich Urwald über den europäischen Kontinent. Der größte Teil davon ist längst verschwunden, doch einer der letzten und mit 1500 km² einer der größten Reste hat sich an der polnisch-belarussischen Grenze erhalten. Der Białowieża-Urwald ist ein riesiges Wildnisgebiet, in dem sich im Mittelalter Könige vor der Pest und im Zweiten Weltkrieg Partisanen versteckten. Heute ist der Urwald vor allem bekannt für die 800 Wisente, die hier leben – sie sind aus Zuchtprogrammen wieder angesiedelt worden. Wer Glück hat, erspäht sie auf einer der 3-stündigen Führungen durch das Gebiet des Nationalparks. Außerdem gibt's hier Elche, Wildschweine und scheue Raubtiere wie Bären, Wölfe und Luchse.

> HINKOMMEN: Mit dem Zug ist der Białowieża leichter von der polnischen Seite aus erreichbar: Von Warschau sind es 3 ¼ Std. bis nach Hajnówka am Rande des Gebiets. Hier kann man Fahrräder leihen oder einen Bus (20 Min.) zum Dorf Białowieża nehmen, wo Spaziergänge angeboten werden. Um kurz auf die belarussische Seite zu wechseln, benötigt man kein Visum – man darf in Belarus dann nur nicht weiterreisen.

Im Białowieża-Urwald sind die seltenen Wisente sowie Luchse, Wölfe und Bären zu Hause

Oben: Bitte Platz nehmen und einen Kaffee am Hauptmarkt in Krakau, dem größten Marktplatz Europas, genießen
Nächste Seite: Zum Leutegucken nicht minder interessant ist Warschaus Kaffeehausszene in der Altstadt

Krakau–Kiew, und Tarnów gelangte im Goldenen Zeitalter Polens im 15. und 16. Jh. zu Wohlstand. Ein erlesenes architektonisches Erbe im kleinen historischen Zentrum zeugt noch davon. Tarnów besitzt außerdem einen der schönsten Bahnhöfe Polens, ein Schmuckstück im Sezessionsstil, 1910 erbaut und pünktlich zur Hundertjahrfeier hübsch renoviert.

Rzeszów, größte Stadt im Südosten Polens und wichtiger Verkehrsknoten, ist nach weiteren 55 Min. erreicht. Größte Sehenswürdigkeit ist hier die Unterirdische Touristenroute, ein 396 m langes Gängesystem zwischen 25 alten Kellern aus dem 14. bis 18. Jh. unter dem Rzeszówer Marktplatz.

Nächster Halt auf der Fahrt von Rzeszów nach Norden ist die historisch bedeutende Stadt Lublin (3 Std. 40 Min.). Dreimal in ihrer Geschichte war sie Hauptstadt, zudem über Jahrhunderte ein Zentrum jüdischer Kultur in Europa. Wie Krakau ist die Stadt Ausgangspunkt für Besuche der Konzentrations- und Vernichtungslager in der Umgebung, Majdanek und Belzec. Von Lublin zurück nach Warschau braucht der Zug dann noch 2 ¼ Std.

Warschau › 2 Std. 40 Min. - Krakau › 2 ½ Std. - Zakopane › 2 ½ Std. - Krakau › 1 Std. 10 Min. - Tarnów › 55 Min. - Rzeszów › 3 Std. 40 Min.- Lublin › 2 ¼ Std. - Warschau

Bazyliszek
STARE MIASTO
Kozel
Kozel
Kozel
Bazyliszek
STARE MIASTO
Kozel
Kozel
Kozel

Bazyliszek
STARE MIASTO
Kozel
Kozel
Bazyliszek
STARE MIASTO
Kozel
Kozel

NIEDERLANDE
Amsterdam
Utrecht
Arnheim
Berlin
POLEN
DEUTSCHLAND
Duisburg
Düsseldorf
Köln
Brüssel
Bonn
BELGIEN
Koblenz
Frankfurt am Main
Aschaffenburg
Prag
LUXEMBURG
Trier
Bingen
Mainz
Darmstadt
TSCHECHIEN
Luxemburg
Linke Rheinstrecke
Nürnberg
Heidelberg
Saarbrücken
Stuttgart
Linz
Wien
Bratislava
München
Prien am Chiemsee
Salzburg
Berchtesgaden
ÖSTERREICH
UNGARN
Vaduz
Bern
SCHWEIZ
Villach
Jesenice
Bleder See
Bohinjsee
Lesce Bled
SLOWENIEN
Bohinjska Bistrica
Ljubljana
Nova Gorica
Zagreb
KROATIEN
ITALIEN
Rijeka
Cres
Rab-Stadt
San Marino
Monaco
Split
Bol
Hvar
Rom

NORDWEST/ SÜDOST

AMSTERDAM–KÖLN–MÜNCHEN–ZAGREB–SPLIT

Diese Route mitten durchs Herz des Kontinents verbindet zwei spannende, aber sehr gegensätzliche europäische Städte miteinander, eine in den Niederlanden unweit der Nordsee, die andere an der kroatischen Adria. Jede Etappe der Reise streift unterschiedliche Lebensarten, Kulturen und Landschaften, bis man schließlich an einem Ort ankommt, der so ganz anders ist als der Ausgangspunkt.

ÜBERBLICK

Startpunkt dieser Route ist Amsterdam: eine Stadt mit Museen voller Kunstschätze, Läden voller alter Sachen und einer hochaktiven Gastroszene, alles versammelt an einem Ort, der sich wunderbar per Fahrrad oder Boot erkunden lässt. Amsterdam ist außerdem leicht von anderswo in Europa zu erreichen, z. B. mit dem Eurostar ab London, von Brüssel und Paris im Süden sowie von Berlin und Warschau im Osten.

Von Amsterdam führt die Route durch Deutschland nach München. Hier bieten sich zahlreiche Alternativstrecken an. Unsere führt jedoch über Köln, da man, wenn man in diesem Teil Europas unterwegs ist, unbedingt die Strecke durchs schöne Rheintal nehmen sollte. Die malerische Route führt in eher gemütlichem Tempo zwischen Köln und Mainz über Bonn, Koblenz und Bingen durchs Unesco-Welterbe Oberes Mittelrheintal. Eine schnellere Verbindung von Amsterdam nach München verläuft über Frankfurt (7 ½ Std.); außerdem gibt's einen Nightjet-Nachtzug. Wer möchte, kann die Fahrt in Frankfurt oder Nürnberg zwecks Stadtbesichtigung unterbrechen.

Von München aus ist das nächste größere Ziel Zagreb, doch unterwegs bieten sich zahlreiche weitere Orte zur Erkundung an. Die direkte Route führt über Villach in Südösterreich und Ljubljana in Slowenien. Dort kann man von der Hauptstrecke abbiegen, etwa für ein Bad im Bleder See oder im weniger bekannten Bohinjsee. Eine weitere langsamere Route führt über zwei der schönsten Städte Mitteleuropas, Wien und Budapest.

In Kroatien angekommen, bieten sich dann gute Verbindungen von Zagreb nach Split – man hat die Wahl zwischen einer schönen Fahrt bei Tag oder einem Nachtzug –, doch stellt man schnell fest, dass das kroatische Zugnetz begrenzt ist. Wer als Endpunkt der Reise das märchenhafte Dubrovnik anvisiert, muss von Split aus den Bus nehmen.

ETAPPEN

AMSTERDAM	Direkt 2 ¾ Std.	**KÖLN**
KÖLN	Direkt 4 ½ Std. Umweg über das Rheintal 6 Std. 5 Min.	**MÜNCHEN**
MÜNCHEN	Direkt 8 ½ Std. Umweg über Österreich & Ungarn 12 ¾ Std.	**ZAGREB**
ZAGREB	Direkt 6 Std.	**SPLIT**

ETAPPE 1: Amsterdam–Köln

AUF DIREKTEM WEG

Amsterdam am nördlichen Ende dieser Route ist sicher eine der interessantesten Städte Europas: groß genug, um allerlei Abwechslungsreiches bieten zu können, aber auch klein genug, damit sich Besucher einigermaßen schnell orientieren können. Das Bild einer entspannten Partystadt ist durchaus zutreffend, doch Amsterdam ist auch eine tolle Stadt für Kinder und ein inspirierendes Ziel für Kunstliebhaber und Gourmets. Wer in seinem Reiseplan also ein paar Tage freischaufeln kann, wird in Amsterdam überreichlich belohnt.

Je nachdem, wie langsam oder schnell man unterwegs sein möchte, kann man in 2 ¾ Std. direkt Köln ansteuern oder sich auf der Strecke Zeit lassen, etwa mit Stopps in Utrecht, Arnheim, Duisburg oder Düsseldorf.

In Utrecht (30 Min. ab Amsterdam), eine der ältesten Städte der Niederlande und jahrhundertelang das religiöse Herz des Landes, muss man sich einfach verlieben. Die quirlige Universitätsstadt wartet mit einem kompakten mittelalterlichen Zentrum rund um den Domturm aus dem 14. Jh. auf – der höchste Kirchturm der Niederlande, auf den 465 Stufen führen, ist das Wahrzeichen der Stadt. Außerdem ist sie von einem baumgesäumten Grachtengürtel umgeben.

Links: die Oudegracht in Utrecht. Oben: traditionelle Häuser im Arnheimer Nederlands Openluchtmuseum

Von links: im Innenhafen Duisburg; in der Düsseldorfer Altstadt. Gegenüber: Kölschstangen

In den doppelstöckigen Kais befinden sich Lagerräume aus dem Mittelalter. Heute beherbergen sie nette Speiselokale, Kneipen, Clubs und Übernachtungsmöglichkeiten mit Terrassen direkt am Wasser. Ein Besuchermagnet sind auch die vielen Konzerte in der Stadt, und wer genügend Kleingeld hat, kann sich in einem der alten Herrenhäuser verwöhnen lassen, die in luxuriöse Boutiquehotels verwandelt wurden.

Von Utrecht sind es nur 30 Min. nach Arnheim. Viele Besucher kommen auf der Suche nach den Schauplätzen der verheerenden Schlacht um Arnheim hierher, die im September 1944 auf beiden Seiten des Nederrijn tobte, doch die Stadt hat viel mehr zu bieten. Nachdem das Zentrum Arnheims im Zweiten Weltkrieg fast vollständig zerstört wurde, erfand sich die Stadt neu, mit Museen, Parks und einer florierenden Modeindustrie, Letztere im Kielwasser des Mode- und Designinstituts ArtEZ.

Von Arnheim führt die Bahnstrecke Richtung Osten über die Grenze nach Deutschland. Erster Stopp ist Duisburg (1 Std. ab Arnheim) mit dem größten Binnenhafen Europas. Seine Ausdehnung lässt sich am besten auf einer Bootsrundfahrt erahnen. Los geht's an der Schwanentorbrücke, gleichzeitig Tor zum Innenhafen Duisburg, einem Stadtviertel mit einer Mischung aus restaurierten und modernen Gebäuden mit Museen, Restaurants, Bars, Clubs und Sehenswürdigkeiten in alten Speicherhäusern.

Oder man fährt über Düsseldorf (1 ¼ Std. ab Arnheim), das mit wegweisender neuer

Architektur, einem bunten Nachtleben und einer hochkarätigen Kunstszene beeindruckt. Die moderne und reiche Stadt wirkt auf den ersten Blick wie eine etwas öde Geschäftsstadt, doch nach ein paar Stunden in den Kneipen der Altstadt am Rhein merkt man, dass die Einheimischen kein Problem damit haben, aus sich herauszugehen.

Wer beiden Städten einen Besuch abstatten möchte: Von Düsseldorf nach Duisburg sind es mit dem Zug nur 10 Min. Egal von wo: Auf jeden Fall benötigt man dann für den letzten Teil der ersten Etappe nach Köln nur noch 1 Std.

Amsterdam > 2 ¾ Std. - Köln (direkt)
Amsterdam > 30 Min. - Utrecht > 30 Min. - Arnheim > 1 Std. - Duisburg / 1 ¼ Std. Düsseldorf > 1 Std. - Köln

ETAPPE 2: Köln–München

AUF DIREKTEM WEG

Köln, eine wichtige Drehscheibe im europäischen Eisenbahnnetz, ist eine interessante Stadt, die durchaus einen Aufenthalt lohnt, nicht zuletzt, weil die Kölner für ihre Lebensfreude bekannt sind – in den Brauhäusern der Altstadt kommt man leicht mit ihnen in Kontakt. Dazu kommt direkt am Bahnhof der Kölner Dom, eines der berühmtesten Bauwerke Europas – es ist schon toll, wie seine mächtigen Türme bei der Einfahrt in die Stadt immer näher rücken.

Wenn man sich an Köln sattgesehen hat, geht's weiter nach München (4 ½ Std. direkt). Wer sich unterwegs noch etwas anschauen möchte, dem bieten sich vor allem Frankfurt und Nürnberg an.

Mit seinen Türmen aus Glas, Stahl und Beton präsentiert sich Frankfurt am Main (1 ¼ Std. ab Köln) ganz anders als alle anderen deutschen Städte: eine bedeutende Finanz- und Geschäftsstadt mit einer der wichtigsten Börsen weltweit und dem glitzernden Sitz der Europäischen Zentralbank. Doch in seinem Herzen ist Frankfurt eine überraschend traditionelle und reizvolle Stadt, mit Fachwerkhäusern in der urigen mittelalterlichen Altstadt, gemütlichen Äppelwoi-Kneipen mit herzhafter Regionalkost, dörflich anmutenden Vierteln voller

AMSTERDAM

Der wichtigste Bahnhof für internationale (London, Paris, Brüssel und Deutschland) und nationale Fernzüge ist Amsterdam Centraal am Nordrand der Innenstadt, nicht weit von Sehenswürdigkeiten und Unterkünften.

Amsterdams Ruf als Partystadt ist durchaus berechtigt, aber natürlich hat die Stadt noch viel mehr zu bieten: tolle Museen (das Rijksmuseum, das Anne-Frank-Haus und das Wissenschaftsmuseum NEMO, um nur ein paar zu nennen), malerische Grachten, zu erkunden zu Fuß oder per Boot, und zahllose gesellige Lokale, wo man beim Essen und Trinken die Zeit vertrödeln kann.

Aber neben all den Attraktionen ist Amsterdam auch eine wunderbare Stadt zum Herumbummeln. Man entdeckt vielleicht einen winzigen versteckten Garten an einer Gracht, einen netten kleinen Laden mit originellen Geschenken oder ein ganz besonderes Restaurant.

Am Rand des Stadtzentrums beherbergen heute alte Industriegebäude in angesagten Vierteln kreative Unternehmen, von Galerien bis zu Craft-Bier-Brauereien und Technologie-Start-ups, sowie einige der heißesten Clubs Europas.

Amsterdam ist ein Fahrradmekka – also aufpassen, wenn ihr über die Straße geht!

Im Uhrzeigersinn von oben links: Prinsengracht; Rijksmuseum; Rembrandtplein; Kunst und Strandbars in der NDSM-werf

Übernachten Im historischen Stadtzentrum beim Bahnhof gibt's jede Menge Unterkünfte in allen Preislagen. Mehr Flair verströmen etwa das Jordaan-Viertel und der Westliche Grachtengürtel.

Umsteigen Alle Fernzüge fahren vom Bahnhof Amsterdam Centraal.

Stärkung Im Bahnhof bietet sich das Grand Café Restaurant 1e Klas an, mit Ausgang zu den Gleisen. 15 Min. zu Fuß vom Bahnhof an den Grachten entlang findet man am Rembrandtplein zahlreiche gute Esslokale (sowie einige Touristenfallen), ebenso ein Stückchen weiter im stets angesagten Viertel De Pijp.

Sicherheit Amsterdam ist im Allgemeinen eine sichere Stadt, doch am Bahnhof und den wichigsten Touristenorten treiben Taschendiebe ihr Unwesen. Außerdem immer auf Radfahrer achten!

Oben: Weihnachtsmarktstand. Gegenüber von oben: in der Heidelberger Altstadt; Mercedes-Benz-Museum, Stuttgart

Cafés, Läden und Street-Art sowie schönen Parks, Gärten und Uferwegen.

Angesichts der Größe und Bedeutung der Stadt ist es wenig überraschend, dass der Frankfurter Hauptbahnhof mit das höchste Passagieraufkommen aller Bahnhöfe Deutschlands aufweist und ein wichtiger Knotenpunkt im deutschen wie auch europäischen Bahnnetz ist. Dank der guten Vernetzung lassen sich von hier auch interessante Städte wie Aschaffenburg, Darmstadt und Marburg erkunden. Wer in Frankfurt umsteigt, kann sich darüber freuen, dass der Bahnhof zwar groß, aber übersichtlich ist und sich alle Gleise auf einer Ebene befinden, sodass man sich leicht zurechtfindet und der Zugang kein Problem darstellt.

Eine völlig andere Welt präsentiert Nürnberg (2 Std. ab Frankfurt), eine sehr geschichtsträchtige Stadt – Fachwerkgebäude entführen einen Jahrhunderte zurück, und zahlreiche Museen erinnern an die Rolle, die die Stadt im Zweiten Weltkrieg und danach spielte. Außerdem hat sich Nürnberg stark der Völkerverständigung verschrieben, was sich auch in dem freundlichen Empfang ausdrückt, der Besuchern bereitet wird, besonders beim spektakulären Weihnachtsmarkt. Und zuletzt ist Nürnberg auch noch eine Eisenbahnstadt: Hier verkehrte 1835 zwischen Nürnberg und Fürth der erste deutsche Passagierzug; daran erinnert das sehr lohnende Deutsche Eisenbahnmuseum, das die Geschichte der deutschen Eisenbahnen beleuchtet. Das Museum ist eine der Top-Sehenswürdigkeiten Nürnbergs, besonders für all jene, die eine Schwäche für alles haben, was auf Schienen fährt.

Zwischen Nürnberg und München (1 ¼ Std.) verkehren regelmäßige ICEs und ICs, mit denen man schnell und problemlos ans Ziel kommt.

Köln > 4 ½ Std. - München (direkt)
Köln > 1 ¼ Std. - Frankfurt > 2 Std. - Nürnberg > 1 ¼ Std. - München

UMWEG DURCHS RHEINTAL

Ein wirklich denkwürdiges Eisenbahnerlebnis bietet diese langsamere Route zwischen Köln und München durchs Mittelrheintal – beim Buchen der Fahrkarten darauf achten, dass man über Koblenz fährt, sonst landet man wahrscheinlich im ICE, der durch die Hügellandschaft rast.

Die linke Rheinstrecke verläuft durchs tief eingeschnittene Mittelrheintal mit einigen zauberhaften Örtchen an der 185 km langen elektrifizierten Strecke zwischen Köln und Mainz über Bonn, Koblenz und Bingen. Die gesamte Strecke ist sehr schön, aber besonders reizvoll ist der Teil zwischen Koblenz und Rüdesheim, der als Unesco-Welterbe Oberes Mittelrheintal unter Schutz steht: Hier windet sich Vater Rhein romantisch durch das Rheinische Schiefergebirge, vorbei an Burgen hoch über dem Fluss und steilen Weinhängen. Dies ist eine wahrhaft dramatische Landschaft, in der sich be-

TRIER

Wer von Koblenz nach Westen Richtung Luxemburg abbiegt, gelangt nach Trier, Deutschlands ältester Stadt. Trier beeindruckt mit nicht weniger als neun Unesco-Welterbestätten, der schönsten Ansammlung römischer Monumente des Landes, u. a. mit einem mächtigen Tor, einem Amphitheater, kunstvollen Thermen, der Konstantinbasilika und der ältesten Bischofskirche des Landes mit römischem Kern. Zu den Architekturschätzen späterer Zeiten zählen Deutschlands älteste gotische Kirche und das barocke Geburtshaus von Karl Marx. Aber Trier verfügt nicht nur über ein reiches historisches Erbe, sondern man kann hier auch wunderbar ausgehen und essen. Die Nähe zu Luxemburg und besonders zu Frankreich schlägt sich in der hiesigen Küche nieder, und für ein buntes Nachtleben sorgen nicht zuletzt die 15 000 Studenten der renommierten Universität. In den Fußgängerzonen im Zentrum wimmelt es von Cafés und Restaurants, viele davon in schönen gotischen oder barocken Gebäuden, während in der Umgebung der Stadt zahlreiche Weinberge locken.

› **HINKOMMEN:** Trier liegt an der Bahnstrecke von Koblenz nach Saarbrücken; Züge verkehren jeweils stündlich. Von Koblenz dauert die Fahrt 1 ½ Std.

Mit seinen verschiedenen Baustilen bietet der Trierer Dom einen Einblick in 1700 Jahre Kirchenbaugeschichte

waldete Hänge mit zerklüfteten Felsen und fast vertikalen Weinterrassen abwechseln. Hinter jeder Ecke tauchen idyllische Örtchen auf: Ihre Fachwerkhäuser und gotischen Kirchtürme scheinen direkt einem Grimmschen Märchen zu entstammen.

Wer möchte, kann in Bonn (20 Min. ab Köln) in schöner Lage am Rhein und mit eindrucksvollem kulturellen Erbe einen Stopp einlegen. Koblenz (30 Min. ab Bonn), eine an Grünanlagen reiche Stadt und sowohl nördliches Tor zum romantischen Mittelrheintal als auch nordöstlichesTor zum Moseltal, bietet sich als Stützpunkt für die Erkundung der beiden Flusstäler an. Von hier aus sind einige Burgen und etliche alte Städtchen zu erreichen, z. B. auf einer schönen Bootstour.

Das Mittelrheintal endet bei Mainz (1 Std. ab Koblenz). Die strategisch günstig am Zusammenfluss von Rhein und Main gelegene, quirlige Stadt wartet mit einer recht großen Universität, hübschen Fußgängerzonen und einem ausgeprägten Sinn für die schönen Dinge des Lebens auf. Ein Spaziergang am Rhein entlang und die Einkehr in einer Fachwerk-Weinstube, um die guten Tropfen der Region zu probieren, gehören genauso zu einer Mainz-Visite wie der Besuch im berühmten Dom, in der Kirche Sankt Stephan mit den himmlischen Chagallfenstern und im Gutenberg-Museum, einem echten Paradies für Buchnarren mit zwei Exemplaren der ersten gedruckten Bibel – das Museum erinnert an den Mainzer Johannes Gutenberg, der den Buchdruck mit beweglichen Lettern erfand.

Märchenhafte Fachwerkpracht in Mainz

Nächster Halt auf dem Weg nach München ist Heidelberg (1 Std. ab Mainz). Die älteste und bekannteste Universitätsstadt Deutschlands besticht mit einer barocken Altstadt, einer reizvollen Lage am Neckar und einem romantischen Schloss. Das alles lockt jedes Jahr Millionen von Besuchern an: Sie folgen den Spuren der Romantiker des späten 18. und frühen 19. Jh. oder auch von Goethe und dem englischen Künstler William Turner.

Von Heidelberg kann man direkt nach München (3 Std.) weiterfahren oder noch einen Stopp in Stuttgart (45 Min.) einlegen, mit einem Besuch in einem der Automuseen oder für ein gutes Abendessen. Von Stuttgart sind es dann noch 2 ½ Std. bis nach München.

Köln > 20 Min. - Bonn > 30 Min. - Koblenz > 1 Std. - Mainz > 1 Std. - Heidelberg > 45 Min. - Stuttgart > 2 ½ Std. - München

MÜNCHEN

Der aus den 1950er-Jahren stammende Münchner Hauptbahnhof wird derzeit umfassend aufgehübscht. Manche Fernzüge halten auch in München-Ost und München-Pasing.

München besitzt besonders im Zentrum und in der Maxvorstadt einige Sehenswürdigkeiten von Weltrang wie etwa das Residenzmuseum, die einstige Residenz der bayerischen Herrscher, das Bayerische Nationalmuseum mit einer der größten Kunstsammlungen Deutschlands und das Museum Brandhorst mit Pop-Art und Gegenwartskunst. Dazu kommen noch das Schloss Nymphenburg, das Olympiagelände, der schöne Englische Garten und einige düstere NS-Stätten wie das Konzentrationslager Dachau (10 Min. vom Stadtzentrum) – kein Wunder, dass die Hauptstadt des größten deutschen Bundeslandes so beliebt ist bei Menschen, die sich für die Vergangenheit interessieren. Und wenn Kunst und Kultur genügend gewürdigt wurden, warten da ja noch die berühmten Brauhäuser und Biergärten – nicht umsonst findet hier das weltberühmte Oktoberfest statt, das tatsächlich schon Mitte September beginnt.

Gegenüber von links: herzhafte bayerische Küche; im Schloss Nymphenburg. Oben: das Neue Rathaus am Marienplatz

Übernachten Zahlreiche Unterkünfte bietet die touristisch geprägte Altstadt, die nicht weit vom Hauptbahnhof beginnt. Ein bisschen entspannter geht's in den gentrifizierten Stadtteilen Lehel gleich bei der Altstadt und Haidhausen auf der anderen Seite der Isar zu.

Umsteigen Die allermeisten Fernzüge steuern den Hauptbahnhof an, sodass man beim Umsteigen nur das Gleis wechseln muss. In der Stadt selbst ist man zügig mit der U- und S-Bahn unterwegs.

Stärkung Die Altstadt strotzt nur so von Cafés, Bars und historischen Gasthäusern. Einen Mix aus modern und traditionell bietet das Glockenbachviertel und dort wiederum die schöne Hans-Sachs-Straße.

Sicherheit Die Gegend um den Hauptbahnhof hatte bisher einen etwas schlechten Ruf, doch mit der umfassenden Neugestaltung des Bahnhofs wird sich das sicher ändern.

Das Oktoberfest

Jedes Jahr fallen mehr als 7 Mio. Feierfreudige zu einer zweieinhalbwöchigen Sause mit Umzügen, Jahrmarkt, Essen, Musik und natürlich jeder Menge Bier in München ein. Willkommen zum Oktoberfest, dem weltberühmten Gelage, das trotz des Namens vorwiegend im September stattfindet und am ersten Sonntag im Oktober endet.

Das Fest geht auf den Oktober 1810 zurück: Damals fanden zur Feier der Hochzeit von Kronprinz Ludwig und Prinzessin Therese von Sachsen-Hildburghausen eine Reihe von Pferderennen statt. Das Ganze war ein derartiger Erfolg, dass es danach jedes Jahr stattfand, wobei immer neue Attraktionen hinzukamen. Doch erst ab Ende des 19. Jh. wurden auch Wurst und Bier kredenzt. Irgendwann wurde das Fest ein wenig vorverlegt, um die zwei sonnigen letzten Septemberwochen einzubeziehen. Heute sind die Fassanstiche und die unzähligen fleischlichen Köstlichkeiten, zusammen mit traditioneller bayerischer Tracht wie dem Dirndl, die bekanntesten Bestandteile des Fests.

› **HINKOMMEN:** Vom Münchner Hauptbahnhof ist es nicht weit zum Oktoberfestgelände auf der Theresienwiese. Unterkünfte sind für die Festzeit weit im Voraus ausgebucht.

Von oben: die Marienkirche im Bleder See in Slowenien; weite Ausblicke in den Österreichischen Alpen

CHRISTOPHER MOSWITZER | SHUTTERSTOCK

ETAPPE 3: München–Zagreb

AUF DIREKTEM WEG

Die dritte Etappe dieser Route kann mit den Österreichischen Bundesbahnen (ÖBB) tagsüber direkt in 8 ½ Std. absolviert werden: Man fährt mittags in München ab und erreicht Zagreb am Abend, rechtzeitig für ein spätes Abendessen. Umgekehrt geht's frühmorgens in Zagreb los. Wer die Strecke tagsüber fährt, genießt zuerst die Bayerischen und Österreichischen Alpen und dann auf dem Weg durch Slowenien nach Kroatien und Zagreb den hübschen Fluss Sava. Eine Alternative im Sommer ist ein Nachtzug der Kroatischen Bahnen (HZPP), der unterwegs in Salzburg und Ljubljana hält und im August und September täglich verkehrt: Er fährt um 23 Uhr in München ab und kommt um 7.30 Uhr in Zagreb Glavni an; umgekehrt fährt er um 21.22 Uhr in Zagreb ab und kommt um 6.10 Uhr in München an. Fahrkarten kann man über die DB und ÖBB buchen.

Wer mehr Zeit hat, findet an dieser Route lohnende Stopps in Deutschland, Österreich und Slowenien. Von München fährt man etwa nach Prien am Chiemsee (1 Std.), einem munteren Städtchen und einem guten Stützpunkt für die Erkundung des Chiemsees, des „Bayerischen Meers". Der Chiemsee ist der größte See Bayerns; wegen seiner Schönheit und Wassersportmöglichkeiten ist er bei Münchnern und Touristen gleichermaßen beliebt. Man kann baden, Boote leihen und z. B. das Schloss Herrenchiemsee und das Kloster Frauenwörth besichtigen. Von Prien sind es dann nur 50 Min. bis nach Salzburg.

Mozartliebhaber haben Salzburg wahrscheinlich eh schon auf dem Reiseplan. Doch die Stadt hat noch mehr zu bieten, etwa schöne Parks, tolles Essen und wunderbare Musik und Kunst – hier kann man problemlos zwei oder drei Tage verbummeln.

Salzburg liegt außerdem nur ein paar Kilometer von der deutschen Grenze entfernt, sodass man von hier aus auch noch ein bisschen mehr von Bayern erkunden kann. Schön ist etwa Berchtesgaden mit dem Watzmann (2713 m), dem zweithöchsten Berg Deutschlands, und dem malerischen Königssee, vielleicht dem fotogensten See Deutschlands.

Von links: die Dampflok der Bohinj-Bahn im Bahnhof von Nova Gorica; der schattige Zentralmarkt von Ljubljana

In der Nähe befinden sich auch das Kehlsteinhaus, erbaut als NS-Repräsentationsgebäude und heute eine Gaststätte, sowie Obersalzberg mit Hitlers Berghof, seinem Wohnsitz und damit zweiten Machtzentrum neben Berlin. In der Dokumentation Obersalzberg erfahren Besucher etwas über die Übernahme und Umgestaltung des Dorfes Obersalzberg und das Leben der Nazi-Elite hier. Zu erreichen ist das Gebiet mit Bus 840 ab dem Salzburger Hauptbahnhof: Bis zum Bahnhof von Berchtesgaden braucht er 45 Min.

In Österreich ist dann der letzte Halt auf dem Weg nach Slowenien Villach (2 ½ Std. ab Salzburg), eine funktionale Stadt in Kärnten, historisch an einer wichtigen Kreuzung zwischen den Alpen und dem südlichen Österreich gelegen.

Villach selbst hat kaum Sehenswürdigkeiten zu bieten, ist aber eine gute Basis für die Erkundung der ländlichen Reize Kärntens, weit weg von Städten und Menschenmassen. Landschaftlich ist die Umgebung sehr vielfältig, sodass man vormittags vielleicht über schneebedeckte Berge wandert und nachmittags auf dem Faaker oder Ossiacher See stehpaddelt – an beiden Seen kann man in eher ruhiger Umgebung schön campen, um zu baden und Boot zu fahren.

Von Villach sind es außerdem nur knapp 30 km bis zum Wörthersee, einem weiteren beliebten Sommerziel mit Badeanstalten, Campingplätzen und einem Radweg rund um den See. Die dem See am nächsten gelegene Stadt ist Klagenfurt, 30 Min. mit dem Zug von Villach entfernt.

Hinter Villach überquert man bald die Grenze zu Slowenien und fährt dann am malerischen Fluss Sava zur schönen Hauptstadt Ljubljana (direkt 1¾ Std.).

Wer mehr Zeit hat, kann von dieser Etappe der Route einen Abstecher zu zwei der beliebtesten Ziele Sloweniens einlegen, dem Bleder See und dem weniger bekannten Bohinjsee. Mit seinem blaugrünen Wasser, der hübschen Inselkirche, einer mittelalterlichen Burg auf einem Fels und einigen der höchsten Gipfel der Julischen Alpen ist der Bleder See tatsächlich genauso schön wie auf den zahllosen Broschüren. Aber hier ist es im Sommer auch sehr voll, sodass der ruhigere, aber ebenso schöne Bohinjsee eine perfekte Alternative darstellt. Das Gebiet rund um die beiden Seen ist ein absolutes Freizeit-

Bohinjsee

Viele Slowenien-Besucher meinen, sie hätten noch nie einen schöneren See gesehen als den Bleder See – bis sie zum Bohinjsee kommen. Zwar fehlen dem 26 km südwestlich des berühmteren Pendants gelegenen Bohinj der Glamour und teils die Infrastruktur des Bleder Sees, doch da er weniger überlaufen und nicht so kommerzialisiert ist, ist er für Erholungsuchende ein gutes Sommerziel. Hierher kommt man zum Entspannen, Baden, Radeln und Spazierengehen auf den Wegen am See sowie zum Kajaken, Wandern und Reiten. Einen Ort Bohinj gibt's nicht (der Name bezieht sich auf die Region); der wichtigste Ort am See ist Ribčev Laz. Richtung Nordosten liegen ein paar idyllische Dörfer wie Stara Fužina, Studor und Srednja Vas.

› **HINKOMMEN:** Der nächste Bahnhof ist Bohinjska Bistrica, 6 km östlich des Sees; er liegt an der Strecke Jesenice–Nova Gorica. Vom Bahnhof sind es 20 Min. mit dem Bus zum See.

RIJEKA

Wer die schöne Küste Kroatiens erleben möchte, kann von Ljubljana aus problemlos Rijeka erreichen, heute eine geschäftige Hafenstadt, in der nicht viele Touristen verweilen. Doch einst ließen sich Wohlhabende hier Ferienhäuser errichten, sodass die Stadt zahlreiche stattliche Bauten aus der Habsburgerzeit aufweist. Wer einen Stopp einlegt, wird mit Charme, Kultur, gutem Nachtleben, interessanten Festivals und dem buntesten Karneval Kroatiens belohnt. Manch einen zieht es schnell wieder weg, um per Katamaran oder sonstigem Boot von Rijeka auf die schönen und beliebten Inseln Rab (1 3/4 Std.) und Cres (1 1/4 Std.) in der Kvarner-Bucht zu gelangen.

Auf dem Festland bietet das 13 km entfernte Nachbarstädtchen Opatija einen recht guten Strand, einige noble Kurhotels und eine spektakuläre Lage. Wer gern wandert: Von Rijeka ist es nur eine Autostunde zum Nationalpark Risnjak mit dem relativ einfachen Leska-Pfad, den Bergen Risnjak und Snježnik sowie einer lohnenden Wanderung zur Kupa-Quelle.

> **HINKOMMEN:** Von Ljubljana nach Rijeka (3 Std.) verkehren täglich zwei Direktzüge.

Von Rijeka aus ist per Boot die wunderschöne Insel Cres in der Kvarner-Bucht zu erreichen

Ljubljana von der Metzgerbrücke (oder „Liebesbrücke")

paradies: Hier kann man wandern, Wassersport treiben und sich ans Canyoning wagen.

Von Villach nach Bled gibt's zwei Möglichkeiten: Man kann einfach in Lesce-Bled (1 Std. ab Villach) aussteigen, dann sind es bis zum See noch 4,5 km per Taxi oder Bus. Schöner ist die zweite Möglichkeit, vor allem für Bahnfans: die Bohinj-Bahn. Sie fährt von Jesenice (40 Min. ab Villach) bis nach Nova Gorica an der italienischen Grenze. Nach Bled steigt man in Bled Jezero (15 Min. ab Jesenice) aus; von dort sind es 10 Min. mit dem Taxi oder 40 Min. zu Fuß zum Ort und zum See. Zum Bohinjsee steigt man in Bohinjska Bistrica (30 Min. ab Jesenice) aus und fährt dann 20 Min. mit dem Bus zum See. Man kann Bled aber auch problemlos im Rahmen eines Tagesausflugs von Ljubljana aus ansteuern.

Wer Zeit und Lust hat, kann die gesamte Strecke der Bohinj-Bahn bis nach Nova Gorica fahren (2 Std.): Dies ist eine spektakuläre Tour durch das slowenische Hochland, vorbei an Bergdörfern am Fluss Soča (Isonzo). Im Sommer verkehren Dampfzüge auf der Strecke, ansonsten in die Jahre gekommene Regionalzüge mit viel Flair.

Von Jesenice (1 ¼ Std.) oder Lesce-Bled (1 Std.) ist es eine schöne Reise zum Hauptbahnhof von Ljubljana, Železniška postaja Ljubljana, rund 1 km vom historischen Herz der Stadt. Im Zentrum dürfen nur eingeschränkt Autos fahren, sodass die schattigen Ufer des Flusses Ljubljanica Fußgängern und Radfahrern vorbehalten sind, die hier schöne Brücken, charmante Gebäude und die Burg oben auf dem Berg genießen können. Versäumen sollte man auch keinesfalls einen Bummel über den Stari Trg aus dem 19. Jh. mit Ladenfronten aus Holz, versteckten Höfen und kopfsteingepflasterten Gängen sowie einen Besuch auf dem Zentralmarkt, wo man sich mit Proviant für die Zugfahrt eindecken kann. Abends zieht es einen vielleicht ins Kulturzentrum Metelkova Mesto mit Bars und Clubs in einer alten Kaserne beim Bahnhof, oder man genießt im Sommer die Café- und Barterrassen am Fluss.

Danach steuert man mit einem der regelmäßig hinüber nach Kroation verkehrenden Züge Zagreb (2 ½ Std.) an.

München–Zagreb > 8 ½ Std. (direkt)

München > 1 Std. - Prien am Chiemsee > 50 Min. - Salzburg > 2 ½ Std. - Villach > 1 ¾ Std. - Ljubljana > 2 ½ Std. - Zagreb

Unterwegs auf dem Donauradweg

Dieser Abschnitt des Donauradwegs, eines der beliebtesten Radfernwege Europas, folgt der Donau 380 km weit von Passau bis nach Bratislava in der Slowakei. Seine Popularität rührt teils daher, dass er durchgängig flach verläuft, verdankt sich aber auch den schönen Landschaften, durch die er führt, mit Wäldern, Weinbergen und Obstgärten. Der Großteil dieses beiderseits des Flusses mit grün-weißen Schildern markierten Abschnitts verläuft in Österreich; besonders interessant ist der Teil zwischen Linz und Wien (190 km). Wer seine Zugreise unterbrechen möchte, kann sich von zahlreichen Unternehmen einen entsprechenden Radurlaub organisieren lassen. Oder man mietet in einer der Städte ein Rad und fährt einfach, so lange man Spaß hat.

› **WEITERE INFORMATIONEN:** Infos zur Strecke und eine interaktive Karte findet man auf donauregion.at; detailliertere Informationen zu Touren auf dem Donauradweg siehe donauradweg.info/wissenswertes.

UMWEG ÜBER ÖSTERREICH & UNGARN

Diese gemächliche Alternative zur direkten Route führt durch sanft gewelltes Hügelland, wo man einen Eindruck von der Schönheit Österreichs erhält, und zu einigen tollen Städten in Zentraleuropa. Los geht's mit einer kurzen Fahrt nach Salzburg (1½ Std. ab München) nicht weit hinter der deutsch-österreichischen Grenze.

Salzburg steht ganz im Zeichen des Barock – die malerische Altstadt sieht noch fast so aus wie zu der Zeit, als Mozart hier zu Hause war, also vor 250 Jahren. Vom Hauptbahnhof ist es nicht weit zur reißenden Salzach. Von hier fällt der Blick auf anmutige Kuppeln und Türme, auf eine eindrucksvolle Festung und auf die Berge dahinter – eine angemessene Kulisse für die Fürstbischöfe, die hier einst herrschten.

Neben dem Zugpferd Mozart – für amerikanische Touristen kommt noch das Musical *The Sound of Music* dazu – besticht Salzburg mit einer florierenden Kulturszene, wunderbarem Essen, gepflegten Parks, stillen Seitengassen, in denen aus offenen Fenstern klassische Musik strömt, und Konzerthäusern, die das ganze Jahr über die musikalischen Traditionen der Stadt pflegen.

Abgefüllt mit klassischer Musik geht's weiter nach Linz (1¼ Std. ab Salzburg), das erheblich mehr nach Hightech und Avantgarde aussieht. Gewagte Installationen im öffentlichen Raum, eine quirlige Kulturszene, ein Cyberzentrum und ein hypermodernes Kunstmuseum, das einem

Science-Fiction-Film zu entstammen scheint, weisen alle auf ein Österreich der Zukunft. Dazu kommen eine reizvolle Altstadt mit barocken Bauten sowie die Möglichkeit zu einer Radtour auf dem beliebten Donauradweg.

Nächster Halt auf dieser Route ist dann die österreichische Hauptstadt Wien, nur 1 ¼ Std. von Linz mit dem Railjet, der schnellsten Zugart der ÖBB. Nur wenige Städte auf der Welt gleiten so nahtlos zwischen Vergangenheit und Gegenwart hin und her. Die grandiose Geschichte der Stadt spiegelt sich in ihren Bauten: pompösen kaiserlichen Palästen mit bombastischem Barock-Interieur und stattlichen Museen an prächtigen Plätzen. Doch Wien ist gleich-

Von oben: Mirabellgarten, Salzburg; die opulente Hofburg der Habsburger in Wien mit mehreren Museen

BRATISLAVA

Von Wien oder Budapest aus kann man dieser Route leicht eine weitere zentraleuropäische Hauptstadt hinzufügen: Bratislava, seit 1993 Hauptstadt der unabhängigen Slowakei. Bratislava bietet ein Sammelsurium an Baustilen, mit einer gotischen Altstadt, Barockpalästen ungarischer Adliger und als Krönung einer Burg im Renaissancestil. Dazwischen tummeln sich Klötze der Sowjetzeit und eine futuristische Brücke. In den letzten Jahren sind einige interessante Statuen, Geschäfte und moderne Cafés hinzugekommen, die von den Tagestouristen gerne aufgesucht werden. Problemlos kann man die Zeit mit der Erkundung der Altstadt, der Burg und einiger historischer Museen füllen. Auch Feierwütige sind hier richtig: Die Stadt wartet mit einer unglaublichen Vielzahl von Kneipen, Cafés und Clubs auf, und in den wärmeren Monaten füllen überall im Zentrum Cafétische die Plätze.

> **HINKOMMEN:** Von Wien fahren regelmäßig Züge nach Bratislava (1 ¼ Std.). Im Sommer ist die Stadt auch per Donauschiff (zweimal wöchentl., 1 ½ Std.) zu erreichen. Von Budapest sind es 1 ½ Std. mit dem Zug nach Bratislava.

Von der prachtvoll im Renaissancestil umgebauten Burg Bratislava bieten sich tolle Ausblicke

Die Kettenbrücke und das Budapester Donauufer mit dem neugotischen Parlamentskomplex

zeitig auch eine der dynamischsten Städte Europas. Einen Katzensprung von der Hofburg entfernt bietet das MuseumsQuartier mit die provokanteste Gegenwartskunst der Welt. Im Innenhof der Anlage treffen sich die Wiener an lauen Sommerabenden zum Plaudern und Trinken. Wien ist eine Stadt zum Flanieren; unterwegs stellt man sich vielleicht vor, wie die Habsburger in ihren Palästen gelebt haben, man erfreut sich an fantastischer Kunst oder relaxt in einem der berühmten opulenten Kaffeehäuser und genießt ein Stück Sachertorte.

Den modernen Wiener Hauptbahnhof steuern sämtliche Züge aus dem Ausland und Fernzüge aus dem Inland an. Vom Bahnhof sind es 15 Min. mit der U-Bahn oder 40 Min. zu Fuß zu den wichtigsten Sehenswürdigkeiten wie dem Stephansdom, der Hofburg und dem Kunsthistorischen Museum in der Inneren Stadt – hier im Zentrum übernachten viele Touristen, auch wenn die Unterkünfte eher teuer sind. Hippe Speiselokale sind etwa im MuseumsQuartier im Bezirk Neubau zu finden: Hier gibt's urige Cafés und interessante Restaurants.

Von Wien, der einstigen Hauptstadt der Österreichisch-Ungarischen Monarchie, ist es nicht weit nach Budapest – nur 240 km. Zwischen dem Wiener Hauptbahnhof und dem Bahnhof Budapest Keleti verkehren regelmäßig Züge (2 ¾ Std.).

Gelegen an einer sanften Biegung der Donau, wird Budapest im Westen von den Budaer Bergen und im Osten (auf der Pester Seite) von der Großen Ungarischen Tiefebene flankiert. Die meisten Züge aus dem Ausland fahren den Bahnhof Budapest Keleti an, sicher einer der schönsten Bahnhöfe Europas. Der Haupteingang liegt an einem großen dreieckigen Platz, dem Baross tér. Sich hier bei einem Kaffee den allgemeinen

Dubrovnik, Perle der Adria

In und um Split gibt's viel zu erkunden, doch bei den meisten Kroatienurlaubern steht Dubrovnik ganz oben auf der Liste, dank einer perfekten Lage am Meer und außergewöhnlich schönen Gebäuden (sowie der Serie *Game of Thrones*).

Wer also unbedingt Fotos von der Altstadt benötigt, kann von Split aus einen Ausflug per Bus zur „Perle der Adria" unternehmen.

Die Kalksteinstraßen, Barockbauten und das endlose Glitzern der Adria ziehen wohl jeden Besucher in ihren Bann. Ebenso eindrucksvoll ist ein Spaziergang über die Mauern rund um die Altstadt, die jahrhundertelang die Hauptstadt einer kultivierten Stadtrepublik schützten. Mehr über die illustre Vergangenheit der Stadt erfährt man in den verschiedenen Museen. Anschließend lockt eine Fahrt mit der Seilbahn auf den Berg Srđ mit seinen unvergleichlichen Ausblicken.

› **HINKOMMEN:** Mehrere verschiedene Busunternehmen bieten ab Split Ausflüge nach Dubrovnik an. Die etwa halbstündlich stattfindenden Fahrten dauern 4 Std.

Trubel anzuschauen, gehört zum schönen Keleti-Erlebnis dazu.

Vom Bahnhof sind es 3 km zum historischen Zentrum der Stadt, zu erreichen per U-Bahn, Straßenbahn oder Taxi, falls man nicht laufen möchte oder schweres Gepäck mitschleppt.

Die Ankunft am Bahnhof Budapest Keleti bietet einen Vorgeschmack auf die Pracht der Innenstadt, wo zwischen der imposanten Budaer Burg und dem neugotischen Parlamentsgebäude die Donau dahinfließt. Im Herzen Budapests laden Einrichtungen wie die Ungarische Nationalgalerie, die Große Synagoge und das Ungarische Nationalmuseum zu einem Besuch ein, doch wunderbar ist auch ein Bummel durch die Stadt sowie über die Donaubrücken und dann hinauf zur Burg. Neben den Museen und Einkaufsstraßen sind die vielen schönen Parks und Gärten und die sogenannten „Ruinenkneipen" in stimmungsvollen verlassenen Gebäuden interessant, wo vor allem in den Sommermonaten jede Menge los ist. Budapest wartet darüber hinaus mit einer Reihe von Thermalbädern auf – schon seit den alten Römern gehört ein Bad in den heißen Quellen zum Pflichtprogramm, auch für Touristen – man hat die Qual der Wahl zwischen Bädern aus türkischer Zeit, Jugendstilbädern und modernen Anlagen.

Die Wahl der Unterkunft hängt davon ab, was man sehen möchte: Der Burgbezirk wartet mit Ausblicken und viel Geschichte auf, das Parlamentsviertel und Belváros

Die 15 Thermalbecken des Budapester Széchenyi-Bads sind das ganze Jahr über ein beliebtes Ziel

liegen nicht weit von den wichtigsten Sehenswürdigkeiten entfernt, das Jüdische Viertel bietet ein tolles Nachtleben. Wer sparen muss, für den sind die Hotels beim Bahnhof Keleti eine gute Möglichkeit. Auch beim Essen punktet Budapest mit einem vielfältigen Angebot; gut sind Belváros und das Parlamentsviertel. Wer in Bahnhofsnähe speisen und auch ein bisschen Glamour genießen möchte: Nur 10 Min. zu Fuß sind es zum New York Café, einem wundervollen Literarurcafé, das 1894 eröffnet wurde und einst als „schönstes Café der Welt" galt.

Der letzte Teil dieser Etappe umfasst die Fahrt von Budapest nach Zagreb (6 Std.) auf einer sehr schönen Strecke am Südufer des Plattensees entlang. Es verkehrt mindestens ein Direktzug der Ungarischen Staatsbahnen am Tag (manchmal auch zwei). Er fährt vom Bahnhof Budapest Déli auf der Budaer Seite, nicht von Keleti; Déli ist leicht mit der U-Bahn zu erreichen. Im Zug selbst ist keinerlei Verpflegung erhältlich, sodass man sich vorher mit Speisen und Getränken eindecken muss.

Im Sommer kann man von Budapest nach Zagreb und weiter nach Rijeka und Split auch einen RegioJet-Nachtzug nehmen: Abfahrt in Budapest um 0 Uhr, Ankunft in Zagreb um 5.20 Uhr, in Rijeka um 10.15 Uhr und in Split um 13.45 Uhr. Umgekehrt geht's um 15.55 Uhr in Split bzw. um 19.55 Uhr in Rijeka los, ab Zagreb um 1 Uhr; Ankunft in Budapest ist dann um 6 Uhr.

München > 1 ½ Std. - Salzburg > 1 ¼ Std. - Linz > 1 ¼ Std. - Wien > 2 ¾ Std. - Budapest > 6 Std. - Zagreb

ZAGREB

Der Hauptbahnhof ist Zagreb Glavni, 1 km südlich des Hauptplatzes der Stadt. Es gibt eine Gepäckaufbewahrung und Schließfächer.

Zagreb gliedert sich in eine Ober- und eine Unterstadt, beide ideal zum Bummeln. In der Oberstadt flaniert man auf Kopfsteinpflaster vorbei an schönen Gebäuden und Kirchen. In der Unterstadt muss man den Hals recken, um die Kuppeln und Verzierungen der Jugendstil-, neobarocken und Art-déco-Gebäude zu erspähen. Auch interessant: In den graueren Gegenden der Stadt haben Zagreber Street-Art-Künstler hässliche Betonwände mit bunten Wandbildern verziert. Und schließlich setzt man sich zu den Einheimischen in ein Café – die Cafékultur ist nur eine Facette des quirligen Lebens der Stadt, mit Events das ganze Jahr über, von Musik bis zu Märkten und Essensständen auf den Plätzen und in den Parks. Und wenn nichts los ist, kann man immer noch das Museum der zerbrochenen Beziehungen ansteuern.

Bei einem Bummel durch Zagreb können Besucher sich an der ausgeprägten Cafékultur der Stadt erfreuen

Im Uhrzeigersinn von oben links: St.-Markus-Kirche; Zrinjevac-Platz; Kroatisches Staatsarchiv; die Spezialität zagorski štrukli

Übernachten Im Bereich der Innenstadt gibt es zahlreiche interessante Unterkünfte, sodass man zum Sightseeing nicht weit fahren muss. Außerhalb der Sommersaison sinken die Preise erheblich.

Umsteigen Alle Züge steuern auch den Hauptbahnhof an. Busse nach Dubrovnik und zu anderen Zielen fahren vom Busbahnhof 1 km östlich des Hauptbahnhofs ab, zu erreichen per Stadtbus.

Stärkung Sowohl in der Ober- als auch in der Unterstadt gibt's Restaurants vor allem mit kroatischer und italienischer Küche. 2 Min. zu Fuß vom Bahnhof ist eins der besten Restaurants der Stadt, das Zinfandel.

Sicherheit Zagreb ist eine sichere Stadt mit recht niedriger Verbrechensrate. Rund um die Bahnhöfe und Busterminals sind die üblichen Vorsichtsmaßnahmen gegen Taschendiebe zu beachten.

ETAPPE 4: Zagreb–Split

AUF DIREKTEM WEG

Zagreb, seit 1991 Hauptstadt des unabhängigen Kroatien, verströmt die Power einer Stadt, die zu ihrer Rolle als führender Kraft des Landes findet. Zagreb wird von Touristen gern übersehen, da es sie gleich an die Küste zieht, aber wer ein bisschen bleibt, kann Museen erkunden, wunderbar ausgehen und auf den Caféterrassen entspannen.

Von Zagreb kann man zum südlichsten Punkt dieser Route, Split, einen Nachtzug (8 Std., Abfahrt um 22.30 Uhr) nehmen oder auch tagsüber (6 Std.) fahren. Egal, ob man mit dem Nachtzug ankommt oder tagsüber die unglaubliche Aussicht auf die Pannonische Tiefebene genossen hat – die einzigartige Lage der zweitgrößten Stadt Kroatiens wird einen auf jeden Fall umhauen! Die dramatische Bergkulisse bildet den perfekten Hintergrund für die blaugrüne Adria und all die alten Gemäuer. Der Diokletianpalast, ein Unesco-Welterbe, in erstklassiger Lage am Wasser ist sicher einer der eindrucksvollsten römischen Bauten, die noch existieren – hier verbringt man wahrscheinlich den größten Teil des Aufenthalts in der Stadt. Der Palast wurde vor 1700 Jahren als Festung für den Kaiser erbaut, nach dem er benannt ist. Hier schlägt das Herz der Stadt. Heute befinden sich in den stimmungsvollen alten Mauern Dutzende florierende Bars, Restaurants und Läden.

Zagreb > 6 Std. - Split

Im Uhrzeigersinn von oben: Diokletianpalast in Split; Narodni trg, der zentrale Platz des Palastkomplexes; Altstadtgasse

ANSHARPHOTO | SHUTTERSTOCK; CCAT82 | SHUTTERSTOCK

Inselhopping vor Split

Wer gerne auf sonnenverwöhnten Mittelmeerinseln abhängt, sollte in Split Zeit fürs Inselhüpfen einplanen. Zunächst nimmt man einen schnellen Katamaran nach Bol auf der Insel Brač. Dieser schöne kleine Hafen ist berühmt für seinen herrlichen Kieselstrand Zlatni Rat, der sich 500 m weit in die Adria erstreckt. Nächster Halt ist dann das malerische alte Städtchen Hvar, Hauptort der gleichnamigen Insel, mit einem Mix aus europäischem Glamour und munterem Nachtleben. Von Hvar bestehen in der Saison Verbindungen nach Korčula, einer sehr fotogenen befestigten Stadt, die auf ihrer eigenen kleinen Halbinsel ins Meer ragt.

› **HINKOMMEN:** Fahrkarten gibt's auf der Website jadrolinija.hr; die Katamarane verkehren nur in der Hochsaison, und zwar nachmittags; von Hvar nach Korčula (einmal tgl., 1¼ Std.).

Dublin
IRLAND
Wicklow
Enniscorthy
Wexford
Rosslare
Holyhead
Llandudno
Junction
Bangor
Liverpool
Caernarfon
Conwy
Chester
Snowdon
Porthmadog
Blaenau
Ffestiniog
ENGLAND
Birmingham
WALES
Cardiff
Oxford
London
Exeter
Plymouth
Totnes
Portsmouth
Amsterd
NIEDE
Brüssel
BELGIEN
Paris
Tours
Villandry
Saint-Pierre-des-Corps
Poitiers
FRANKREICH
Bordeaux
Ferrol
Santiago de
Compostela
Oviedo
Torrelavega
Santander
Puente Viesgo
Monforte
de Lemos
Hendaye
Biarritz
Bilbao
San
Sebastián
Vigo
Ourense
Ponferrada
León
Burgos
PORTUGAL
Palencia
SPANIEN
Andorra
La Vella
Porto
Tua
Valladolid
Peso da
Régua
Pocinho
Salamanca
Segovia
Coimbra
Madrid
Entroncamento
Almourol
Abrantes
Cáceres
Lissabon
Badajoz
Mérida

NORDWEST/ SÜDWEST

DUBLIN–BILBAO–LISSABON

Diese Route folgt locker Europas Atlantikküste, von Irland im Nordwesten nach Portugal im Südwesten. Hochgeschwindigkeitszüge fahren auf der Strecke nur begrenzt, weshalb man vielleicht zwischen Großbritannien oder Irland und der Iberischen Halbinsel eine Fähre über den Golf von Biskaya nehmen möchte. An Land kann man Abstecher zu prähistorischer und moderner Kunst oder zu legendären Burgen und Surfspots unternehmen.

ÜBERBLICK

Die Atlantikküste bildet den rauen und teils abgeschiedenen Rand Europas. Von den Häfen brachen portugiesische und spanische Entdecker zu fernen Ecken der Welt auf, keltische Mönche waren auf Inseln und Halbinseln unterwegs, und auf dem Jakobsweg wandern heute noch Pilger nach Santiago de Compostela.

In den vergangenen Jahrzehnten sind immer größere Teile Westeuropas durch superschnelle Züge erschlossen worden, doch die Atlantikküste blieb meist außen vor. In Großbritannien verkehren solche Züge bisher nur in einer kleinen Ecke, in Nordspanien werden gerade entsprechende Strecken gebaut, während sie in Portugal und Irland gänzlich fehlen. Mit ein wenig Planung kann man auf dieser Route dennoch recht zügig vorankommen – dank den Fähren über den Golf von Biskaya und den flinken französischen TGVs.

Wer in Großbritannien oder Irland startet, kann die spanische Sonne per Fähre ohne den Umweg über Frankreich erreichen. So kann man morgens in Portsmouth in Südengland frühstücken und dann am nächsten Tag mittags in Bilbao sein. Auch von Irland kann man ab Rosslare im Südosten des Landes losschippern und am nächsten Tag an baskischen Stränden in der Sonne liegen.

Wer lieber mit festem Boden unter den Füßen reist, ist vielleicht sogar schneller in Spanien: Von London bringt einen der Eurostar nach Paris; von dort geht's mit dem TGV Atlantique zur spanischen Grenze – die gesamte Strecke von London nach Bilbao ist unter Umständen knapp in einem Tag zu schaffen. Doch unterwegs locken allerlei Abstecher, etwa zum Seebad Biarritz, zur Gourmetstadt Bordeaux oder nach Tours an der Loire.

Die Reise von Nordspanien nach Portugal erfordert derzeit möglicherweise ein wenig Geduld. Doch unterwegs erlebt man auf dem Weg nach Lissabon sonst wenig erkundete Ecken der Extremadura oder der Küste Galiciens.

ETAPPEN

DUBLIN	Zug & Fähre über Rosslare 29 Std. Zug & Fähre über GB 30 ¾ Std. Zug über GB & Frankreich 16 ¼ Std.	**BILBAO**
BILBAO	Direkt 13 Std. Umweg über Santiago de Compostela 17 ½ Std.	**LISSABON**

ETAPPE 1: Dublin–Bilbao

ZUG & FÄHRE ÜBER ROSSLARE

Von Dublin verkehren jede Menge Fähren nach Holyhead und Liverpool in Großbritannien, doch wer wärmere Gefilde ansteuern möchte, insbesondere Bilbao und Nordspanien, legt besser am Rosslare Europort ab, mit dem Zug von Dublin an der Ostküste Irlands entlang 3 Std. entfernt.

Die größtenteils eingleisige Strecke folgt der Irischen See bis Wicklow (1 ¼ Std. ab Dublin) und biegt dann landeinwärts in Richtung der Ausläufer der Wicklow Mountains ab. Man kommt vorbei an den mittelalterlichen Mauern von Enniscorthy Castle (2 ¼ Std. ab Dublin), kurz vor dem schönsten Stopp der Fahrt, Wexford (2 ¾ Std. ab Dublin), einer Stadt an der Mündung des River Slaney, mit einem Labyrinth von Straßen, die sich vom Hafen wegziehen. Am meisten los ist hier beim Wexford Festival Opera, ansonsten ist die größte Attraktion der Irish National Heritage Park, ein Freilichtmuseum zur Geschichte des Landes mit allem Möglichen– von rekonstruierten neolithischen Bauernhöfen bis zu den Fundamenten einer anglonormannischen Burg.

Von Wexford sind es 15 Min. bis Rosslare Strand – einem 6 km langen Strand, ideal zum Bauen von Sandburgen und für ein kleines Bad vor der langen Fährfahrt. Alternativ bleibt man ein paar Minuten länger an Bord des Zuges und steigt direkt am Rosslare Europort aus.

Dublin › 2 ¾ Std. - Wexford › 15 Min. - Rosslare Europort › 26 Std. Fähre - Bilbao

Das Johnstown Castle mit seinen schönen Gärten südwestlich von Wexford im irischen Country Wexford

Eine Runde mit dem Dampfzug durch Wales

Snowdonia beeindruckt mit einer der schönsten Schmalspurbahnen der Welt. Und mit etwas Planung kann man zwei der besten Strecken in einer Schleife kombinieren. Am Bahnhof Llandudno Junction (45 Min. östlich von Holyhead) steigt man zunächst in einen Zug durchs Conwy Valley nach Blaenau Ffestiniog um. Dort nimmt man dann die Schmalspurbahn der Ffestiniog Railway – die Strecke windet sich 22 km hinunter zur Küste in Porthmadog (2 ½ Std.). In Porthmadog hat man zwei Möglichkeiten: Man nimmt einen Zug der Cambrian Line nach Birmingham (4 ¾ Std.) und dann weiter nach London (1 ¼ Std.). Oder man kehrt nach Llandudno Junction zurück, indem man eine Dampfbahn der wunderbaren Welsh Highland Railway im Schatten des Gipfels des Snowdon hin zu den Türmen des Caernarfon Castle (3 Std.) nimmt. Von Caernarfon geht's mit dem Bus nach Bangor (30 Min.), von wo wieder Fernzüge nach London verkehren.

› **HINKOMMEN:** Die Fahrpläne der Ffestiniog und Welsh Highland Railways (die unter einem Dach firmieren) geben vor, ob es möglich ist, die Schleife ab Llandudno an einem Tag zu schaffen.

Im Uhrzeigersinn von oben: South Stack Lighthouse, Holyhead
Britannia Bridge über die Menaistraße; Snowdonia

VALERY EGOROV | SHUTTERSTOCK; ANDREW MAPPOURAS | SHUTTERSTOCK

ZUG & FÄHRE ÜBER GROSSBRITANNIEN

Diese Variante führt durch Irland, Wales und England, bevor es per Fähre über den Golf von Biskaya nach Spanien geht. Die Fahrt von Dublin nach London bietet von allem etwas – eine Seereise, eine Zugfahrt am bergigen Rand von Snowdonia entlang und Ausblicke auf die Kanäle und Städte Mittelenglands. Dann durchquert man London, um weiter per Zug über die Kalkhügel der South Downs nach Portsmouth und zur Fähre nach Bilbao zu gelangen.

Die Seestrecke von Dublin nach Holyhead ist die meistbefahrene der Irischen See: Sowohl Irish Ferries als auch die Stena Line haben etwa vier Überfahrten am Tag auf dem Fahrplan; die kürzeste dauert 2 ¼ Std. Oft bieten sich bei der Anfahrt auf Wales herrliche Ausblicke, mit der Silhouette des Snowdon, des höchsten Berges von Wales, und den Felsnadeln um South Stack bei der Einfahrt nach Holyhead.

Vom Fähranleger bzw. dem angeschlossenen Bahnhof in Holyhead fahren Züge in 3 ½ Std. in die britische Hauptstadt. Der Beginn der Fahrt ist landschaftlich sehr reizvoll: Man fährt über die schöne Insel Anglesey und dann auf der Britannia Bridge über die Menaistraße. Auf dem Festland warten anschließend weitere Highlights wie die Stelle, an der die Bahngleise direkt durch die Festungsmauern des Conwy Castle führen, bevor man schließlich den Bahnhof Llandudno Junction (1 Std. ab Holyhead) erreicht.

ABSTECHER NACH OXFORD

In vielerlei Hinsicht verkörpert Oxford das perfekte England-Klischee, mit malerischen Türmen und stillen Collegehöfen, grünen Hügeln und trägen Flüsschen, J. R. R. Tolkien und C. S. Lewis. Besucher aus dem Ausland beschränken sich meist auf entweder Oxford oder Cambridge – Oxford ist größer und schöner gelegen, am Zusammenfluss der Themse und des Cherwell. Ein Tagesausflug beinhaltet gewöhnlich auch einen Besuch im Ashmolean Museum, dem vielleicht besten Museum Englands außerhalb von London, mit allem von angelsächsischem Schmuck bis zu minoischen Fresken. Noch älter sind die Exponate im Museum of Natural History: Die Dinosaurierfossilien sind ein absoluter Hit bei Klein und Groß. Oxford eignet sich auch bestens fürs Eintauchen in die englische Pubkultur: The Eagle and Child ist ein alter Literatenpub; schöner ist The Trout an einem Wehr an der noch schmalen Themse, berühmt als Stammkneipe des Kultkrimi-Inspektors Morse.

› **HINKOMMEN:** Von London Paddington fahren regelmäßig Züge nach Oxford (45 Min.).

Die Radcliffe Camera beherbergt einen Lesesaal der Oxforder Bodleian Library im palladianischen Stil

Zwar bringen einen einige Zugverbindungen direkt von Holyhead nach London, aber oft muss man in Chester (1 ½ Std. ab Holyhead) umsteigen. Doch selbst wenn man einen Direktzug nimmt, lohnt es sich, hier ein paar Stunden zu stoppen, um eine der geschichtsträchtigsten Städte Englands zu erkunden, mit windschiefen Tudor-Häusern und trutzigen römischen Mauern. Von hier sind es auf der West Coast Mainline dann noch 2 Std. bis London, wobei man eventuell im berühmten Eisenbahnknotenpunkt Crewe umsteigen muss. Kurz vor London erheben sich die sanften Hügel der Chiltern Hills, dann geht's durch die endlosen Vororte und um den Regent's Park herum schließlich in den Betonkasten der Euston Station: Der vielleicht hässlichste aller Londoner Bahnhöfe soll in den kommenden Jahren umfassend verschönert werden.

In London muss man über die Themse zur Waterloo Station, wo die Züge nach Portsmouth (1 ½ Std. ab London) abfahren. Die Spanien-Fähren legen aber überraschenderweise nicht beim Bahnhof Portsmouth Harbour ab, sondern man muss am Bahnhof Portsmouth & Southsea aussteigen und dann für die kurze Fahrt zum Terminal der Brittany Ferries ein Taxi nehmen. Vom Zuhause der Royal Navy sind es 23 ½ Std. nach Bilbao im Herzen des Baskenlandes.

Eine alternative Route nach Spanien beginnt in der Hafenstadt Plymouth am Rand von Devon. Vom Bahnhof London Paddington sind es 3 Std. direkt, doch unterwegs

Mit der Fähre über den Golf von Biskaya

Sämtliche Strecken über den Golf von Biskaya von Irland oder Großbritannien nach Spanien werden von der französischen Reederei Brittany Ferries bedient. Ab Großbritannien stehen die Routen Portsmouth–Bilbao (23 ½ Std.) und Portsmouth–Santander (23 ½ Std.) sowie Plymouth–Santander (20 ¼ Std.) zur Auswahl, ab Irland Rosslare–Bilbao (26 Std.). Portsmouth liegt viel näher bei London (1 ½ Std.) als Plymouth (3 Std. ab London). Beide Ziele in Spanien haben ihre Vorteile: In Santander legen die Fähren direkt am Bahnhof an, in Bilbao dagegen nicht, dafür ist die Stadt die lebendigere der beiden. Eine Fahrt über den Golf von Biskaya ist oft sehr spannend: Unterwegs kann man nach Walen und Delfinen Ausschau halten.

› **HINKOMMEN:** Die nagelneuen, gasbetriebenen Schiffe *Galicia* und *Salamanca* von Brittany Ferries verkehren auf der Route Portsmouth–Bilbao bzw. Portsmouth–Santander, die kleinere *Pont Aven* auf der Strecke Plymouth–Santander. Die schlichte Fähre *Connemara* schippert in 26 Std. von Rosslare nach Bilbao. Alle Fähren transportieren auch Fahrzeuge.

locken einige lohnende Stopps wie Exeter (2 Std. ab London) mit seiner Kathedrale oder das Kulturstädtchen Totnes (2 ½ Std. ab London).

Dublin › 2 ¼ Std. - Holyhead › 1 ½ Std. - Chester › 2 Std. - London › 1 ½ Std. - Portsmouth › 23 ½ Std. Fähre - Bilbao (London › 3 Std. - Plymouth › 20 ¼ Std. - Santander)

ZUG ÜBER GROSSBRITANNIEN & FRANKREICH

Diese Variante folgt der obigen Route ab Dublin per Fähre über die Irische See und dann von Holyhead zur Londoner Euston Station. Ab hier geht's dann mit der Bahn über Frankreich auf die Iberische Halbinsel. Von Euston sind es 10 Min. zu Fuß zum Bahnhof St Pancras International – architektonisch spielt dieser in einer ganz anderen Liga als Euston, dank einer herrlichen neugotischen Fassade und einer wundervollen, von Licht und Weite geprägten Bahnhofshalle, die Euston blass aussehen lässt.

Wie der Name schon vermuten lässt, fahren vom Bahnhof St Pancras International die Züge aufs europäische Festland, mit direkten Eurostar-Verbindungen nach Paris (2 ¼ Std.). Nach der Fahrt durch den Ärmelkanal und das platte Nordfrankreich erreichen die Züge die Pariser Gare du Nord, die derzeit für die Olympischen Sommerspiele 2024 umfassend ausgebaut wird. Leider muss man in Paris zur Anschlussverbindung quer durch die Stadt

Der Eisenbahnunfall an der Gare Montparnasse

Dieses Foto haben sicher viele schon einmal gesehen: Eine Dampflok hat die Fassade eines Bahnhofs durchbrochen und ist auf die Straße gestürzt. Dieses Unglück hat es schon auf Grußkarten und LP-Cover geschafft, hat Episoden in Hollywood-Streifen als Vorbild gedient und wurde sogar in einem brasilianischen Freizeitpark nachgestellt. Es ist ein universelles Bild für ein Unglück, begleitet von einem Kommentar wie „Hoppla!". Das tatsächliche Unglück ereignete sich an einem Herbstnachmittag des Jahres 1895, als ein Zug aus der Normandie über den Prellbock hinausschoss – der Zug hatte Verspätung und der Lokführer wollte Zeit rausholen. Erstaunlicherweise wurde niemand an Bord des Zuges getötet und auch die Lok nicht schwer beschädigt. Zu Tode kam jedoch Marie-Augustine Aguillard, die vor dem Bahnhof Zeitungen verkaufte und von einem Stück Mauerwerk getroffen wurde. Eine traurige und skurrile Geschichte – heute ist von dem Unglück nichts mehr zu sehen, da der jetzige Bahnhof Montparnasse überwiegend neueren Datums ist.

Oben: der opulente Londoner Bahnhof St Pancras. Unten: mit dem Eurostar durchs nordfranzösische Flachland

zum Bahnhof Montparnasse wechseln, doch glücklicherweise dauert das mit der Métro-Linie 4 nur 20 Min. und man muss auch nicht umsteigen.

Die Gare Montparnasse bildet den nördlichen Endpunkt der TGV-Strecke Atlantique, die zusammen mit der Verlängerung Sud Europe Atlantique bis nach Bordeaux führt: Hier rasen die TGVs mit einer Geschwindigkeit von 300 km/h Richtung Süden (in den 1990er-Jahren wurde nicht weit von Tours mit 515 km/h ein Weltrekord aufgestellt). Von Paris zur Weinmetropole Bordeaux sind es so nur 2 Std.; einige Züge

Im Uhrzeigersinn von oben: Hôtel de Ville, Poitiers; Altstadt von Tours; St-Émilion im Herzen der Weinbauregion Bordeaux

halten allerdings unterwegs. Vom TGV-Bahnhof Saint-Pierre-des-Corps (1 Std. ab Paris) ist Tours (5 Min. per Nahverkehrszug) zu erreichen, eine hübsche Stadt an der Loire. Mit der Erkundung der mittelalterlichen Altstadt und der Markthalle, den Halles de Tours, kann man problemlos einen oder zwei Tage füllen. Oder man nutzt Tours als Stützpunkt für die Fahrt zu einigen der berühmtesten Schlösser Frankreichs: So beherbergt das Château de Villandry gleich vor den Toren der Stadt die vielleicht am kunstvollsten gestalteten Gärten ganz Frankreichs.

Eine weitere historische Stadt voller Türme und Plätze ist Poitiers (30 Min. ab Saint-Pierre-des-Corps). Die schöne Kirche Notre-Dame-la-Grande wartet mit einer 900 Jahre alten romanischen Fassade voller Statuen auf, die während der sommerlichen Lichterschau bunt angestrahlt werden. Bei der Anfahrt auf Bordeaux führt die Strecke durch eine vom Weinbau geprägte Landschaft, über die Flüsse Dordogne und Garonne – wo es an einem von Gustave Eiffel entworfenen Viadukt vorbeigeht – und schließlich in den Bahnhof Bordeaux-St-Jean (1 ¼ Std. ab Poitiers).

In Bordeaux endet derzeit die Hochgeschwindigkeitsstrecke – ab hier verkehren die TGVs in einem etwas gemächlicheren Tempo zur spanischen Grenze. Bevor man Frankreich verlässt, bietet sich ein letzter Halt im schönen Biarritz (2 Std. ab Bordeaux) an. Das berühmte Seebad umfasst

Genuss pur à la Bordeaux

In Frankreich herrscht kein Mangel an eleganten Städten, doch Bordeaux ist noch einmal etwas ganz Besonderes: Die schattigen, von Villen gesäumten Boulevards der Stadt bilden das größte städtische Unesco-Welterbe überhaupt. Einen Großteil seiner Pracht verdankt Bordeaux dem Export von Wein. Los geht die Stadterkundung mit einem Besuch in der Cité du Vin, einem Museum, das einem Weinglas ähnelt, mit Exponaten zur kulturellen und historischen Bedeutung des Weins (inbegriffen ist übrigens ein Gläschen in der Dachbar). Außerdem lassen sich leicht die Weinbaugebiete rund um Bordeaux erkunden – auf mehreren Radtouren kann man sich über die Bedeutung von *terroir* und Atlantikbrisen informieren –, oder man gesellt sich zu den Einheimischen und genießt ein Fläschchen auf einem der Plätze der Stadt. Die Place du Parlement ist von Cafés gesäumt, die zum Rotwein regionale Spezialitäten wie Entenbrust servieren, oder man schlürft auf dem Marché des Capucins, 15 Min. zu Fuß nordwestlich vom Bahnhof St-Jean, zu einem spritzigen Weißen ein paar Austern.

Himmlisch schlemmen in San Sebastián

Mehr als jede andere Stadt Spaniens ist San Sebastián ein Synonym für Essen: Davon zeugen nicht nur die vielen hiesigen Michelin-Sterne, sondern auch die *pintxo*-Bars – *pintxos* sind baskische Tapas –, in der man spottbillig wie ein König speisen kann. Und selbst ohne Essen ist die Stadt ein Fest für die Sinne: 10 Min. zu Fuß vom Bahnhof Amara-Donostia erstreckt sich um eine inselgekrönte Bucht eine Sandsichel, flankiert auf der einen Seite von bewaldeten Hügeln und auf der anderen von der engen Altstadt, wo auch die *pintxos*-Action spielt. Tagsüber geht es eher würdevoll zu, abends tummeln sich dann in den engen Sträßchen jede Menge Leute auf einer lauten gastronomischen Pilgertour. Highlights auf der Runde sind etwa das Borda Berri (Kalbsbäckchen), das Atari (Kroketten) und das La Cuchara de San Telmo (innovative baskische Gerichte). Andächtiger präsentiert sich der Gastrogenuss in den mit drei Michelin-Sternen ausgezeichneten Restaurants der Stadt: Die Gourmettempel Akelarre und Arzak westlich bzw. östlich des Zentrums lohnen auf jeden Fall den Weg, doch Achtung: Eigentlich muss man schon in einem früheren Leben einen Tisch reserviert haben!

eine Reihe goldener, durch felsige Landspitzen voneinander getrennter Strände, gesäumt von Art-déco-Villen und altehrwürdigen Hotels. Einst war hier z. B. Napoleon III. zu Gast, heute kommen Surfer, die es mit den furchterregenden Wellen aufnehmen. Es wird auch Unterricht angeboten, und man kann Bretter leihen. Der Bahnhof von Biarritz liegt 3 km außerhalb der Stadt, 20 Min. mit dem Bus.

Während an der Mittelmeerküste zwischen Frankreich und Spanien die Züge ohne Halt verkehren, sieht es hier am Atlantik ganz anders aus. Die TGVs fahren bis nach Hendaye (30 Min. ab Biarritz), dem letzten Stückchen Frankreich gegenüber von Irun auf der anderen Seite des Flusses Bidasoa in Spanien. Wegen der unterschiedlichen Spurbreiten muss man hier auf jeden Fall umsteigen. Im Gegensatz zu den superflinken TGVs zuckeln die Euskotren-Schmalspurbahnen im Schneckentempo von Hendaye nach Bilbao. Doch unterwegs lädt die schöne Feinschmeckerstadt San Sebastián (Donostia auf Baskisch) zu einem Zwischenstopp ein; der Bahnhof Amara-Donostia ist nur 30 Min. von Hendaye entfernt.

Die Fahrt von San Sebastián nach Bilbao wirft die Frage auf, ob man in der Bahn wirklich richtig ist, denn Busse brauchen für die Strecke nur etwa 1 ¼ Std., während die Euskotren-Schmalspurzüge auf der Strecke von Amara-Donostia bis zum Bahnhof Bilbao-Matiko im Stadtzentrum 2 ½ Std. unterwegs sind. Doch die Route ist sehr reizvoll, und hin und wieder hat man einen Blick aufs Meer – in Richtung Westen am besten rechts sitzen!

Dublin > 2 ¼ Std. - Holyhead > 1 ½ Std. - Chester > 2 Std. - London > 2 ¼ Std. - Paris > 1 Std. Saint-Pierre-des-Corps > 30 Min. - Poitiers > 1 ¼ Std. - Bordeaux > 2 Std. - Biarritz > 30 Min. - Hendaye > 30 Min. - San Sebastián > 2 ½ Std. - Bilbao

Von oben: Saint-Jean-de-Luz in der Nähe von Hendaye; die herrliche Grande Plage von Biarritz

BILBAO

Der Bahnhof für Fernzüge, z. B. nach Madrid und Barcelona, ist Bilbao-Abando. Vom benachbarten Bilbao-Concordia verkehren Schmalspurbahnen nach Santander und León; nach San Sebastián geht's ab Bilbao-Matiko.

Egal, ob man per Fähre oder Zug ankommt, die Lage Bilbaos, umringt von grünen Hügeln, ist auf jeden Fall eindrucksvoll. Die Hafenstadt war einst ein bedeutender Industriestandort, hat sich aber inzwischen kampfesmutig in die Welt der postindustriellen Ära geworfen. Die wichtigste Sehenswürdigkeit ist gerade einmal gut 20 Jahre alt: Das von Frank Gehry entworfene Museum Guggenheim Bilbao wurde 1997 eröffnet – heute ist der wellige Bau ein Symbol für die ganze Stadt. Bilbao ist die größte Stadt des Baskenlands (Euskadi), das sich kulturell vom restlichen Spanien abhebt – die baskische Sprache ist mit keiner anderen Sprache Europas verwandt. Über die stolze baskische Identität erfährt man etwas in Einrichtungen wie dem Euskal Museoa (dem Baskischen Museum) oder bei einem Spiel von Athletic Bilbao:

Oben: Mercado de la Ribera. Gegenüber von links: die Buntglasfassade von Bilbao-Abando; in der Altstadt von Bilbao

Der Fußballverein ist einzigartig in Europa, da hier nur Spieler aus der Region spielen. Am spürbarsten drückt sich das Baskische jedoch im Essen aus – also auf in die Altstadt, um die legendären *pintxos* zu probieren!

Übernachten Bilbaos Zentrum ist recht kompakt: Die Altstadt (Casco Viejo) und die Neustadt (Abando) liegen einander gegenüber am Fluss und bieten preiswerte Unterkünfte. Bilbao La Vieja (trotz des Namens „Alt-Bilbao" nicht dasselbe wie Casco Viejo) südlich des Zentrums wird als Hipsterviertel angepriesen und bietet ebenfalls ein paar Unterkünfte.

Umsteigen Wer mit der Fähre ankommt, muss vom Hafen ein Taxi zum Bahnhof Santurtzi (5 Min.) nehmen; von hier fährt die U-Bahn-Linie 2 in etwa 30 Min. zum Bahnhof Bilbao-Abando im Zentrum. Die Bahnhöfe Bilbao-Abando und Bilbao-Concordia liegen gleich nebeneinander; zum Bahnhof Bilbao-Matiko sind es dagegen zu Fuß 15 Min. Richtung Norden.

Stärkung *Pintxos* gibt's jede Menge in Bilbao, und sie sind für gewöhnlich billiger als in San

Sebastián. Von den beiden Bahnhöfen Abando und Concordia sind es nur 5 Min. zu Fuß zur von Arkaden mit altehrwürdigen Bars gesäumten Plaza Nueva in der Altstadt. Oder man läuft von den Bahnhöfen 15 Min. zum quirligen Mercado de la Ribera: Hier gibt's im Obergeschoss *pintxos*-Bars.

Sicherheit Im Allgemeinen ist Bilbao sicher; auch die Straßen rund um die Bahnhöfe sollten in Ordnung sein.

Der Sud-Express – für immer eingestellt?

Mehr als 100 Jahre lang war die romantischste Verbindung zwischen Portugal und dem restlichen Europa der legendäre Sud-Express. Ab 1887 verkehrte dieser Nachtzug von Paris nach Madrid und Lissabon. Im Lauf der Zeit schrumpfte die Route jedoch immer mehr zusammen, sodass er schließlich nur noch zwischen Lissabon und den Schwesterstädten Hendaye und Irun an der spanisch-französischen Grenze pendelte, wo die schnellen TGVs aus Paris ankamen. Doch wenn man den Sud-Express mit dem Eurostar und dem TGV kombinierte, konnte man in 24 Std. von London nach Lissabon gelangen. Während des Spanischen Bürgerkriegs und des Zweiten Weltkriegs verkehrte der Express nicht, und jüngst gab es durch die Corona-Pandemie eine weitere Zäsur: Derzeit steht die Zukunft des Zugs in den Sternen, u. a. durch ein Zerwürfnis zwischen Spanien und Portugal – ein ähnliches Schicksal befiel den Lusitania-Nachtzug zwischen Madrid und Lissabon, doch auf dieser Strecke sollen angeblich bald tagsüber Züge verkehren. In der Zwischenzeit können Fans des Sud-Expresses nur davon träumen, eines Morgens wieder im Zug im Lissabonner Bahnhof Santa Apolónia aufzuwachen. Zurzeit bestehen die besten Bahnverbindungen nach Portugal ab Madrid, oder man zuckelt an der spanischen Nordküste entlang.

ETAPPE 2: Bilbao–Lissabon

AUF DIREKTEM WEG

Bilbao zeichnet sich unter den größeren Städten Spaniens dadurch aus, dass es leider nicht ans Hochgeschwindigkeits-Bahnnetz angeschlossen ist. Doch das soll sich in den nächsten Jahren mit der Eröffnung des sogenannten „Baskischen Y“ ändern, einer schnellen Verbindung zwischen den drei größten Städten des Baskenlands, San Sebastián, Bilbao und der baskischen Hauptstadt Vitoria-Gasteiz, sowie mit Anschluss ans existierende Schnellbahnnetz Richtung Valladolid. Die derzeit schnellsten Verbindungen Richtung Portugal sind die täglichen Züge von Bilbao nach Madrid (5 Std.). Auf der Fahrt vom Bahnhof Bilbao-Abando Richtung Süden ändert sich die Landschaft, sobald man das Baskenland verlässt: Dann machen die grünen Hügel bald Platz für das trockenere Terrain der *meseta* (Hochebene) in der Provinz Kastilien-León.

Der erste größere Halt südlich von Bilbao ist Burgos (2 ½ Std. ab Bilbao), eine stolze, von ihrer gotischen Kathedrale beherrschte Stadt. Das Gotteshaus zählt zu den herausragendsten Bauten in ganz Spanien, nicht zuletzt weil es das Grabmal von El Cid beherbergt, dem kastilischen Volkshelden, der im Mittelalter tapfer für sowohl christliche als auch muslimische Herrscher kämpfte. Vom Bahnhof Burgos Rosa de Lima am Stadtrand fahren Busse in etwa 10 Min. ins Zentrum.

Von links: die gotische Kathedrale von Burgos; das reizende Valladolid, einstige Hauptstadt Spaniens

Valladolid (1 ¼ Std. ab Burgos) war zu Beginn des 17. Jh. fünf Jahre lang Hauptstadt Spaniens, bevor Madrid wieder das Zepter übernahm. Noch immer verströmt die Plaza Mayor ein prächtiges Flair. Außerdem tat Christoph Kolumbus in Valladolid seinen letzten Atemzug: Das Casa-Museo de Colón erzählt die Geschichte seiner Odysseen über den Atlantik.

Wasserleitungen gibt's kaum schönere als in Segovia (45 Min. ab Valladolid): Der ganze Stolz der Stadt ist der Acueducto, ein römischer Aquädukt hoch über den Straßen der Stadt. Fast ebenso großartig ist der Alcázar, eine Festung aus dem 19. Jh., deren spitze Türme Walt Disney angeblich als Vorbild für Dornröschens Burg dienten. Der Bahnhof liegt 15 Min. per Bus außerhalb der Stadt. Hinter Segovia fahren die Züge dann im Schatten der bewaldeten Berge der Sierra de Guadarrama Richtung Madrid, wo sie nach 30 Min. am Bahnhof Chamartín im Norden der Stadt ankommen.

Von Madrid Chamartín zum weitaus stattlicheren Bahnhof Atocha zu wechseln ist kein Problem: Mit der U-Bahn-Linie 1 ist man in etwa 20 Min. da. Doch Madrid will man wahrscheinlich gar nicht sofort wieder verlassen. Die spanische Hauptstadt wartet mit der vielleicht buntesten Tapas-Szene des Landes auf, vor allem in den Vierteln Lavapiés und La Latina – Foodies werden

SALAMANCA, DIE GELEHRSAME

Was Oxford für England ist und Bologna für Italien, ist Salamanca für Spanien: eine uralte Universitätsstadt, die aber nicht nur clever, sondern auch extrem attraktiv ist. Die Universität wurde im 13. Jh. begründet. Um die feinen Sandsteinfassaden und die stattlichen Innenhöfe zu bestaunen oder die älteste Unibibliothek Europas mit ihren Globen und staubigen Schinken in Gewölbesälen zu besichtigen, muss man sich nicht einschreiben. Auch der Rest der Stadt ist prächtig. Das Herz bildet die Plaza Mayor: Dieser Platz präsentiert sich sogar noch fürstlicher als seine Gegenstücke in Madrid und Valladolid, geschmückt mit den Büsten der wichtigsten Könige und Königinnen, Schriftsteller und Denker – und auch Diktator Franco ist vertreten, was natürlich nicht unumstritten ist. Am schönsten ist der Platz abends, wenn er beleuchtet ist. Dann tummeln sich unter den Arkaden Straßenmusiker und in den Cafés Einheimische und Touristen. Überragt wird die ganze Stadt von den Türmen der Catedral Vieja und der weitaus größeren Catedral Nueva – zwei Kathedralen, „alt“ und „neu“, direkt nebeneinander. In der alten sollte man sich einen wunderbaren Altar aus dem 15. Jh. anschauen, an der Fassade der neuen kann man nach dem Astronauten und der Eiswaffel suchen, hinzugefügt in neuerer Zeit.

› HINKOMMEN: Die Fahrt von Valladolid nach Salamanca dauert etwa 1 Std. Vom Bahnhof sind es 15 Min. zu Fuß zur Altstadt und weitere 5 Min. zur Plaza Mayor.

Die barocke Schönheit Salamancas, die Plaza Mayor, wird abends stimmungsvoll beleuchtet

das sicher auskosten wollen. Und Kunstfreunde zieht es ganz bestimmt ins herrliche Triumvirat der Kunsttempel westlich des ausgedehnten Parks El Retiro. Das neueste der Museen ist das Thyssen-Bornemisza mit einer bunten Mischung an Werken aus einer Privatsammlung; das prächtigste ist jedoch zweifellos das Museo del Prado voller Werke von Kunstgiganten wie Velázquez, Goya und El Greco. Doch das berühmteste Gemälde in der Stadt ist wohl Picassos *Guernica* im modernen Centro de Arte Reina Sofía, praktisch gegenüber dem Bahnhof Atocha gelegen.

Von Atocha zuckeln die Züge eher gemächlich durch die Landschaften der Provinz Kastilien-La Mancha und der Extremadura. Diese Ecke Spaniens ist für ihre Eichenwälder und ihren herrlichen *jamón* (Schinken) bekannt, doch es verschlägt eher wenige Touristen hierher. Das ist angesichts der tollen Sehenswürdigkeiten etwas verwunderlich. Eine der großen Attraktionen der Gegend ist Cáceres (3 ¾ Std. ab Madrid), eine mauerbewehrte Stadt, die sich seit dem 16. Jh. kaum verändert hat, mit mächtigen Türmen und von Festungsmauern gesäumten Plätzen, Kirchen und Palästen. Noch weiter zurück in die Vergangenheit geht's in Mérida (1 Std. ab Cáceres): Hier sind die schönsten römischen Zeugnisse ganz Spaniens zu finden, von denen einige sogar vom Zug aus zu sehen sind.

Weniger Fans hat dagegen die große Industriestadt Badajoz (30 Min. ab Mérida),

Römische Ferien in Mérida

Der Name der spanischen Provinz Extremadura bedeutet in etwa „extrem hart". Diesen Namen verdankt sie ihren trockenen Landschaften und der abgeschiedenen Lage am unwirtlichen Westrand des Römischen Reiches. Nach dem langen, beschwerlichen Marsch von Rom hierher hatten die Römer dennoch genügend Energie, um in Emerita Augusta – woraus später Mérida wurde – spektakuläre Bauten zu errichten. Von denen sind noch einige erhalten, die heute inmitten neuerer Gebäude stehen. Direkt im Stadtzentrum erhebt sich der Templo de Diana, einst ein Versammlungsort der in Togas gewandeten Bürger. In einem Park weiter südlich befinden sich das römische Theater, in dem noch immer Aufführungen stattfinden, und das Amphitheater, in dem heute glücklicherweise keine Gladiatoren mehr kämpfen. Einen Überblick über das Ganze vermittelt das ausgezeichnete Museo Nacional de Arte Romano mit seinen römischen Statuen, Amphoren und Fresken, die hier ausgegraben wurden; besonders schön sind die Mosaiken mit Jagdszenen. Und man fragt sich, was wohl noch alles unter Mérida verborgen liegt.

Der Acueducto in Segovia ist ein 894 m langes römisches Wunderwerk im Herzen der Stadt

doch hier muss man in Züge über die Grenze nach Portugal umsteigen. Ein Minizug zuckelt über die Grenze und durch das Tal des Tejo, vorbei an der Festung von Abrantes sowie dem imposanten Castelo de Almourol (1 ½ Std. ab Badajoz). Letzteres wurde vor 800 Jahren von den Tempelrittern errichtet und liegt sehr malerisch auf einer Insel im Fluss – wer aus dem Zug aussteigt, kann es in 5 Min. per Boot erreichen. Entroncamento (15 Min. ab Almourol) bedeutet „Kreuzung"; außer dem Portugiesischen Eisenbahnmuseum ist hier nichts, was zum Verweilen einlädt, also geht's gleich weiter Richtung Lissabon (1 Std.).

Bilbao › 2 ½ Std. - Burgos › 1 ¼ Std. - Valladolid › 45 Min. - Segovia › 30 Min. - Madrid › 3 ¾ Std. - Cáceres › 1 Std. - Mérida › 30 Min. - Badajoz › 1 ½ Std. - Almourol › 15 Min. - Entroncamento › 1 Std. - Lissabon

UMWEG ÜBER SANTIAGO DE COMPOSTELA

Diese viel langsamere Route durch Spanien nach Lissabon verläuft näher an der Atlantikküste, zunächst auf Schmalspurstrecken bis nach Santander, dann landeinwärts ins altehrwürdige León und weiter nach Santiago de Compostela. Pilger haben nach der Wanderung über den Jakobsweg hier ihr Ziel erreicht, für Bahnreisende hingegen geht's weiter in die Industriestadt Vigo und über die Grenze nach Portugal, um dann in Porto ein Gläschen Portwein zu schlürfen, durch die Gassen der einstigen Hauptstadt Coimbra zu schlendern und schließlich die heutige Hauptstadt zu erreichen.

Los geht diese Route am Bahnhof Concordia in Bilbao, von wo die Schmalspurbahnen über kurvenreiche Strecken an der baskischen Küste entlang nach Kantabrien und Santander (3 Std.) zuckeln, durch fruchtbare Täler und mit einem kurzen Blick aufs Meer bei Laredo nach gut der Hälfte der Strecke.

Die kantabrische Hauptstadt Santander ist nicht ganz so einnehmend wie die Hafenstadt Bilbao, bietet aber genügend Zeitvertreib für einen oder zwei Tage, nicht zuletzt ein schickes, von Renzo Piano entworfenes Kunstmuseum am Meer, das Centro Botín,

NORDSPANIENS SCHMALSPURBAHNEN

Auf Buchungsportalen tauchen die Bahnen oft nicht auf, auf Karten sind sie häufig nicht verzeichnet, und auch den Touristen sind sie meist unbekannt – dabei erstreckt sich in Nordspanien das größte Schmalspurbahnnetz Europas. Es zieht sich von der französischen Grenze durch das Baskenland, durch Kantabrien, Asturien und Galicien bis nach Ferrol nicht weit von der Nordwestspitze Spaniens.

Im Baskenland werden die Bahnen von Euskotren betrieben, ansonsten unter dem Dach der staatlichen Eisenbahngesellschaft von Renfe Feve. Oft sind die Strecken landschaftlich sehr reizvoll, aber die Bahnen haben auch Nachteile: Vor allem sind viele dieser Pendlerzüge nervtötend langsam und halten an jeder Milchkanne. Richtung Westen sind es 3 Std. von Bilbao nach Santander, 5 Std. von Santander zur asturischen Hauptstadt Oviedo und 7 ½ Std. von Oviedo nach Ferrol in Galicien.

Dieses Bahnnetz auf der gesamten Strecke zwischen Hendaye und Ferrol befährt jedoch auch – weitaus stilvoller – der noble Transcantábrico, eine private Luxusbahn mit Retrowagen samt Schlafabteilen. Manchmal zuckelt über diese Schmalspurstrecken ein weiterer Luxuszug, der Expreso de la Robla, und zwar zwischen Bilbao und León. Für Hardcorefans gibt's auch eine Nordstrecke durchs Baskenland nach Santiago de Compostela – doch da fragt man sich zuweilen, ob man nicht zu Fuß auf dem Jakobsweg schneller unterwegs wäre!

Luxuriöses Bahnreisen im Stil vergangener Tage im Nachtzug El Transcantábrico

KANTABRISCHE KUNST IM UNTERGRUND

Für manche verkörpern El Greco und Picasso die spanische Kunst. Im ländlichen Kantabrien muss man die Zeit viel weiter zurückdrehen, um nicht weniger als 40 000 Jahre – für Höhlenkunst, die mit zur außergewöhnlichsten der Welt zählt. Von Santander fährt man 30 Min. mit dem Bus zur unscheinbaren Stadt Puente Viesgo: Hier verbirgt sich in einem Berghang die Höhle El Castillo. Auf geführten Touren erkunden Besucher das düstere, mit prähistorischen Bildern von Bisons und Rehen sowie Handabdrücken und rätselhaften Mustern geschmückte Innere der Höhle – bei einem roten Oval soll es sich um die älteste Höhlenkunst der Welt handeln. Berühmter sind die lebendigen, bunten Bilder in Altamira, zu erreichen über Torrelavega (30 Min. südlich von Santander an der Bahnstrecke nach Palencia, dann 15 Min. mit dem Taxi). Zwar ist die Originalhöhle aus konservatorischen Gründen gesperrt, doch auch die originalgetreuen Reproduktionen der von unseren höhlenbewohnenden Vorfahren geschaffenen Tierbilder im Museum sind eindrucksvoll. Beide Stätten sind extrem beliebt, sodass man weit im Voraus buchen muss.

Wer sich im Museo de Altamira die schönen Bisonbilder anschauen möchte, muss rechtzeitig buchen

Die Jardines de Pereda in Santander, eine grüne Route zum Kulturzentrum Centro Botín, dem Highlight der Stadt

sowie ein paar herrliche Stadtstrände. Am schönsten ist die Playa del Sardinero mit ihrem Belle-Époque-Kasino.

Wer statt in Bilbao hier mit der Fähre aus Großbritannien ankommt, von Plymouth oder Portsmouth, landet direkt im Herzen von Santander und kann gleich in die Bahn Richtung Süden umsteigen. Die Fähren legen gegenüber dem am Hafen angesiedelten Bahnhof an.

Von Santander gibt es zwei Routen nach León: Entweder man nimmt die schnelleren Breitspurbahnen und steigt im stillen kleinen Palencia um (insgesamt 3 ½ Std.), oder man steigt schon in Mataporquera aus und nimmt die Renfe-Feve-Schmalspurbahn nach León, was reizvoller ist, weil man die Ausläufer der mächtigen Gebirgskette Picos de Europa passiert (insgesamt 5 Std.).

Wie Burgos ist auch León durch seine gotische Kathedrale geprägt: Sie beherbergt mit die schönsten Buntglasfenster des ganzen Landes. Außerdem ist León ein Etappenziel auf dem Camino Francés, dem berühmtesten aller Jakobswege: Er führt quer durch Nordspanien zur heiligen Stadt Santiago de Compostela. Wer auf die Zugfahrt nach Santiago (4 ½ Std.) lieber verzichtet, kann seine Stiefel schnüren und die Stadt in zwei Wochen zu Fuß erreichen.

Links: Hinterlassenschaften von Pilgern auf einem Wegweiser am Jakobsweg. Unten: die Kathedrale von León

Von León geht's per Zug weiter nach Galicien: Auch hier kann man unterwegs aussteigen und Etappen des berühmtesten Fernwanderwegs der Welt absolvieren. Oder man wandert vom hübschen Ourense (4 Std. ab León) eine Woche lang einen 100 km langen Abschnitt der Vía de la Plata durch idyllische Dörfer, vorbei an alten Klöstern und uralten Wälder nach Santiago.

Egal wie man ankommt: Die Ankunft in Santiago de Compostela ist ein unvergessliches Erlebnis. Der Überlieferung zufolge predigte der hl. Jakobus einst in Galicien; nach seinem Tod in Judäa wurden seine sterblichen Überreste nach Spanien zurückgebracht. Die heutige Kathedrale erhebt sich über der Stelle, wo er begraben ist. Ein Highlight in der Kirche ist sicher der große, wie ein Pendel hin und her schwingende *botafumeiro* – der „Feuerkessel" –, ein Weihrauchfass, mit dessen Hilfe das Gotteshaus mit Weihrauch eingenebelt wird; früher sollte dies die von den Pilgern ausgehenden Gerüche überdecken.

Heutzutage tummeln sich rund um die Kathedrale Heerscharen von Pilgern aus aller Welt: Einige sind vielleicht Monate unterwegs gewesen, um endlich hier zu stehen, andere mögen nur 15 Min. vom Bahnhof hierher gelaufen sein. Wer über genügend Bares verfügt, sollte im Hostal dos Reis Católicos absteigen, im 16. Jh. als Pilgerherberge errichtet. Es wird oft als ältestes Hotel der Welt bezeichnet. Heute ist es Teil der staatlichen Parador-Hotelkette mit Unterkünften in historischen Gemäuern.

Die graue Hafenstadt Vigo (45 Min. ab Santiago) ist weniger von religiöser Inbrunst

DIE LINHA DO DOURO

Portos herrlicher Bahnhof São Bento ist mit seinem traditionellen Schmuck aus blau-weißen *azulejo*-Kacheln selbst eine Touristenattraktion, doch hier starten auch die Züge der schönsten portugiesischen Bahnlinie, der Linha do Douro: Sie zieht sich flussaufwärts am Douro entlang in eine Landschaft voller Weinberge. Die Strecke entstand im 19. Jh. für den Transport von Dünger hin zu den Bauernhöfen im Landesinneren. Früher führte sie weiter nach Salamanca in Spanien. Diese Verbindung wurde aber in den 1980er-Jahren eingestellt, sodass die Strecke jetzt quasi im Nichts endet. Doch bietet sie die Chance zu einem schönen Tagesausflug ab Porto. Landschaftlich wird es vor allem ab Peso da Régua (1 ¾ Std. ab Porto) interessant: Ab hier bahnt sich der Douro wie ein Fjord seinen Weg durch bewaldete Hügel und steile Weinberge, gespickt mit hübschen *quintas* (Bauernhäusern). Endpunkt ist das Dorf Pocinho (3 ½ Std. ab Porto); dort dreht man ein bisschen Däumchen, bis es nach Porto zurückgeht. Wer Zeit hat, kann in Peso da Régua dem Museu do Douro mit Exponaten zum Weinbau einen Besuch abstatten.

› **HINKOMMEN:** Täglich fahren etwa sechs Züge vom Bahnhof São Bento in Porto nach Pocinho. Im Sommer verkehrt auf einem Teil der Strecke, von Peso da Régua nach Tua, eine Dampfeisenbahn; unterwegs sorgen Musiker mit Akkordeons für die Unterhaltung der Fahrgäste.

Weinberge im Douro-Tal in der Nähe der malerischen kleinen Stadt Peso da Régua

erfüllt als die heilige Nachbarstadt, hat als Stadt am Meer aber durchaus einen gewissen Reiz. Zudem ist sie das Tor zu den wundervollen, autofreien Islas Cíes, drei Inseln 14 km vom Hafen entfernt, im Sommer erreichbar per Fähre (45 Min.). Hier locken mit die schönsten Strände Spaniens sowie azurblaue Lagunen und ein kleiner Campingplatz zum Übernachten. Der Bahnhof Vigo Guixar liegt praktischerweise gleich am Hafen.

Vom Bahnhof Vigo Guixar sind es mit den Celta-Zügen 2 ½ Std. nach Porto: Vor Valença überquert man den Fluss Minho und damit die spanisch-portugiesische Grenze. Bei Viana do Castelo kommt man dann der Küste greifbar nah. Schließlich wird Porto Campanhã erreicht, der Fernbahnhof der zweitgrößten Stadt Portugals, 10 Min. mit der U-Bahn vom Stadtzentrum. Die Hafenstadt am Douro und Heimat des Portweins ist fast so schön wie Lissabon: Im Schatten einer eisernen Brücke, die von Gustave Eiffel gebaut wurde, ziehen sich Paläste und Villen den Hang hinab.

Von Porto Campanhã 1 ½ Std. entfernt ist Coimbra, im Mittelalter ein Jahrhundert lang Hauptstadt des Landes. An einer Biegung des Mondego erhebt es sich anmutig auf einem Hügel. Die Universidade de Coimbra ist die älteste Universität Portugals und der portugiesischsprachigen Welt. Den majestätischen Pátio das Escolas säumen Festsäle, ein Glockenturm und eine opulente barocke Bibliothek. Der Hauptbahnhof der Stadt nennt sich Coimbra B, 5 Min. entfernt mit Nahverkehrszügen von Coimbra A im Stadtzentrum. Von Coimbra B sind es schließlich noch 1 ¾ Std. bis zum Bahnhof Oriente in Lissabon.

Bilbao > 3 Std. - Santander > 3 ½ Std. - León > 4 ½ Std. - Santiago de Compostela > 45 Min. - Vigo > 2 ½ Std. - Porto > 1 ½ Std. - Coimbra > 1 ¾ Std. - Lissabon

Gegenüber: auf den Islas Cíes. Von oben: die Biblioteca Joanina in Coimbra; Santiago de Compostela

LISSABON

Die Züge aus Porto steuern den modernen Bahnhof Oriente an; einige fahren weiter gen Süden an die Algarve, andere enden näher beim Zentrum im alten hellblauen Bahnhof Santa Apolónia.

Lissabon ist die westlichste Hauptstadt auf dem europäischen Festland: Von hier zog es schon im Zeitalter der Entdeckungen Neugierige über den Atlantik zu fernen Kontinenten. In der portugiesischen Hauptstadt steigen nicht viele Bahnreisende um – die Stadt ist eher Startpunkt oder Endziel einer Reise. An den Bahnhöfen Oriente und Santa Apolónia kommt man direkt am Ufer des Tejo an. Santa Apolónia liegt am Rand der Altstadt im Schatten des stimmungsvollen Viertels Alfama, in dessen Gassen, in denen Wäsche zum Trocknen aufgehängt ist, der portugiesische Fado-Gesang erklingt. Ein Stückchen weiter kann man sich von der am Meer gelegenen Praça do Comércio aus einen kleinen Überblick über die Stadt verschaffen: Hoch oben sind die Mauern des Castelo de São Jorge zu sehen, direkt vor einem erstrecken sich die Straßen des Innenstadtviertels Baixa. Flussabwärts liegt das geschichtsträchtige Belém, bekannt für seine Museen, köstliche *pastéis de nata* (Puddingtörtchen) und die furchtlosen Seefahrer, die hier ablegten, um die Welt jenseits der damals bekannten Gebiete zu erforschen.

Gegenüber von links: alte Lissabonner Straßenbahn; pastéis de nata, *eine Leckerei der Stadt. Oben: an der Torre de Belém*

Übernachten Eine quirlige Gegend zum Übernachten nicht weit vom Bahnhof Santa Apolónia ist die Alfama – allerdings geht es viele Stufen hoch. Nobler sind die Unterkünfte meist in Chiado und der Baixa.

Umsteigen Vom Bahnhof Oriente verkehren Pendlerzüge in 5 Min. nach Santa Apolónia und ins Zentrum. Santa Apolónia liegt 20 Min. zu Fuß östlich der Praça do Comércio – hierher fährt aber auch die U-Bahn. Züge zu den Palästen und Gärten von Sintra fahren vom opulenten Bahnhof Rossio ab, nach Cascais am Meer starten sie vom Bahnhof Cais do Sodré. Beide Bahnhöfe sind 10 Min. zu Fuß von der Praça do Comércio entfernt.

Stärkung Lissabon ist nicht unbedingt berühmt für sein Essen. Die Alfama wartet mit ein paar Lokalen auf, in denen man zum melancholischen Fado speist. Der ausgezeichnete Time Out Market, eine Markthalle am Bahnhof Cais do Sodré, bietet portugiesische wie auch internationale Küche.

Sicherheit Lissabon ist allgemein sicher. An den Bahnhöfen auf Taschendiebe achten!

REGISTER

A

B

Titel der englischen Ausgabe: Lonely Planet's Guide to Train Travel in Europe
Februar 2022
Herausgegeben von Lonely Planet Global Limited
www.lonelyplanet.com

Autorinnen und Autoren Tom Hall, Imogen Hall und Oliver Smith

VP Publishing Piers Pickard
Publisher Robin Barton
Editors Clifton Wilkinson, Polly Thomas
Art Director Kristina Juodenas
Layout Designer Jo Dovey
Image Research Heike Bohnstengel
Print Production Nigel Longuet

Verlag der deutschen Ausgabe
MAIRDUMONT GmbH & Co. KG
Marco-Polo-Straße 1, 73760 Ostfildern
www.mairdumont.com, www.lonelyplanet.de
Projektbetreuung Andrea Wurth
Produktion Bintang Buchservice GmbH, www.bintang-berlin.de
Übersetzung Gunter Mühl, Inga-Brita Thiele, Jessika Zollickhofer
Lektorat Thomas Rach, Jessika Zollickhofer
Abbildungen Umschlag: picture-alliance, Frankfurt a. M./Fotogramma/Marco Passaro;
Fotos Innenteil © wie angegeben
2. Auflage 2023
ISBN 978-3-8297-3198-0
Printed in Malaysia

FSC www.fsc.org
MIX
Papier aus verantwortungsvollen Quellen
FSC® C021741

Das Papier in diesem Buch wurde nach den Forest Stewardship Council®-Richtlinien zertifiziert. FSC® fördert die umweltfreundliche, sozialverträgliche und wirtschaftlich tragfähige Bewirtschaftung des weltweiten Waldbestands.